clave

Boris Cyrulnik nació en Burdeos en 1937 en el seno de una familia judía de origen ruso. Sus padres fueron víctimas del nazismo y murieron en un campo de concentración cuando él todavía era un niño. Esta experiencia traumática lo empujó a convertirse en neuropsiquiatra y a ahondar en el estudio de los traumas infantiles. Es autor de obras de gran éxito, entre las que destacan *Los patitos feos*, *Morirse de vergüenza* y *Sálvate, la vida te espera*. Actualmente dirige un equipo de investigación en un hospital de Toulon y es director de estudios en la universidad de esa misma ciudad.

Los patitos feos

BORIS CYRULNIK

Traducción de
Maria Pons Irazazábal

DEBOLS!LLO

Papel certificado por el Forest Stewardship Council®

Penguin
Random House
Grupo Editorial

Título original: *Les vilains petits canards*

Primera edición: marzo de 2013
Decimoprimera reimpresión: julio de 2022

© 2001, Éditions Odile Jacob
© 2013, Penguin Random House Grupo Editorial, S. A. U.
Travessera de Gràcia, 47-49. 08021 Barcelona
© 2013, Maria Pons Irazazábal, por la traducción
Diseño de la cubierta: Penguin Random House Grupo Editorial / Yolanda Artola
Fotografía de la cubierta: © Beth Coller / Lackluster Co.

Printed in Spain – Impreso en España

ISBN: 978-84-9032-199-7
Depósito legal: B-3.165-2013

Compuesto en M. I. Maquetación, S. L.

Impreso en Novoprint
Sant Andreu de la Barca (Barcelona)

P 32199 A

Índice

I
LA ORUGA

II
LA MARIPOSA

No habría peor cinismo que decir las cosas tal como son.
Afortunadamente, decir ya es interpretar.

Todo choque provoca una desorganización que a las culturas
les ha costado mucho pensar.

Perdonamos una catástrofe natural, revivimos continuamente
la agresión de un grupo humano.

Solo podemos encontrar los objetos a los que nuestro entorno
nos ha hecho sensibles.

La sumisión, la desconfianza, la extrema frialdad son
defensas adaptadas, pero la resiliencia exige la creación
de un nuevo mundo.

Con el trabajo de la memoria, un trauma se transforma
en epopeya gracias a una victoria verbal.

Ese tormento que tortura hace al herido sujeto y actor
de su reparación.

La delincuencia, valor adaptativo en las sociedades
enloquecidas, se conjuga con el don que repara la autoestima.

*La resiliencia no es un repertorio de cualidades que posee
un individuo. Es un proceso que, desde el nacimiento
hasta la muerte, nos teje sin cesar con nuestro entorno.*

AGRADECIMIENTOS

Este libro no ha caído del cielo. Ha sido escrito por varios centenares de autores, a los que he procurado citar en las notas a pie de página y en una recapitulación bibliográfica al final de la obra.

Quiero también mencionar a otros coautores discretos que se han mantenido en la sombra, y que sin embargo han dado origen a muchos pasajes de este libro.

La Liga francesa para la salud mental con Claude Leroy y Roland Coutanceau ha hecho posible la realización de un gran número de trabajos, muchos viajes a los escenarios de la fractura y numerosos encuentros entre investigadores y prácticos internacionales.

La Fundación para la infancia, gracias a la amable atención de su presidenta, madame Anne-Aymone Giscard d'Estaing, con la ayuda inicial de Marie-Paule Poilpot, ha permitido los intercambios de experiencias entre universitarios, médicos, sociólogos, psicólogos, educadores y responsables de la Asistencia social a la infancia en Europa.

Madame Claire Brisset, defensora de los niños, ha tenido la amabilidad de invitarme a formar parte de su equipo y de proporcionarme la ocasión de dar vida al concepto de resiliencia.

El profesor Michel Manciaux, tras haber descubierto junto con el profesor Michel Strauss el increíble fenómeno de la infancia maltratada, trabaja hoy en la búsqueda de soluciones para prevenir esta catástrofe y ayudar a los niños heridos a reanudar su desarrollo.

Stephan Vanistendael, que realiza un gran trabajo como responsable del BICE (Bureau international catholique de l'enfance) en Ginebra, ha sido uno de los primeros en Europa que ha desarrollado la idea de resiliencia y que ha trabajado con los niños heridos.

Jacques Lecomte me ha concedido muchas veces la palabra antes de coger a su vez la pluma para anunciar que, pese a todo, la felicidad es posible.

La CEE (Commission centrale de l'enfance) no sabe hasta qué punto sus niños, adultos ya hoy, han participado en la resiliencia.

Los fundadores del grupo de etología humana, Albert Démaret, autor del primer libro de etología clínica en lengua francesa, los profesores Jacques de Lannoy, Jacques Cosnier, Hubert Montagner, Jean Lecamus, Claude Bensch y Pierre Garrigues han sabido desarrollar métodos para observaciones etológicas tan largos de elaborar como fáciles de explicar.

Gracias a los estudiantes de la diplomatura interuniversitaria de etología de la universidad de Toulon-Var y a los doctorandos que tanto han trabajado y que me han pedido que les juzgara. Es tanto el aprecio que siento por ellos que muchos aparecerán citados en el texto, cosa perfectamente normal.

Gracias al profesor Bernard Golse que, recogiendo la antorcha de la WAIMH (World Association Infant Mental Health) junto con el profesor Michel Soulé, dará continuidad al trabajo del profesor Serge Lebovici, quien favoreció los intercambios entre el psicoanálisis y la etología.

Gracias al profesor Michel Lemay (Montreal, Quebec) que descubrió las pistas de la resiliencia hace más de veinte años, al profesor Michel Tousignant (Montreal, Quebec) que ha destacado la importancia de las presiones sociales, a los profesores Charles Baddoura (Beirut, Líbano), Violetta Stan (Timisoara, Rumanía), María Eugenia Villalobos, María Eugenia Colmenares, Lorenzo Balegno (Cali, Colombia), Badra Mimouni (Orán, Argelia) y Jean-Pierre Pourtois (Mons, Hainaut, Bélgica) que han sabido organizar tantos hermosos encuentros y han tenido el valor de ir a prestar ayuda sobre el terreno a los niños heridos del alma.

Y gracias asimismo a quienes, trabajando en la idea de resiliencia con la Asociación francesa de investigación en etología clínica y antropológica, constituyen un núcleo de intercambio intelectual y amistoso tan enriquecedor: Jacques Colin, Roselyne Chastain, Sylvaine Vannier, Michel Delage, Claude Beata, Stanislas Tomkiewicz, Philippe Brenot, Isabelle Guaïtella, Antoine Lejeune, Dominique Godard, Angelo Gianfrancesco, Norbert Sillamy y muchos otros en los que pienso aunque no los nombre.

Gracias a todos los que han elaborado este libro: Florence, mi esposa, que con tanta intensidad ha participado en mi propia resiliencia, y Gérard Jorland que, al supervisar palabra por palabra el manuscrito, ha reducido el número de errores.

Y gracias a Odile Jacob que ha velado por la concepción de este libro y se preocupará de su porvenir.

INTRODUCCIÓN

Se dirigió hacia ellos, con la cabeza baja,
para demostrarles que estaba dispuesto a
morir. Fue entonces cuando vio su reflejo
en el agua: el patito feo se había convertido
en un espléndido cisne blanco...

HANS CHRISTIAN ANDERSEN (1805-1875),
El patito feo

—Nací a los veinticinco años, con mi primera canción.
—¿Y antes?
—Luchaba.

Il ne faut jamais revenir
Au temps caché des souvenirs…
Ceux de l'enfance vous déchirent.[1]

El instante fatal en que todo se derrumba parte en dos nuestra historia.
—¿Y antes?
—Tuve que callar para sobrevivir. Porque ya estoy muerta, desde hace tiempo. —Perdí la vida entonces. —Pero conseguí salir, puesto que canto.[2]
—¿Salir? De modo que hay una cárcel, un lugar cerrado del que se puede escapar: ¿tiene salida la muerte?

1. Nunca hay que regresar / al tiempo oculto de los recuerdos… / Los de la infancia desgarran. (*N. de la T.*) Barbara, «Mon enfance» (canción), 1968.
2. Barbara, 1964, *Paris Match*, 21 de diciembre, citado en J.D. Belfond, *Barbara l'ensorceleuse*, Christian Pirot, París, 2000.

Cuando estás muerto y surge el tiempo oculto
de los recuerdos

Genet tiene siete años. La Asistencia social lo confió a unos campesinos de Morvan: «Morí a edad muy temprana. Llevo en mí el vértigo de lo irremediable... el vértigo del antes y el después, el florecimiento y la caída, una vida jugada a una sola carta...».[3]

Un único hecho puede provocar la muerte, basta poca cosa. Pero cuando se vuelve a la vida, cuando se nace por segunda vez y surge el tiempo oculto de los recuerdos, el instante fatal se torna sagrado. La muerte nunca es vulgar. Se abandona lo profano cuando se está cerca de los dioses y, cuando se regresa entre los vivos, la historia se transforma en mito. Al principio, uno muere: «Acabé por admitir que estaba muerto a los nueve años... Aceptar contemplar mi asesinato era constituirme en cadáver».[4] Luego, cuando con gran sorpresa por mi parte, la vida volvió a nacer en mí, me intrigó mucho «el divorcio entre la melancolía de mis libros y mi capacidad de ser feliz».[5]

La salida que nos permite revivir ¿es un paso, una lenta metamorfosis, un largo cambio de identidad? Cuando uno ha estado muerto y regresa a la vida, ya no sabe quién es. Hay que redescubrirse y ponerse a prueba para demostrarse a uno mismo que tiene derecho a vivir.

Cuando los niños se apagan porque ya no tienen nada que amar, cuando un azar significativo les permite encontrar a una persona —basta una sola— para que la vida regrese a ellos, ya no saben dejarse reconfortar. Entonces tienen comportamientos sorprendentes, se exponen a riesgos extremos, inventan es-

---

3. Sartre, J.P., *Saint Genet, comédien et martyr*, Gallimard, París, 1952, pp. 12-13. [Hay trad. cast.: *San Genet, comediante y mártir*, Losada, Buenos Aires, 2003.]

4. Castillo, M. del, *De père français*, Fayard, París, 1998, p. 12.

5. *Ibid.*, p. 22.

cenarios ordálicos como si desearan que la vida les juzgara y les absolviera.

Un día, el pequeño Michel consiguió escapar del sótano al que le arrojaba su padre después de pegarle. Cuando estuvo fuera, se extrañó de no sentir nada. Veía que el buen tiempo hacía sonreír a las personas, pero en vez de compartir su bienestar, se extrañaba de su propia indiferencia. Fue una vendedora de frutas la que recuperó a Michel. Le ofreció una manzana y, sin que el niño se lo hubiera tan siquiera pedido, le permitió jugar con su perro. El animal manifestó su asentimiento y Michel, en cuclillas bajo las cajas, inició una lucha amistosa. Tras unos minutos de gran placer, el chico experimentó un sentimiento mezcla de felicidad y de crispación ansiosa. Los coches pasaban veloces por la calle. El niño decidió esquivarlos como el torero permite que los cuernos del toro le pasen rozando. La vendedora le increpó y le sermoneó soltándole unas explicaciones tan racionales que nada tenían que ver con lo que el niño sentía.

«Me salí», se sorprenden los resilientes que después de una herida han aprendido de nuevo a vivir; no obstante, ese paso de la sombra a la luz, la huida del sótano o la salida de la tumba exigen aprender de nuevo a vivir otra vida.

La salida de los campos no equivale a la libertad.[6] Cuando la muerte se aleja, no regresa la vida. Hay que buscarla, aprender de nuevo a caminar, a respirar, a vivir en sociedad. Uno de los primeros signos de la dignidad recuperada fue el hecho de compartir la comida. Quedaba tan poca en los campos que los supervivientes devoraban a escondidas todo lo que encontraban. Cuando los carceleros huyeron, los muertos-vivientes dieron unos pasos hacia afuera, algunos debieron deslizarse por debajo de las alambradas porque no se atrevían a salir por la puerta y luego, habiendo constatado la libertad tras haber palpado el mundo exterior, regresaron al campo y compartieron unos men-

6. Fischer, G. N., *Le Ressort invisible. Vivre l'extrême*, Seuil, París, 1994, p. 185.

drugos para demostrarse a sí mismos que empezaban a convertirse de nuevo en hombres.

El fin del maltrato no es el fin del problema. Encontrar una familia de acogida cuando se ha perdido la propia no es más que el principio de la cuestión: «¿Y ahora qué voy a hacer?». No porque el patito feo haya encontrado una familia cisne se acabó todo. La herida está escrita en su historia, está grabada en su memoria, como si el patito feo pensara: «Hay que golpear dos veces para producir una herida».[7] El primer golpe, el que se recibe en la realidad, provoca el dolor de la herida o el desgarro de la carencia. Y el segundo, el que se encaja en la representación de la realidad, provoca el sufrimiento de haber sido humillado, abandonado. «¿Qué voy a hacer ahora? ¿Lamentarme a diario y tratar de vengarme o aprender a vivir otra vida, la de los cisnes?»

Para curar el primer golpe, es preciso que mi cuerpo y mi memoria consigan realizar una lenta labor de cicatrización. Y para atenuar el sufrimiento del segundo golpe, he de cambiar la idea que tengo de lo que me ha sucedido, he de conseguir modificar la representación de mi desgracia y su puesta en escena, ante vuestros ojos. El relato de mi desamparo os conmoverá, el retrato de mi agitación os herirá y la excitación de mi compromiso social os obligará a descubrir otra manera de ser humano. A la cicatrización de la herida real, se añadirá la metamorfosis de la representación de la herida. Pero lo que el patito tardará mucho en comprender es que la cicatriz nunca es segura. Es una brecha en el desarrollo de su personalidad, un punto débil que en cualquier momento puede abrirse por un golpe de azar. Esa grieta obliga al patito a trabajar incesantemente en su interminable metamorfosis. Solo entonces podrá llevar una vida de cisne, hermosa y frágil a la vez, porque nunca podrá olvidar su pasado de patito feo. Sin embargo, una vez convertido en cisne, podrá pensar en ese pasado de una manera soportable.

7. Freud, A., *Le Moi et les mécanismes de défense*, PUF, París, 1936. [Hay trad. cast.: *El yo y los mecanismos de defensa*, Paidós, Buenos Aires, 1974.]

Eso significa que la resiliencia, el hecho de superar una situación y pese a todo llegar a ser hermoso, nada tiene que ver con la invulnerabilidad ni con el éxito social.

La amabilidad patológica del pequeño pelirrojo

Me habían pedido que examinara a un muchacho de quince años cuya conducta parecía sorprendente. Se presentó ante mí un chiquillo pelirrojo de tez pálida, vestido con un grueso abrigo azul con cuello de terciopelo. En el mes de junio, en Toulon, resulta una vestimenta sorprendente. El chico rehuía mi mirada y hablaba en voz tan baja que apenas logré captar un discurso coherente. Me habían hablado de esquizofrenia. A lo largo de nuestras conversaciones, descubrí a un muchacho muy dócil y a la vez muy fuerte. Vivía en la parte baja de la ciudad, en dos habitaciones situadas en pisos diferentes. En la primera, su abuela enferma de cáncer se apagaba lentamente. En la segunda, su padre alcohólico vivía con un perro. El pequeño pelirrojo se levantaba muy temprano, limpiaba la casa, preparaba la comida del mediodía y luego se iba corriendo al colegio, donde era un buen estudiante, aunque muy solitario. El abrigo, procedente del armario de su padre, permitía ocultar la falta de camisa. Por la tarde, hacía la compra, sin olvidar el vino, fregaba las dos habitaciones donde el padre y el perro habían causado no pocos estragos, controlaba los medicamentos y daba de comer a sus familiares; luego, por la noche, cuando por fin reinaba la calma, se permitía un instante de felicidad: estudiaba.

Un día, un compañero del colegio se dirigió al pelirrojo para hablarle de un programa cultural emitido por France-Culture. Un profesor de una lengua exótica los invitó a una cafetería para hablar del tema. El pequeño pelirrojo regresó a casa, a sus deprimentes habitaciones, extasiado, aturdido de felicidad. Por primera vez en su vida, alguien le hablaba amablemente y le invitaba al café simplemente para hablar de una cuestión insignificante, interesante, abstracta, tan distinta de las incesantes pruebas que ocupaban por completo su vida cotidiana. Esta conversación, que a un joven con un entorno normal le hubiera resultado aburrida, produjo en el muchacho pelirrojo el impacto de un deslumbramiento: de modo que se podía vivir en un mundo donde existían la amistad y la belleza de las reflexiones abstractas. Esa hora transcurrida en la cafetería actuó en él como una revelación, un instante sagrado que hace que la historia se divida en un antes y un después. Y más porque la intelectualización le ofrecía no solo la ocasión de compartir unos momentos de amistad de vez en cuando, sino sobre todo la posibilidad de escapar del horror constante que le rodeaba.

Unas semanas antes de los exámenes finales de bachillerato, el pequeño pelirrojo me dijo: «Si tengo la desgracia de aprobar, no seré capaz de abandonar a mi padre, a mi abuela y a mi perro». Pues bien, el destino dio muestras de una ironía cruel: el perro se escapó, el padre lo persiguió con paso vacilante y fue atropellado por un coche, y la abuela se apagó definitivamente en el hospital.

Milagrosamente liberado de sus obligaciones familiares, el pequeño pelirrojo es hoy un brillante estudiante de lenguas orientales. Pero podemos muy bien imaginar que si el perro no se hubiese escapado, el chico habría aprobado igualmente los exámenes y, no atreviéndose a abandonar a su miserable familia, habría elegido un oficio insignificante para quedarse a su lado. Jamás habría llegado a ser un universitario viajero, aunque probablemente habría conservado algunos islotes de felicidad triste, una forma de resiliencia.

Este testimonio me permite presentar este libro articulado en torno a dos ideas. En primer lugar, la adquisición de recursos internos permitió configurar el temperamento dócil y a la vez resistente al dolor del pequeño pelirrojo. Tal vez el ambiente afectivo en el que vivió sus primeros años, antes incluso de la aparición de la palabra, imprimió en su memoria biológica no consciente una forma de reacción, un temperamento, un estilo de conducta que, en el sufrimiento de su adolescencia, habría podido explicar su aparente singularidad y su mansa determinación.

Más tarde, cuando el pequeño pelirrojo aprendió a hablar, en su mundo íntimo se crearon mecanismos de defensa, en forma de operaciones mentales que permitían disminuir el malestar producido por una situación dolorosa. Una defensa puede luchar contra una pulsión interna o una representación, como cuando sentimos vergüenza por desear hacer daño o cuando nos tortura un recuerdo que se nos impone y que nos acompaña a todas partes.[8] Podemos huir de una agresión externa, filtrarla o detenerla, pero cuando el medio está estructurado por un discurso o por una institución que convierten la agresión en permanente, nos vemos obligados a utilizar los mecanismos de defensa, la negación, el secreto o la angustia agresiva. Es el sujeto sano que expresa un malestar cuyo origen se encuentra a su alrededor, en una familia o una sociedad enferma. Para lograr la mejoría del sujeto que sufre, la reanudación de su evolución psíquica, su resiliencia, esa capacidad de aguantar el golpe y retomar un desarrollo en circunstancias adversas, se necesita cuidar el entorno, actuar sobre la familia, combatir los prejuicios o sacudir las rutinas culturales, creencias insidiosas con las que, sin darnos cuenta, justificamos nuestras interpretaciones y motivamos nuestras reacciones.

De modo que todo estudio sobre la resiliencia debería tratar tres aspectos:

1. La adquisición de los recursos internos impresos en el temperamento desde los primeros años, en el transcurso de las interacciones preverbales precoces, explicará la forma de reaccionar frente a las agresiones de la vida, estableciendo unas guías de desarrollo más o menos sólidas.

8. Laplanche, J. y J. B. Pontalis, *Vocabulaire de la psychanalyse*, PUF, París, 1973, p. 109. [Hay trad. cast.: *Diccionario de psicoanálisis,* Paidós, Barcelona, 1996.]

2. La estructura de la agresión explica los daños producidos por el primer golpe, la herida o la carencia. Pero es el significado que ese golpe adquirirá más tarde en la historia del herido y en su contexto familiar y social lo que explicará los efectos devastadores del segundo golpe, el que causa el trauma.
3. Finalmente, la posibilidad de hallar los lugares de afecto, las actividades y palabras que la sociedad dispone a veces en torno al herido proporciona las guías de resiliencia que le permitirán reanudar un desarrollo alterado por la herida.

Este conjunto constituido por un temperamento personal, un significado cultural y un apoyo social explica la sorprendente variabilidad de los traumatismos.

La creatividad de los descarriados

Cuando el temperamento ha sido bien estructurado por el apego seguro de un hogar familiar apacible, el niño, en caso de prueba, habrá adquirido la capacidad de ir en busca de un sustituto eficaz. El día en que los discursos culturales ya no se dediquen a considerar a las víctimas como cómplices del agresor o presas del destino, el sentimiento de haber sido herido será más llevadero. Cuando los profesionales sean menos incrédulos, sarcásticos o moralizadores, los heridos iniciarán los procesos de reparación mucho antes de lo que lo hacen hoy. Y cuando los responsables sociales acepten disponer simplemente en torno a los descarriados espacios para la creación, para las palabras y los aprendizajes sociales, nos sorprenderá ver que un buen número de heridos consigue metamorfosear sus sufrimientos y convertirlos, pese a todo, en una obra humana.

Pero si el temperamento está mal estructurado por un hogar familiar desgraciado, si la cultura silencia a las víctimas causándoles con ello una nueva agresión, y si la sociedad abandona a sus hijos que ya da por perdidos, no habrá esperanza alguna para los traumatizados.

Esta forma de analizar el problema permite entender mejor la frase de Tom: «Hay familias donde se sufre más que en los campos de exterminio». Teniendo en cuenta que hay que golpear dos veces para provocar un traumatismo, se comprende que el sufrimiento no siempre sea de la misma naturaleza. En los campos, lo que torturaba era la realidad: el frío, el hambre, los golpes, la muerte visible, inminente, inútil. El enemigo estaba allí, localizado, exterior. Se podía retrasar la muerte, desviar el golpe, atenuar el sufrimiento. Y la falta de representación, la ausencia de sentido, la absurdidad de lo real hacía que la tortura fuese aún más fuerte.

Cuando Marcel, con diez años, regresó de los campos, nadie le preguntó absolutamente nada. Fue aceptado amablemente en una familia de acogida, donde permaneció en silencio durante muchos meses. No le preguntaban nada, pero le reprochaban su silencio. Entonces decidió explicar su historia, pero se detuvo de inmediato al ver en el rostro de sus padres de adopción los gestos de repulsión que su relato provocaba. Esos horrores existían, y el niño que los explicaba los evocaba en su mente. Todos podemos reaccionar de esta manera: vemos un niño, nos parece gracioso, habla bien, conversamos alegremente con él, y de repente nos dice: «¿Sabes una cosa? Yo soy el fruto de una violación, por eso mi madre siempre me ha odiado». ¿Cómo podemos seguir sonriendo? Nuestra actitud cambia, nuestros gestos se apagan, a duras penas logramos balbucear unas palabras inútiles para luchar contra el silencio. Eso es todo. Se ha roto el encantamiento. Y cuando volvamos a ver al niño, lo primero que haremos será recordar sus orígenes violentos. Es posible que lo estigmaticemos involuntariamente. El simple hecho de verle evocará una representación de violación, y el sentimiento que esa visión provoque despertará en nosotros una emoción que nos sobrepasará.

Inmediatamente después de haber explicado su historia, Marcel comprobó que su familia de acogida ya no le miraba como antes. Le evitaban, le hablaban con frases cortas, le mantenían a una cierta distancia. Así es como tuvo que vivir durante más de diez años, inmerso en una relación triste y de rechazo.

Había estado un año en el campo, y el miedo y el odio le habían impedido establecer vínculos con sus verdugos. Aquellos hombres constituían una categoría bien definida, fascinante como un peligro que no podemos dejar de contemplar, pero del que nos apartamos con alivio. Solo más tarde descubrimos asombrados que, pese a habernos liberado de nuestros agresores, los seguimos llevando con nosotros, impresos en nuestra memoria.

Poco a poco la familia de acogida de Marcel se fue volviendo agresiva, más bien despreciativa. El niño lo lamentaba y se sentía culpable: no debería haber hablado, todo aquello sucedía por su culpa. Entonces para hacerse perdonar, adoptó una actitud de amabilidad excesiva. Y cuanto más amable se mostraba, más le despreciaban: «Bola de sebo», llamaba la madre al niño esquelético, y lo abrumaba con tareas inútiles. Un día en que el niño se lavaba completamente desnudo en la cocina, la madre quiso comprobar si un niño de once años podía tener una erección. La provocó a conciencia y luego se marchó dejando a Marcel completamente aturdido. Unos días más tarde, fue el padre el que lo intentó, pero en esta ocasión Marcel se atrevió a rebelarse y lo rechazó. En semejante entorno tuvo que vivir el niño a partir de entonces. Oía a los vecinos cantar las alabanzas de su familia de acogida que «no estaba obligada a hacer todo aquello» y que hacía mucho por el niño: «Lo que hacen por ti no lo habrían hecho nunca tus verdaderos padres». Marcel se volvía triste y lento, él que siempre había sido tan animado y parlanchín. ¿A quién le podía explicar lo que ocurría? ¿Quién podría salvarle? La asistenta social era recibida con toda amabilidad. No pasaba del rellano, hacía dos o tres preguntas y se marchaba pidiendo excusas por las molestias. Marcel dormía en un catre, debajo de la mesa de la cocina, y trabajaba mucho. Le pegaban todos los días, cada palabra que le dirigían era un insulto, pero lo que más le atormentaba eran los comentarios humillantes: «estúpido», «cara de asno» eran los apelativos más frecuentes. En realidad, era un sufrimiento extraño, o más bien una opresión dolorosa: «Eh, estúpido, ve a limpiar el baño…», «Eh, cara de asno, ¿todavía no has terminado?». Para no sufrir en exceso y seguir mostrándose amable con aquellas personas que tanto hacían por él, había que esforzarse por llegar a ser indiferente.

Aproximadamente por aquella misma época, Marcel empezó a pensar en el campo de concentración que creía haber olvidado. Curiosamente, el recuerdo se había reorganizado. Recordaba el frío, pero no tenía frío. Sabía que había tenido un hambre terrible, pero su memoria ya no evocaba la enorme tenaza helada del hambre. Era consciente de que había escapado de la muerte, sin embargo, ya no sentía miedo y hasta le resultaba divertido haberla esquivado. Cada vez que era humillado con un empujón despreciativo o con un apelativo insultante, cada vez que sentía que su cuerpo se cargaba de tristeza y sus párpados se hinchaban por las lágrimas retenidas, evocaba el campo. Entonces experimentaba una sensación de extraña libertad al pensar en los horrores que con su fuerza había superado y en las proezas físicas que su cuerpo había sido capaz de realizar.

El campo que, en la realidad, tanto le había hecho sufrir, resultaba tolerable en el recuerdo, y le permitía incluso luchar contra el sentimiento de desesperación envilecedora que le provocaba en el momento presente el insidioso maltrato.

No se sufre más en ciertas familias que en los campos de exterminio, pero cuando la familia es un lugar de sufrimiento, el trabajo de la memoria utiliza el pasado para imprimir en él su imaginario, a fin de hacer soportable la realidad presente.

La representación del pasado es una producción del presente. Eso no significa que los recuerdos sean falsos. Son verdaderos, como son verdaderos los cuadros realistas. El pintor, que es sensible a ciertos aspectos de la realidad, los reproduce sobre la tela realzándolos. Su representación de la realidad refleja su interpretación, en la que todo es verdadero y a la vez ha sido recompuesto.

Los lisiados del pasado nos pueden dar lecciones

Cuando el padre de Richard murió, su madre desapareció. No es que abandonara a sus hijos sino que, cuando se tienen ocho, hay que salir temprano por la mañana para ir a limpiar casas ajenas y regresar por la noche, agotada. De modo que fue la hermana mayor la que se ocupó de cuidar a la familia. Cuando había que hacer frente a alguno de los gastos principales, como el alquiler o la ropa, la cena no estaba asegurada. La única solución que se le ocurrió a esta muchachita de catorce años fue organizar una coral. Al anochecer, toda la familia salía a la calle para cantar en los patios de los edificios del distrito XX de París. La coral despertaba las simpatías de la gente y los más pequeños corrían a recoger las monedas que les darían de cenar. Cuarenta años más tarde, la hermana mayor se ha convertido en una gran señora que se muere de risa al recordar este hecho. Los pequeños conservan un recuerdo divertido, pero una de las hermanas todavía hoy sufre por la humillación de haberse visto obligada a mendigar, mientras su madre se mataba trabajando.

Sería interesante comprender cómo la historia de cada uno de esos niños, el desarrollo de su personalidad ha podido utilizar un mismo hecho para convertirlo en representaciones tan distintas.

Elaborar un proyecto para alejar el pasado, metamorfosear el dolor del momento para convertirlo en un recuerdo glorioso o divertido, explica sin duda el trabajo de resiliencia. Este distanciamiento emocional es posible gracias a unos mecanismos de defensa, costosos pero necesarios, como son:

—La negación: «No creáis que he sufrido»;
—el aislamiento: «Recuerdo un hecho despojado de afectividad»;

—la huida hacia delante: «Lucho constantemente para evitar que retorne la angustia»;

—la intelectualización: «Cuanto más trato de comprender, más domino la emoción insoportable»;

—y sobre todo la creatividad: «Expreso lo indecible gracias al recurso de la obra de arte».

Todos esos recursos psicológicos permiten regresar al mundo cuando uno ha sido expulsado de la humanidad. La tentación de la anestesia disminuye el sufrimiento, pero embota nuestra manera de ser humanos; no es más que una forma de protección. Basta un solo encuentro para despertar la llama y regresar junto a los hombres a su mundo, palpable, saboreable y angustioso. Porque volver a casa no es volver a la dulzura del hogar, sino que es una prueba más. La vergüenza de haber sido víctima, el sentimiento de ser menos, de no ser ya el mismo, de no ser ya como los demás, que también han cambiado durante el tiempo en que uno ya no pertenecía a su mundo. ¿Cómo decírselo? Al regresar del gulag, Shalámov escribe a Pasternak: «¿Qué me iba a encontrar? No lo sabía aún. ¿Quién era mi hija? ¿Y mi mujer? ¿Sabrían compartir los sentimientos que me desbordaban y que habrían bastado para permitirme soportar veinticinco años más de prisión?».[9]

Se necesita mucho tiempo para estudiar la resiliencia. Cuando observamos a alguien durante una hora o cuando lo tratamos durante tres años, podemos prever sus reacciones. Pero cuando estudiamos toda la duración de una vida, cabe esperar... ¡sorpresas!

La noción de ciclo vital posibilita la descripción de distintos capítulos de una única existencia. Ser un bebé no es ser un adolescente. En cada edad somos seres totales que habitan mundos distintos. Y sin embargo, el palimpsesto que despierta las huellas del pasado hace resurgir los hechos que se creían olvidados.

---

9. Shalámov, V., *Correspondance avec Pasternak et Souvenirs*, Gallimard, París, 1991, p. 183, en G. N. Fischer, *Le Ressort invisible, op. cit.*

Nunca conseguimos eliminar del todo los problemas, siempre queda una huella, pero se les puede dar otra vida, más soportable y en ocasiones incluso hermosa y dotada de sentido.

J'ai marché, les tempes brûlantes
Croyant étouffer sous mes pas
Les voix du passé qui nous hantent
Et reviennent sonner le glas.[10]

Desde que tenía catorce años, en plena guerra, Barbara nunca ha dejado de escribir. Recita sus poemas y canta ya bastante bien.[11] En plena clandestinidad, cuando la gente muere a su alrededor, la adolescente descubre minúsculos placeres: «[…] la partida de cartas, a cubierto, en la habitación del fondo, y la excitación de las salidas a toda prisa, los gritos de "la Gestapo"».[12]

Muchos otros en su misma situación se hundieron, heridos de por vida. ¿Por qué misterio pudo Barbara metamorfosear su herida en poesía? ¿Cuál es el secreto de la fuerza que le permitió coger flores entre el estiércol?

A esta pregunta responderé que la educación precoz de las emociones imprimió en la niña un temperamento, un estilo de conducta que le permitió, al llegar el momento de la prueba, utilizar sus recursos internos. A la edad en que todos los niños son como esponjas afectivas, su entorno supo estabilizar sus reacciones emocionales. Su madre, sus hermanos y hermanas y tal vez su propio padre que, en aquel estadio del desarrollo de la niña, todavía no era un agresor, le proporcionaron al recién nacido unos hábitos de conducta, un estilo relacional que, en el momento de la adversidad, le permitieron no dejarse destruir.

10. Caminé, con las sienes ardiendo / creyendo ahogar bajo mis pasos / las voces del pasado que nos persiguen / y regresan para anunciar el final. (*N. de la T.*) Barbara, «Mon enfance» (canción), 1968.

11. Belfond, J. D., *Barbara l'ensorceleuse*, *op. cit.*, p. 15.

12. Barbara, *Il était un piano noir*, Fayard, París, 1998.

Tras las dos fracturas del incesto y de la guerra, la muchacha tuvo que elaborar algunos mecanismos de defensa: ahogar bajo sus pasos las voces del pasado que la persiguen, reforzar la parte de su personalidad que el entorno acepta, su alegría, su gramo de locura, su buen gramo de locura, su capacidad para suscitar amor. Su sufrimiento ha de permanecer mudo para proteger a sus seres más cercanos. No se puede ser la que no se ha sido, pero se puede dar de una misma aquello que hace felices a los demás. El hecho de haber sido herida la hace sensible a todas las heridas del mundo y la invita a velar por todos los sufrimientos.[13]

> *Avec eux j'ai eu mal*
> *Avec eux j'étais ivre.*[14]

Esta fuerza que permite a los resilientes superar las pruebas otorga a su personalidad un tinte especial. Una atención excesiva a los otros y, a la vez, un miedo a recibir el amor que suscitan:

> *C'est parce que je t'aime*
> *Que je préfère m'en aller.*[15]

Esos heridos triunfadores experimentan un sorprendente sentimiento de gratitud: «Se lo debo todo a los hombres, ellos me han dado a luz». El último regalo que puedo hacerles es el don de mí misma y de mi aventura: «Conseguí salirme porque canto».[16]

Los lisiados del pasado nos pueden dar lecciones. Pueden enseñarnos a curar las heridas, a evitar ciertas agresiones y tal vez incluso a comprender qué hay que hacer para que los niños se desarrollen mejor.

---

13. Paráfrasis de varias canciones de Barbara.
14. Con ellos sufrí / con ellos me emborrachaba. (*N. de la T.*)
15. Precisamente porque te quiero / prefiero marcharme. (*N. de la T.*)
16. Belfond, J. D., *Barbara l'ensorceleuse, op. cit.*

Hay que aprender a observar para evitar la belleza venenosa
de las metáforas

El mero hecho de constatar que es posible salirse nos invita a abordar el problema con otra perspectiva. Hasta el momento, la cuestión era lógica y fácil. Cuando la vida nos da un gran golpe, podemos evaluar sus consecuencias físicas, psicológicas, afectivas y sociales. El problema de esta reflexión lógica es que está inspirada en el modelo de los físicos en el que se basa toda práctica científica: si aumento la temperatura, el agua entrará en ebullición; si golpeo esta barra de hierro, se romperá por el efecto de una determinada presión. Esta forma de concebir la existencia humana ha dado sobradas pruebas de su validez. En 1940, durante la Segunda Guerra Mundial, Anna Freud recogió en Londres a niños cuyos padres habían muerto a causa de los bombardeos, y ya entonces observó la importancia de los trastornos del desarrollo. René Spitz había descrito por aquella misma época que los niños privados de soporte afectivo dejaban de desarrollarse. Pero fue John Bowlby quien, a partir de los años 1950, provocó los debates más apasionados al proponer que el paradigma de la relación entre madre e hijo fuera definido en todos los seres vivos, humanos y animales, a través del concepto de apego. En aquella época, solo la Organización Mundial de la Salud se atrevió a conceder una pequeña beca de investigación para probar esta sorprendente hipótesis. En el contexto cultural de la época, el crecimiento de los niños se expresaba con la ayuda de metáforas vegetales: si un niño crece y engorda, ¡es una buena simiente! Esta metáfora justificaba las decisiones educativas de los adultos. Las buenas simientes no necesitan en realidad familias ni sociedades para desarrollarse. El aire saludable del campo y una buena alimentación serán suficientes. En cuanto a las malas simientes, hay que arrancarlas para que la sociedad vuelva a ser virtuosa. Teniendo en cuenta estos estereotipos culturales, era fácil pensar en el racismo. Los círculos feministas nacientes se indignaban de que se estableciera esta proximidad entre las mujeres y los animales, mientras que la gran antropóloga Margaret Mead se oponía a esta hipótesis afirmando que los niños no tienen necesidad de afectividad para crecer y que «los estados de carencia están vinculados sobre todo al deseo de impedir que las mujeres trabajen».[17]

Sin embargo, esas causalidades lineales son incontestables: maltratar a un niño no le hace feliz. Su desarrollo se detiene cuando es abandonado. Alice Miller,[18] Pierre Strauss y Michel Manciaux[19] fueron los pioneros de este proceso que hoy en día nos parece evidente, pero que hace treinta años provocaba incredulidad e indiferencia. Los estudios sobre la resiliencia no discuten en modo alguno esos trabajos, que siguen siendo necesarios. De lo que se trata hoy es de introducir en nuestras observaciones el largo plazo, ya que los determinismos humanos son a corto plazo. Solo se pueden constatar causalidades lineales a corto plazo. Cuanto más largo es el plazo, más probable es que intervengan otros factores que modificarán los efectos.

Nos pasamos la vida luchando contra los fenómenos de la naturaleza, desvinculándonos de la realidad, y llamamos «cultura», «trascendencia» o «metafísica» a nuestro trabajo de liberación. ¿Por qué en el hombre un determinismo ha de ser una fatalidad? Una adversidad es una herida que se inscribe en nuestra historia, pero no es un destino.

Esta nueva actitud amenaza con trastornar «nuestras propias concepciones de la psicología infantil, nuestros métodos de enseñanza y de investigación, nuestra visión de la existencia».[20] Antes hubo que evaluar los efectos de los golpes, ahora hay que analizar

17. Mead, M., 1948, en S. Lebovici y M. Lamour, «L'attachement chez l'enfant. Quelques notions à mettre en evidence», *Le Carnet psy*, octubre de 1999, pp. 21-24.

18. Miller, A., *C'est pour ton bien. Racines de la violence dans l'éducation de l'enfant*, Aubier, París, 1983.

19. Strauss, P. y M. Manciaux, *L'enfant maltraité*, Fleurus, París, 1993.

20. Lemay, M., «Réflexions sur la résilience», en M. P. Poilpot (ed.), *Souffrir mais se construire*, Érès, Toulouse, 1999, pp. 83-105.

los factores que permiten la recuperación de un tipo de desarrollo. La historia de las ideas en psicología está hecha de tal modo que partimos de lo orgánico para evolucionar hacia lo intangible. Sigue habiendo aún entre nosotros quienes piensan que el sufrimiento psíquico es un signo de debilidad, una degeneración. Si creemos que solo los hombres de buena calidad pueden superar las adversidades y que las mentes débiles sucumben a ellas, la actitud terapéutica justificada por semejante representación consistirá en reforzar el cerebro mediante sustancias químicas o descargas eléctricas. Pero si creemos que un hombre únicamente puede desarrollarse tejiendo vínculos con otro, la actitud que ayudará a los heridos a reanudar el desarrollo deberá tender a descubrir los recursos internos impresos en el individuo, así como los recursos externos dispuestos a su alrededor.

La simple constatación de que algunos niños traumatizados resisten a las pruebas, y en ocasiones hasta las utilizan para ser más humanos aún, puede explicarse no en términos de superhombre o de invulnerabilidad, sino asociando la adquisición de recursos internos afectivos y conductuales en la primera infancia con la disposición de recursos externos sociales y culturales.

Observar cómo se comporta un niño no es etiquetarlo ni estudiarlo con métodos matemáticos. Más bien al contrario: es describir un estilo, una utilidad y un significado. Describir cómo un niño en la etapa preverbal descubre su mundo, lo explora y manipula como un pequeño científico, permite comprender «esta formidable resiliencia natural que todo niño sano presenta ante los imprevistos que inevitablemente se le presentarán a lo largo de su desarrollo».[21]

Ya no se trata de hablar de degeneración cerebral, de paralización del desarrollo en un nivel inferior, de regresión infantil o de inmadurez, sino más bien de tratar de comprender la función adaptativa momentánea de una conducta y la reanudación de su

21. *Ibid.*

evolución, que es posible cuando se han propuesto guías de resiliencia internos y externos adecuados.

Hablar de degeneración supone una ventaja: implica que yo, que soy neurólogo, no soy un degenerado porque poseo un título universitario. Resulta reconfortante observar al otro desde la noción de inmadurez: eso significa que yo, observador, soy un adulto maduro porque tengo un salario. Esos puntos de vista técnicos reafirman a los titulados universitarios y a los asalariados, pero descalifican las relaciones simplemente humanas, afectivas, deportivas y culturales, que son tan eficaces.

Ahora bien, si nos ejercitamos en la práctica del razonamiento en términos de «ciclo de vida»,[22] de historia de toda una vida,[23] nos resultará fácil descubrir que en cada capítulo de su historia todo ser humano es un ser total, acabado, con su mundo mental coherente, sensorial, significativo, vulnerable y permanentemente mejorable. En este caso, todo el mundo debe participar en la resiliencia. El vecino ha de preocuparse por la ausencia de la anciana, el joven deportista ha de ponerse a jugar con los chavales del barrio, la cantante ha de organizar una coral, el actor ha de representar un problema actual y el filósofo ha de alumbrar un concepto y compartirlo. Entonces, podremos «considerar que cada personalidad camina a lo largo de la vida, a lo largo de su propio camino que es único».[24]

Esta nueva actitud ante las pruebas que presenta la vida nos invita a considerar el traumatismo como un reto.

¿Cabe hacer otra cosa que no sea aceptarlo?

22. Houde, R., *Le Temps de la vie. Le Développement psychosocial de l'adulte*, Gaétan Morin, Montreal, 1999.

23. Fontaine, R., «Une approche "vie entière"», *Le Journal des psychologues*, n.º 178, junio de 2000, pp. 32-34.

24. Bowlby, J., «L'avènement de la psychiatrie développementale a sonné», *Devenir*, vol. 4, n.º 4, p. 21.

I

LA ORUGA

Durante mucho tiempo me he estado preguntando contra qué podía rebelarse un ángel, teniendo en cuenta que en el Paraíso todo es perfecto. Hasta que un día comprendí que se rebelaba contra la perfección. El orden irreprochable provocaba en él un sentimiento de no-vida. La justicia absoluta, al suprimir los aguijones de la indignación, embotaba su alma. La orgía de pureza le repugnaba tanto como una mancha. De modo que era necesario que el ángel cayera para realzar el orden y la pureza de los habitantes del Paraíso.

El temperamento o la rebelión de los ángeles

Hoy en día, la sombra que realza se llama temperamento. «El temperamento es una ley de Dios grabada en el corazón de todas las criaturas por la propia mano de Dios. Debemos obedecerle y le obedeceremos a pesar de las restricciones o prohibiciones, vengan de donde vengan.»[1]

Esta definición de temperamento la proporcionó el propio Satán, en 1909, cuando se la dictó a un irónico Mark Twain. En

---

1. Twain, M., «Letters from Earth. What is Man, and Other Philosophical Writings», en A. Lieberman, *La vie émotionnelle du tout-petit*, Odile Jacob, París, 1997, p. 70.

aquella época, el reto ideológico de las descripciones científicas era reforzar las teorías fijistas, que afirman que todo sucede para bien, que cada uno ocupa su lugar y que reina el orden. En semejante contexto social, la noción satánica de destino se dotaba de una máscara científica.

La historia de la palabra «temperamento» siempre ha tenido una connotación biológica, incluso en la época en que la biología todavía no existía. Hace 2.500 años, Hipócrates declaraba que el funcionamiento de un organismo se explicaba por la mezcla en proporciones variables de los cuatro grandes humores —sangre, flema, bilis amarilla y bilis negra—, que se atemperaban los unos a los otros.[2] Esta visión de un hombre movido por los humores tuvo tal éxito que acabó impidiendo cualquier otra concepción de la máquina humana. Cualquier fenómeno extraño, cualquier sufrimiento físico o mental se explicaba por un desequilibrio de las sustancias que bañaban el interior de los hombres. Esta imagen de un ser humano alimentándose de energía líquida se apoyaba en realidad en la percepción del entorno físico y social de la época. El agua, que daba la vida, sembraba también la muerte por contaminación o envenenamiento. Las sociedades jerarquizadas situaban en lo más alto de la escala a su soberano, por encima de los hombres, mientras que en la parte más baja «los campesinos y obreros, a menudo esclavos, víctimas designadas por sus orígenes modestos»[3] vivían sufriendo y morían de la viruela, de la malaria, de accidentes o de enfermedades intestinales. Puesto que reinaba el orden y era moral, los que estaban situados en la parte más baja de la escala social, pobres y enfermos, ¡tenían que haber cometido graves pecados! La enfermedad-castigo ya existía antes del judeocristianismo. Encontramos rastros de ella en Mesopotamia, en los primeros textos médicos asirios.

2. Pichot, P., «Tempérament», en Y. Pélicier y P. Brenot, *Les objets de la psychiatrie*, L'Esprit du temps, París, 1997, pp. 611-612.

3. Sournia, J.C., *Histoire de la médecine et des médecins*, Larousse, París, 1991, p. 34.

El equilibrio de las sustancias constituye el primer momento de una práctica médica que también realizaron los griegos, los árabes o los brahmanes que sucedieron a los sacerdotes védicos. Esos balbuceos médicos y filosóficos atribuían a ciertos jugos ingeridos o producidos por el cuerpo el poder de provocar emociones.[4] En el siglo XVIII, Erasmus Darwin, el abuelo de Charles, estaba tan convencido de ello que inventó una silla que giraba a gran velocidad con objeto de expulsar los malos humores de los cerebros deprimidos.[5] Philippe Pinel, sorprendentemente moderno, «consideraba que no solamente la herencia, sino también una educación defectuosa, podían causar una aberración mental, al igual que las pasiones excesivas como el miedo, la cólera, la tristeza, el odio, la alegría y la exaltación».[6]

Esta ideología de la sustancia que se extiende a través de las épocas y de las culturas expresa una única idea: nosotros, pequeños seres humanos, estamos sometidos a la influencia de la materia. Pero hay alguien superior que domina los elementos sólidos. Lo que vemos en nuestros campos, en nuestros castillos, en nuestras jerarquías sociales y en nuestros humores es una prueba de su voluntad.

La palabra «temperamento» tiene, por tanto, significados diferentes según los contextos tecnológicos e institucionales. Entre los asirios y los griegos, su significado era parecido al de nuestra palabra «humor». Entre los revolucionarios franceses, quería decir: «emoción configurada por la herencia y la educación». Cuando en el siglo XIX se hablaba de «temperamento romántico», se evocaba en realidad una deliciosa sumisión a las «leyes» de la naturaleza, que justificaba la cruel jerarquía social de la industria galopante.

4. Alexander, F.G. y S.T. Selesnick, *Histoire de la psychiatrie*, Armand Colin, París, 1972, p. 40.
5. *Ibid.*, p. 127.
6. *Ibid.*, p. 131.

Hoy en día, la palabra «temperamento» ha evolucionado. En nuestro contexto actual, en que los genetistas obtienen unos logros asombrosos, en que la explosión de las tecnologías construye una ecología artificial, en que los estudios neuropsicológicos demuestran la importancia vital de las interacciones precoces, la palabra temperamento adquiere de nuevo otro sentido.

Los estadounidenses han desempolvado el concepto adaptándolo a nuestros recientes descubrimientos.[7] Pero cuando la palabra inglesa *temperament* se traduce en francés por «tempérament» es «casi un falso amigo», lo que es peor que un falso amigo porque suscita menos desconfianza. Para traducir de forma fidedigna la idea anglosajona de temperamento, deberíamos hablar de disposiciones temperamentales, de tendencias a desarrollar la personalidad de una determinada manera. Es un «cómo» del comportamiento, mucho más que un «por qué», una manera de construirse en un medio ecológico e histórico, mucho más que un rasgo innato.[8]

Hoy en día, cuando hablamos de temperamento nos referimos sobre todo a un «afecto de vitalidad»,[9] una disposición elemental a experimentar las cosas del mundo, a expresar la rabia o el placer de vivir. Ya no se trata de un destino o de una sumi-

7. Thomas, A., S. Chess y H. Birch, *Temperament and Behavior Disorders in Children*, University Press, Nueva York, 1968.

8. *Temperament*:

–Según *The Oxford Guide to the English Language*: «Person's nature as it controls its behavior».

–Según *Oxford Advanced Learners*: «Person's nature as it affects the way he thinks, feels and behaves».

Pero en el lenguaje corriente:

–Según *Harrap's*: *Temperament* = humor; *Temperamental* = caprichoso; *To be in a temper* = montar en cólera.

–Según *Collins*: «Person's disposition; Having changeable mood; Erratic and unreliable»; Disposition = «Desire or tendency to do something».

9. Stern, D., *Le monde interpersonnel du nourrisson: une perspective psychanalitique et développementale*, PUF, París, 1989.

sión a las «leyes» de la naturaleza, inventada por industriales fijistas, sino de una fuerza vital informe que nos empuja a encontrar algo, una sensorialidad, una persona, un acontecimiento. Es el encuentro que nos forma cuando nos enfrentamos al objeto al que aspiramos.

Cuando Satán deja de llevar la iniciativa de las ideas, comienza una psicoterapia porque su concepción básica ha de ser revisada y esto le resulta muy duro.

La triste historia del espermatozoo de Layo y el óvulo de Yocasta

¡Por supuesto que existen determinantes genéticos! Cuando el espermatozoo de Layo penetró en el óvulo de Yocasta, el resultado no podía ser cualquier cosa. Solo podía nacer un ser humano. Nuestras potencialidades están limitadas desde el principio: un niño solo puede convertirse en un ser humano. Edipo jamás podría haberse convertido en una mosca de la fruta o *Drosophila* o en un chorlito. Pero una vez condenado a ser humano, podría no haber sido abandonado, no casarse con Yocasta, no encontrarse con el oráculo de Tebas, y en consecuencia no se habría arrancado los ojos. En cada uno de los sucesos de su trágica existencia, cabía la posibilidad de otro destino. Solo en los mitos los relatos son deterministas. En la realidad, cada encuentro constituye una posible bifurcación.

La expresión «programa genético» que escuchamos todos los días no es ideológicamente neutra. Esta metáfora informática, propuesta con cierto apresuramiento por el gran biólogo Ernst Mayr,[10] ya no se corresponde con los datos actuales. Esta metáfora abusiva ha sido discretamente sustituida por la de «alfabeto genómico», menos engañosa, pero que tampoco nos autoriza a pensar que se puede comprender la Biblia haciendo

10. Mayr, E., «Cause and Effect in Biology», *Science*, n.º 134, pp. 1501-1506.

un simple inventario de las letras que la componen.[11] En realidad, la increíble aventura de la clonación nos enseña que una misma banda de ADN[12] puede no decir nada o expresarse de forma distinta según el medio celular en el que se la sitúe.

Ciertamente, los determinantes genéticos existen, puesto que actualmente hay descritas siete mil enfermedades hereditarias. Pero solo «hablan» cuando los errores hereditarios impiden que se produzca un desarrollo armonioso. Los determinantes genéticos existen, pero eso no significa que el hombre esté determinado genéticamente.

En el caso de la fenilcetonuria, dos padres sanos pueden transmitir un gen portador de la incapacidad para degradar la fenilalanina. Cuando el niño recibe los dos genes unidos, sufre un retraso en el desarrollo porque su cerebro alterado no consigue extraer las informaciones de su medio. Lo ideal sería sustituir el gen defectuoso para reparar el metabolismo.[13] Entretanto, Robert Guthrie propuso adoptar un régimen exento de fenilalanina. El cerebro del niño recupera rápidamente la lucidez y en pocos años su cuerpo adquiere metabolismos compensatorios que permiten degradar la fenilalanina. El niño reanuda entonces su desarrollo normal.

Este ejemplo descalifica el estereotipo: «Si es innato, no hay nada que hacer. Pero si el trastorno es de origen cultural, podemos combatirlo». Una alteración metabólica muchas veces es más fácil de corregir que un prejuicio.

Entre los miles de enfermedades hereditarias que se corresponden con este esquema, el síndrome de Lesch-Nyhan nos ofre-

11. Atlan, H., *La fin du «tout génétique», vers de nouveaux paradigmes en biologie*, INRA Éditions, París, 1999, p. 24.

12. Combinación de moléculas muy simples de proteínas que constituyen los cromosomas y cuyas secuencias determinan la transmisión de la herencia.

13. Plomin, R., J. Defries, G. McClearn y M. Rutter, *Des gènes au comportement. Introduction à la génétique comportamentale*, De Boeck Université, Bruselas, 1999.

ce un ejemplo típico: los genes no codifican la síntesis de una enzima que degrada el ácido úrico. Los niños que padecen este síndrome son pequeños, movidos, y sufren espasmos musculares a la menor emoción. Presentan un retraso mental evidente, pero lo que les caracteriza es su capacidad para reaccionar con violencia, contra los demás y contra ellos mismos. El único caso que tuve ocasión de ver agredía a todas las personas que se le acercaban, y se había mordido el labio inferior cuando le habían inmovilizado.

La trisomía 21 («mongolismo») descrita por Down en 1866, año de la publicación de los «guisantes» de Mendel, se debe a la presencia de un cromosoma extra con sus miles de genes. En el momento de la unión de los cromosomas maternos y paternos, un cromosoma extra permanece adherido al par 21. Esa codificación modificada provoca un desarrollo especial. La morfología es típica: cráneo redondo, cuello corto, lengua gruesa, pliegues epicánticos (pliegue del párpado superior sobre el canto interno, rasgo que encontramos habitualmente en los asiáticos) y pliegue palmar único.

En los ratones, se ha observado una trisomía que causa trastornos análogos. Y en los monos, cuando la madre es mayor, son frecuentes las trisomías.[14] Pero lo sorprendente es que las consecuencias de estas anomalías genéticas en la vida relacional son totalmente diferentes. Los animales que presentan el síndrome de Lesch-Nyhan son tan violentos que su esperanza de vida es muy corta. Se hieren a sí mismos o mueren en una pelea, porque su propia violencia provoca las respuestas violentas del grupo. En cambio, en el caso de los monos que presentan trisomías, el escenario de interacción es totalmente diferente. La cabeza redonda en los pequeños, su gran barriga, sus gestos suaves y torpes y el retraso en el desarrollo suscitan en los adultos comportamientos maternales. La madre acepta una dependencia muy

14. Antonarakis, S.E., «10 Years of Genomics, Chromosome 21, and Down Syndrom», *Genomics*, 51, 1 de julio de 1998, pp. 1-16.

larga y pesada del animal trisómico. Acuden en su ayuda otras hembras y «hasta los monos que no tienen lazos de parentesco con la familia lavan al pequeño con una frecuencia dos veces mayor que a sus iguales».[15]

Incluso cuando la anomalía genética es más grave, un gen ha de obtener una respuesta del entorno. Esta reacción empieza en el nivel bioquímico y se prolonga en cascada hasta las respuestas de tipo cultural.

Gracias a nuestros avances, hemos evolucionado
de la cultura de la culpa a la cultura del prejuicio

En las culturas de la culpa, cualquier desgracia, cualquier sufrimiento adquiría el significado de pecado. Pero el acto culpable, que condenaba a la enfermedad, contenía en sí mismo su propio remedio: una contra-acción, un ritual expiatorio, un autocastigo, un sacrificio redentor, la absolución de la falta por medio del dinero o de la devoción. El relato cultural de la culpa añadía sufrimiento a los sufrimientos, pero engendraba esperanza a través de la posibilidad de la redención y su significado moral. La cultura curaba lo que ella misma había provocado. En cambio, en las culturas en las que el progreso técnico solo concede la palabra a los expertos, los individuos ya no son la causa de sus sufrimientos ni de sus actos reparadores. Es el experto el que ha de actuar si yo sufro, ¡es por su culpa! Es que no ha hecho bien su trabajo. La cultura del pecado ofrecía la posibilidad de una reparación a través de la expiación dolorosa, mientras que la cultura tecnológica le pide al otro que repare. Gracias a nuestros avances hemos pasado de la cultura de la culpa a la cultura del prejuicio.[16]

15. Waal, F. de, *Le bon singe*, Bayard, París, 1997, pp. 66-67. [Hay trad. cast.: *Bien natural*, Herder, Barcelona, 1997.]

16. Salomon, J.J., *Survivre à la Science – Une certaine idée du futur*, Albin Michel, París, 1999, p. 248.

La época de las pestes de la Europa medieval ilustra a la perfección cómo funcionaban las culturas de la culpa. En el siglo XII, la aparición de los *trobars* (trovadores) da fe de que se está produciendo un cambio de sensibilidad en las relaciones entre los hombres y las mujeres. Ya no se trata de excluir a las mujeres y explotarlas, sino de entablar con ellas relaciones amorosas. El amor caballeresco, aristocrático y galante conquista el corazón de la dama después de la celebración de unas justas físicas. Y el amor cortés propone una mística de la castidad según la cual, para probar que se ama, hay que abandonar a la dama en vez de abalanzarse sobre ella.[17]

En el contexto técnico de esta época, la inteligencia no es un valor cultural. «Es una virtud secundaria, una virtud de damas.» El valor prioritario, el que organiza la sociedad y permite superar los sufrimientos cotidianos, es una «virtud masculina, tener los miembros bien formados y ser resistente al dolor».[18] Cabe pensar que, en un contexto en que la única energía social la proporcionan los músculos de los hombres y de los animales, el valor adaptativo consiste en sobreponerse al sufrimiento físico. La fuerza y la brutalidad valen más que los madrigales. Sin embargo, en aquella misma época, la lengua de Oc alumbra la literatura y las canciones que conquistan Occidente, dando así testimonio de la aparición de un nuevo mecanismo de defensa: poner en hermosas palabras nuestros deseos y nuestras penas.

De modo que, cuando comienza la edad de las pestes, la primera hecatombe del siglo XIV, los mecanismos de defensa se organizan en dos estilos opuestos. Uno consiste en «invocar a los santos protectores, san Sebastián o san Roque, patrono de los apestados, [para] entregarse a la penitencia [...] desfilar en disparatadas procesiones de flagelantes [...] y preconizar un único remedio, el

17. Sendrail, M. (ed.), *Histoire culturelle de la maladie*, Privat, Toulose, 1980, p. 21. [Hay trad. cast.: *Historia cultural de la enfermedad*, Espasa-Calpe, Madrid, 1983.]

18. Nelli, R., *L'érotique des troubadours*, Privat, Toulouse, 1963.

arrepentimiento de los pecados que justificaban la cólera divina».[19]
Y el otro consiste en gozar lo más rápido posible antes de que llegue la muerte. Cuenta Boccaccio que en Ragusa unos grupos inspirados en los trovadores «prefieren darse a la bebida y a los placeres, recorrer la ciudad retozando y, con una canción en los labios, dar completa satisfacción a sus pasiones».[20] El movimiento está ya en marcha: hay que expresar los sufrimientos en forma de obras de arte, cueste lo que cueste. Y cuando aparezca la sífilis a finales del siglo XVI, Francisco López de Villalobos describirá a la perfección la enfermedad cutánea y la facilidad de su contagio, pero esta sintomatología inquietante la publicará en Salamanca en setenta y seis estrofas de diez versos.

Los hombres de la época de las pestes no tenían conocimientos suficientes para actuar sobre la realidad, tal como lo permite la medicina de hoy. En cambio la cultura de la culpa les permitía actuar sobre la representación de la realidad, gracias a la expiación y a la poesía.

Hace diez o quince años, algunas personalidades de la disciplina que practico afirmaban que los niños nunca tienen depresiones y que se pueden reducir sus fracturas o arrancar las amígdalas sin anestesiarles ¡porque no sufren! Otros médicos han opinado que es preciso mitigar el sufrimiento de los niños.[21] Pero la técnica a menudo eficaz de los medicamentos, de las estimulaciones eléctricas y de las infiltraciones ha otorgado el poder a los expertos en el dolor. De modo que cuando hoy una enfermera retira un vendaje provocando dolor, cuando una migraña no desaparece con la rapidez deseada o cuando un gesto de cirugía menor hace dar un bote en el asiento, el niño y sus padres lanzan una mirada severa al profesional y le reprochan el dolor. No hace mucho, cuando un niño lloraba, era a él a quien

19. Sendrail, M., *Histoire culturelle de la maladie*, *op. cit.*, p. 228.
20. *Ibid.*, p. 324.
21. Gauvain-Picard, A. y M. Meinier, *La douleur de l'enfant*, Calmann-Lévy, París, 1993.

se le reprochaba no ser un hombre, y era él quien sentía vergüenza. Ayer, el dolor era una muestra de la debilidad del herido, hoy revela la incompetencia del profesional.[22]

El dolor en sí mismo no tiene sentido. Es un signo biológico que pasa o queda bloqueado. Pero el significado que adquiere este signo depende tanto del contexto cultural como de la historia del niño. Al atribuir un sentido al hecho del dolor, modifica su experiencia. Ahora bien, el sentido está constituido tanto por el significado como por la orientación.

Se comprende cómo el significado que atribuimos a un objeto o a un hecho nos viene dado por el contexto examinando el ejemplo de la píldora anticonceptiva. El bloqueo de la ovulación se descubrió muy pronto y podría haberse comercializado a partir de 1954. Pero en aquella época el simple hecho de afirmar que se podía bloquear la ovulación en las mujeres porque los investigadores del INRA[23] lo habían logrado en las vacas y en las ovejas suscitaba reacciones indignadas. Incluso recuerdo que había mujeres que se sublevaban ante la noción de hormonas, porque consideraban que daba una imagen vergonzosa de los seres humanos.

Fue preciso actuar sobre el discurso social y hacerlo evolucionar para lograr que finalmente en 1967 se legalizara la píldora. En ese nuevo contexto, el control de la fecundidad significó una revolución para las mujeres. Su vientre ya no pertenecía al Estado, podían liberar su mente e intentar la aventura de una expansión personal.

Treinta años más tarde, el significado de la píldora cambió de nuevo. Este objeto técnico aparece en el mundo de las adolescentes cuando sus madres comienzan a hablarles de él. En esta nueva relación, la píldora significa la intrusión materna. Las

22. Annequin, D., «Le paradoxe français de la codéine, et Bibliographie sur la douleur des nouveau-nés», en *La lettre de* PERIADOL, n.º 4, noviembre de 1997.

23. Instituto nacional de investigación agrícola.

hijas dicen: «Mi madre quiere controlarlo todo, no respeta mi intimidad». En ese tipo de relación, el rechazo de la píldora equivale a un intento de autonomía y de rebelión contra el poder materno. Eso explica que el número de abortos entre las adolescentes apenas haya disminuido. Para que ese número se reduzca, habría que atribuir otro significado a la píldora, por ejemplo haciendo que las explicaciones las diera una hermana mayor, una educadora, una enfermera o una confidente ajena a la familia y sin relación de autoridad.

Al cambiar el contexto relacional y social, se cambia el significado atribuido a la píldora: en 1950 quería decir «las mujeres son vacas»; en 1970, significaba «las mujeres son revolucionarias»; y en el 2000 afirma «las madres son unas entrometidas».

Cómo aprenden a bailar los fetos

Así es como vamos a abordar el concepto del nuevo temperamento. Si admitimos que el significado que adquieren un objeto, un comportamiento o una palabra depende de su contexto, entonces ¡ese temperamento estará cargado de sentido!

El temperamento es, sin duda, un comportamiento, pero también es un «cómo» del comportamiento, una manera de situarse en el medio. Ese estilo de existencia está ya formado desde sus primeras manifestaciones. La biología genética, molecular y conductual está configurada por las presiones del medio, que son otra forma de biología. Sin embargo, esa biología procede de los otros humanos, los que nos rodean. Y la actitud que estos tienen hacia el niño constituye una especie de biología periférica, una sensorialidad material que va situando en torno al pequeño unas guías que han de servir de referencia para su desarrollo. Lo más sorprendente es que esos circuitos sensoriales, que estructuran el entorno del niño y tutelan su desarrollo, están construidos materialmente por la expresión conductual de las representaciones de los padres. Si pensamos que un niño es un pequeño animal que hay que adiestrar, los comportamientos, gestos y palabras que se le dirijan responderán a esta representación. Si, por el contrario, creemos que las coacciones impuestas en nuestra infancia nos hicieron tan desgraciados que no hay que prohibir nada a un niño, el medio sensorial que organizaremos a su alrededor será totalmente distinto. Eso significa que la identidad narrativa de los padres provoca un sentimiento cuya emoción se expresa a través de los modos de proceder con el niño. Esos comportamientos, cargados de sentido por la historia de los padres, componen el entorno sensorial que tutela el desarrollo del niño.

A partir de las últimas semanas del embarazo, el feto deja de ser un recipiente pasivo y se convierte en un pequeño actor, que buscará en su medio las guías que le convienen. De modo que para analizar un temperamento habrá que describir una espiral interaccional en la que el bebé, que ya es sensible a ciertos fenómenos sensoriales, se desarrolle preferentemente siguiendo esas guías. Ahora bien, la forma de esas guías, materialmente compuestas por las actitudes hacia el niño, se explica por la historia de los padres.

Ese nuevo modelo de temperamento puede sorprender porque une dos fenómenos de distinta naturaleza: la biología y la historia. Se puede resumir esta exposición teórica en una sola frase: no es suficiente dar a luz un niño, además hay que traerlo al mundo.[24]

«Dar a luz» describe los procesos biológicos de la sexualidad, el embarazo y el nacimiento. «Traerlo al mundo» implica que los adultos disponen en torno al niño los circuitos sensoriales y significativos que le servirán de guías de desarrollo y le permitirán tejer su resiliencia. Así es como podremos analizar la malla a lo largo del crecimiento del niño y la construcción del temperamento en las interacciones precoces.

A nadie se le ocurriría pensar que la historia de un bebé comienza el día de su nacimiento. «El feto no constituye la prehistoria, sino el primer capítulo de la historia de un ser y de la mis-

24. Daru, M.P., *Collège méditerranéen des libertés*, Toulon, 1999.

teriosa formación de su narcisismo primario.»[25] Ahora bien, esta historia empieza por un proceso totalmente ahistórico: la genética, seguida por el desarrollo biológico de las células y de los órganos. Desde hace unos años, métodos técnicos como la ecografía nos han permitido observar cómo, en las últimas semanas del embarazo, los bebés personalizan sus respuestas conductuales. Hace ya tiempo que se planteaba esta hipótesis, pero no ha podido confirmarse hasta época reciente: «La vida intrauterina y la primera infancia mantienen entre sí un vínculo de continuidad mucho mayor de lo que nos permitiría hacer creer la impresionante cesura que supone el acto del nacimiento»,[26] decía Freud a principios del siglo pasado.

Hoy en día, la ecografía nos permite afirmar que las últimas semanas del embarazo constituyen el primer capítulo de nuestra biografía.[27] ¡La observación natural de la vida intrauterina ha sido por fin posible gracias a un artificio técnico!

El desarrollo intrauterino de los canales de comunicación sensoriales está ya perfectamente establecido.[28] El tacto constituye el principal canal a partir de la séptima semana. El gusto y el olfato, a partir de la decimoprimera semana, funcionan como un único sentido cuando el bebé se traga el líquido amniótico aromatizado por lo que come o respira la madre.[29] Pero

25. Soulé, M., en Jornadas J. Cohen-Solal, *Les différences à la naissance*, París, 6 de junio de 1998.

26. Freud, S., *Inhibition, symptôme et angoisse*, PUF, París, 1926. [Hay trad. cast.: «Inhibición, síntoma y angustia», en *Obras completas*, vol. II, Biblioteca nueva, Madrid, 1968.]

27. Soulé, M., «La vie du foetus, son étude pour comprendre la psychopathologie périnatale et les prémices de la psychosomatique», *Psychiatrie de l'enfant*, XLII, 1, 1999, pp. 27-69.

28. Lecanuet, J.P., «L'éveil des sens», *Science et vie hors série*, n.º 190, marzo de 1995, pp. 124-131.

29. Schaal, B., «Discontinuité natale et continuité chimiosensorielle: modèles animaux et hypothèses pour l'homme«, en *Ethologie et naissance*, n.º 109, mayo de 1985, SPPO (Société de prophylaxie obstétricale).

a partir de la semana veinticuatro, el sonido provoca una vibración del cuerpo de la madre y acaricia la cabeza del bebé.[30] A menudo el niño reacciona con un sobresalto, una aceleración del ritmo cardíaco o un cambio de postura. A Freud le hubiera gustado observar primero a través de la ecografía y luego directamente, tras el nacimiento, que realmente existe una continuidad de estilo conductual. Pero habría observado que se trata de una adquisición conductual, cuyo efecto no dura más de lo que duran las primeras páginas de una biografía. Muchas otras presiones intervendrán luego para continuar la acción de modelado.

Las hipótesis sobre la vida psíquica prenatal siempre han provocado tantas reacciones de entusiasmo como de sarcasmo. Hoy en día, la observación es del tipo «Solo hay que». «Solo hay que» sentarse en un sillón mientras el técnico, en la segunda ecografía de control, le pide a la madre que recite una poesía o pronuncie algunas palabras. Las cintas que se analizarán después no registrarán, en pro de la claridad del análisis, más que algunos ítems:[31] aceleración del pulso, flexión-extensión del tronco, movimiento de las extremidades inferiores y de las extremidades superiores, succiones y movimientos de la cabeza.[32] Se diría que cada bebé expresa un tipo de respuesta que le es propia. Algunos prefieren dar brincos como si fueran pequeños Zidane; otros prefieren el lenguaje de las manos, apartándolas o apretándolas contra el rostro o el corazón como pequeños cantores; otros responden a la voz de la madre succionando el pulgar, y una minoría apenas acelera el ritmo cardíaco y permanece con los brazos

30. Cyrulnik, B., *Sous le signe du lien*, Hachette, París, 1989. [Hay trad. cast.: *Bajo el signo del vínculo: una historia natural del apego*, Gedisa, Barcelona, 2005.]

31. Ítem: secuencia de conducta definida en un contexto determinado.

32. Morville, V., N. Pantaleo y C. Lebert, *Observation du comportement foetal dans les derniers mois de la grossesse*, Diploma universitario en etología, Toulon-Var, junio de 1999.

y las piernas cruzadas.[33] Tal vez estos últimos piensan que les quedan todavía entre seis y ocho semanas de vida tranquila en ese alojamiento uterino y que tienen mucho tiempo para responder a esas estúpidas cuestiones de adultos.

Las respuestas intrauterinas se adaptan ya al mundo extrauterino. Al final del embarazo aparecen incluso movimientos defensivos, que demuestran que el niño ya sabe procesar ciertos problemas perceptivos: retira la mano al contacto con la aguja de la amniocentesis[34] o, por el contrario, se arrima a la pared uterina cuando el especialista en haptonomía se apoya suavemente sobre el vientre de la madre. Mucho antes del nacimiento, el bebé ya no está en la madre, sino que está con ella. Comienza a establecer ciertas interacciones. Responde a sus preguntas conductuales, a sus sobresaltos, sus gritos o su sosiego mediante cambios de postura y aceleraciones del ritmo cardíaco.

Donde se ve que la boca del feto revela la angustia de la madre

Realmente, hay personas que están dotadas de una misteriosa forma de inteligencia. En los años cuarenta del pasado siglo, René Spitz asoció la observación directa de los bebés con pequeños experimentos. Hablar a un bebé de frente provoca su sonrisa. Volver la cabeza al hablarle o ponerse una máscara no le gusta nada.[35] Esas observaciones experimentales no excluían el trabajo de la palabra que otorga a la persona una coherencia interna. ¿Cómo pudo ese psicoanalista describir, ya en 1958, los comportamientos de un feto que no podía ver? ¿Cómo observó

33. Groome Lynn, J., «Motor Responsivity During Habituation Testing of Normal Human Fetuses», *J. Perinal. Med.*, 23, 1995, pp. 159-166.

34. Rufo, M., *Œdipe toi-même*, Anne Carrière, París, 2000.

35. Spitz, R., (prólogo de Anna Freud), *La première année de la vie de l'enfant (Genèse des premières relations objectales)*, PUF, París, 1958, pp. 14-15. [Hay trad. cast.: *El primer año de la vida del niño*, Aguilar, Madrid, 1990.]

el «prototipo de la angustia [...] el origen fisiológico del desarrollo del pensamiento humano», y cómo podía apreciar el efecto autocalmante de los gestos de la boca, a la que denominaba «cavidad primitiva»?[36] Cincuenta años más tarde, los radiólogos confirman plenamente este efecto tranquilizador. Cuantos más movimientos hace el bebé con la boca, menos se agita su cuerpo.[37] El pequeño realiza ya los prototipos conductuales de lamer, comer, besar y hablar que constituirán el tranquilizante eficaz que le acompañará toda su vida.

No hemos nacido aún y ya nos estamos tejiendo. La memoria a corto plazo que aparece en ese momento permite realizar los primeros aprendizajes. Se trata de una memoria sensorial,[38] una especie de sabiduría del cuerpo que retiene las informaciones procedentes del exterior y da forma a nuestras maneras de reaccionar.

Una situación natural permite observar a simple vista cómo los fetos de siete meses y medio adquieren estrategias conductuales que empiezan a caracterizarlos. Cuando los prematuros llegan con unas semanas de antelación, se constata que no se desplazan al azar en las incubadoras. Casi todos brincan y ruedan sobre sí mismos hasta el momento en que consiguen contactar con algo. Algunos se calman al primer roce, que puede ser una pared, su propio cuerpo, o una sensación que les llega del entorno humano, como una caricia, unos brazos o simplemente la música de una palabra. Otros bebés, poco dados a la exploración, apenas se mueven, mientras que algunos son difíciles de calmar. Parece que los prematuros capaces de buscar el contacto del roce que les tranquiliza son los que han sido gestados por

36. Spitz, R., «La cavité primitive», *Revue française de psychanalyse*, n.° XXII, 1959.

37. D'Elia, A., M. Pighetti, C. Accardo, M. Minale y P. Di Meo, «Stati comportamentali. Studio in utero», *Minerva Ginecol.*, 49, 1997, pp. 85-88.

38. Baddeley, A., *La mémoire humaine. Théorie et pratique*. Presses universitaires de Grenoble, 1993, pp. 22-47.

una madre tranquila. Mientras que los chiquitines casi inmóviles o los que se muestran más agitados y son más difíciles de calmar habrían sido gestados por madres infelices o estresadas, deseosas de abandonar al hijo o, por el contrario, de ocuparse excesivamente de él.[39]

¿Podría, pues, un contenido psíquico de la mujer encinta actuar sobre el estado psicoconductual del recién nacido? Formulada de esta manera, sin ninguna explicación, la pregunta podría evocar el mundo del espiritismo, si no supiéramos que la transmisión psíquica es materialmente posible. Basta asociar el trabajo de una psicoanalista[40] con las observaciones conductuales de los obstetras para demostrar que el estado mental de la madre puede modificar las adquisiciones conductuales del bebé que lleva en su vientre.

Aunque es evidente que el embarazo no es una enfermedad, no por ello deja de ser una dura prueba. A pesar de los increíbles avances en el seguimiento de las mujeres embarazadas, «solo el 33 % de las mujeres embarazadas están psíquicamente sanas: el 10 % sufre trastornos emocionales notables, el 25 % padece alguna patología asociada y el 27 % ha tenido antecedentes ginecológicos y obstétricos que han provocado estados de angustia».[41]

El contenido psíquico, de euforia o de desesperación, está constituido por una representación mental que traduce en imágenes y en palabras, en el escenario interior, la felicidad de dar a luz o su dificultad. Es el contexto afectivo y social el que puede atribuir un sentido opuesto al mismo hecho. Si la madre está gestando el hijo de un hombre al que detesta, o si el simple hecho de

39. Marchal, G. y M. J. Resplandin, *Acquisition de compétences de recherche d'apaisement chez les bébés prématurés placés en couveuse*. Diploma universitario de etología, Toulon, Var, 1999.

40. Bydlowsky, M., 1998, *Existe-t-il des corrélations entre les «contenus psychiques» de la femme enceinte et l'état psycho-comportamental du nouveau-né?*, Jornadas Cohen-Solal, París, 6 de junio de 1998.

41. *Ibid.*

convertirse en madre como su madre evoca recuerdos insoportables, su mundo íntimo será sombrío. Pues bien, las pequeñas moléculas del estrés pasan fácilmente el filtro de la placenta. El abatimiento o la agitación de la madre, su silencio o sus gritos componen en torno al feto un medio sensorial materialmente diferente. Eso significa que las representaciones íntimas de la madre, provocadas por sus relaciones actuales o pasadas, sumergen al niño en un medio sensorial de formas variables.

Cuando los estímulos biológicos respetan los ritmos del bebé, permiten el aprendizaje de los comportamientos de apaciguamiento. Pero cuando la desesperación de la madre vacía el entorno del bebé o le transfiere las moléculas del estrés, el niño puede aprender a aletargarse o a volverse frenético.

Así que la historia de la madre, sus relaciones actuales o pasadas, participan en la constitución de los rasgos del temperamento del hijo que va a nacer, o que acaba de nacer. Antes de la primera mirada, antes del primer aliento, el recién nacido humano es atrapado por un mundo en el que la vida sensorial ya está historizada. Y es en ese mundo donde deberá desarrollarse.

Dar a luz un niño no es suficiente,
también hay que traerlo al mundo

Para describir las primeras mallas del tejido temperamental, habrá que hacer un razonamiento en forma de espiral interaccional. Es preciso observar lo que hace un bebé (frunce el ceño), de qué modo esta acción repercute en la mente de la madre («Tiene mal carácter» o «Se encuentra mal»), organiza las respuestas dirigidas al hijo («¡Ya te amansaré yo!» o «¡Pobrecillo, hay que hacer algo!») y modifica a su vez la acción del bebé (llantos o sonrisas).

Freud ya había intentado hacer un razonamiento en espiral cuando asoció la observación directa del «juego del carretel» con las representaciones mentales del niño. Cuando el carretel se aleja el niño se sorprende, pero cuando reaparece sonríe…

«Combinando los dos métodos alcanzaremos un grado de certeza suficiente», decía Freud.[42]

Desde esta perspectiva podemos describir el «cómo» del primer encuentro. Cuando un bebé llega al mundo, lo que es en ese momento provoca un sentimiento en el mundo ya historizado de la madre. Su apariencia física es significativa para ella. Y esta representación provoca una emoción que la madre transmitirá al hijo.

El sexo del hijo es, sin duda, un elemento fuertemente cargado de representaciones. Recuerdo a una señora que acababa de traer al mundo un bebé. Cuando el marido, muy contento, fue a saludar a su familia, la madre le dijo: «¡Perdón, perdón, te he dado una niña!». Esta frase y la manera de pronunciarla verbalizaban veinticinco años de historia personal, en la que el hecho de ser una niña representaba una vergüenza. Y la madre, deseosa de obsequiar a su marido, creía que lo humillaba dándole una hija, un ser-inferior. Es evidente que con esta primera frase el triángulo familiar quedaba ya establecido. La niña tendrá que desarrollarse en un mundo sensorial compuesto por los comportamientos de una madre que se cree culpable y que desea redimirse. ¿Se mostrará excesivamente amable con su marido para hacerse perdonar la humillación que cree haberle infligido? ¿Se transformará en madre obligada respecto a ese bebé que encarnará su propia vergüenza? ¿Transmitirá a la hija mediante gestos y palabras la aflicción de ser niña? Ese bebé todavía no sabe que debe convertirse en una señorita, y que ya está obligado a desarrollarse adaptándose a los gestos y palabras que conforman su entorno y que proceden de la idea que tiene su madre de la condición de las mujeres.

En cuanto al marido, deberá ejercer su función de padre en relación con esas dos hembras. ¿Estará de acuerdo con su mujer

---

42. Freud, S., *Trois Essais sur la théorie de la sexualité*, Gallimard Idées, 1962. [Hay trad. cast.: «Una teoría sexual», en *Obras completas*, vol. I, Biblioteca nueva, Madrid, 1968].

según sus propias representaciones de macho? En este caso, el bebé tendrá que convertirse en mujer en un contexto cargado de significado de vergüenza. ¿Deseará el padre rehabilitar a su mujer, y con ello a todas las mujeres? En este caso el bebé tendrá que hacerse niña en un contexto sensorial de gestos, mímica y palabras que transmitirán un significado fuertemente sexuado. Cabe imaginar que, veinte años más tarde, la muchacha que se haya desarrollado en semejante contexto dirá: «Mi madre expiaba la vergüenza de ser mujer dedicándose con excesivo empeño a las tareas de la casa. Mis hermanos vivían como pachás y a mis hermanas las sacaba de quicio ese modelo materno. ¡Por suerte mi padre nos revalorizaba con su admiración!». También cabe escuchar: «Estoy resentida contra mi padre por no habernos ayudado a enfrentarnos con mi madre».

Cada hogar escenifica su propio guión, en el que las representaciones de cada uno se asocian y actúan juntas, como en el teatro, creando un estilo familiar.

Los rasgos físicos del niño adquieren para los padres un significado privado que les habla de su propia historia. Un bebé hermoso, con sus mejillas redonditas, una buena tripita y pliegues en los muslos es la ilusión de la mayoría de los padres, ya que esas características físicas significan que se han convertido en verdaderos padres puesto que tienen un verdadero bebé. En cambio, esa misma belleza regordeta puede adquirir un significado totalmente opuesto si su historia les ha enseñado a tener miedo de convertirse en padres.

En ocasiones, algunas madres niegan el nacimiento del hijo que acaban de traer al mundo: «Tuve una ciática muy fuerte… Tenía un fibroma…». Prácticamente siempre se trata de mujeres solas para las que el embarazo significa una tragedia: «Si estoy embarazada de este hombre, perderé a mi familia y arruinaré mi vida». En estos casos, la negación les permite calmar la angustia, mientras su propio embarazo prosigue sin que se den por enteradas. Ese conflicto, y sobre todo su forma de resolución que alivia a la mujer a la vez que la mantiene ofuscada («No me habléis de mi embarazo»), le impiden adquirir el sentimiento de convertirse en madre.

¡Casi siempre las mujeres saben que acaban de traer al mundo un bebé! En cuanto se presenta el bebé a los padres, comienza una intensa búsqueda del menor indicio físico que permita confirmar la filiación del recién nacido: «El niño tiene el cabello de su abuelo… Es fuerte como su padre… La niña tiene la nariz de mi madre…». Desde el primer momento, la morfología habla de la genealogía, y ese relato permite acoger al niño y otorgarle el lugar que le corresponde en la historia de la familia.

En los primeros días, las características conductuales, el «cómo» del comportamiento del recién nacido adquieren una función algo más personalizada. «Su estilo conductual […] y la manera como se comporta un bebé […] en las primeras semanas que siguen a su nacimiento, influyen en la manera como los demás se comportan con él.»[43]

Los recién nacidos forzosamente se introducirán en la historia de sus padres

Algunos padres tienen la suerte de tener hijos con un temperamento fácil. Esos bebés presentan desde su nacimiento ciclos biológicos regulares y previsibles.[44] Los padres se adaptan sin dificultad, lo que hace que no sientan el nacimiento del bebé como la llegada de un pequeño tirano. Cualquier hecho nuevo divierte a este niño que se despierta sonriente y se calma al menor contacto familiar.

Pero la mayoría de determinismos humanos no son definitivos. Esta malla temperamental es tan fácil de tejer que muchos

43. Thomas A., S. Chess y H. G. Birch, *Temperament and Behavior Disorders in Children*, New York University Press, Nueva York, 1968.

44. Lieberman, A., *La vie émotionnelle du tout-petit*, Odile Jacob, París, 1997, pp. 72-77.

padres se sienten libres a pesar de la presencia del recién nacido. Al proseguir con su intensa vida social de jóvenes, desorganizan ese prometedor inicio. Un niño demasiado fácil corre el riesgo de encontrarse solo, lo que altera la malla siguiente y, la inversa, un pequeño problema que obliga a los padres a ser más vigilantes puede reparar el trastorno y mejorar el tejido del vínculo.

Otros bebés son lentos, linfáticos. Retroceden y se repliegan ante cualquier novedad. Hasta que no hayan obtenido seguridad no se atreverán a explorar la novedad y a proseguir su desarrollo.

Si ese rasgo temperamental se manifiesta en una familia de estilo de vida apacible, el apego se tejerá lentamente y el niño se desarrollará bien. En cambio, el mismo estilo conductual en una familia de esprínters puede que exaspere a los padres impacientes: «¡Vamos, muévete!». Asustando al niño, esos padres agravarán su lentitud.

Los bebés difíciles representan el 5 % de la población de los recién nacidos. Siempre de mal humor, se despiertan irritables, protestan ante el mínimo cambio y, cuando no lo hay, se sienten mal. Una vez consolados, agotan a los padres. Ese temperamento es sin duda el resultado de un tejido prenatal penoso. Como todos los rasgos de comportamiento, será interpretado por los padres. Si viven en unas condiciones sociales y afectivas que les permiten una gran disponibilidad, o si su sentido del humor les permite desdramatizar esta prueba realmente extenuante o prestarse suficiente ayuda mutua para descansar, en unos meses el carácter difícil se calmará y el niño, una vez obtenida la seguridad, cambiará el estilo de comportamiento. Sin embargo, los padres no siempre consiguen superar esta prueba: depende de su propio contexto o de su propia historia.

Un padre agotado por sus condiciones de trabajo o afligido por el significado que adquiere el niño («Me impide ser feliz, viajar, continuar mis estudios»), o una madre prisionera de ese pequeño tirano, interpretan sus berridos nocturnos o su carácter irritable como una voluntad de tortura. Agotados y decepcionados, los padres se defienden agrediendo al agresor que, sintiéndose inseguro, berrea y gruñe todavía más.

Los niños excesivamente activos se lanzan sobre todo lo que puede constituir una novedad. En cuanto saben gatear, tiran de los manteles, meten los dedos en agujeros peligrosos y se lanzan sin temor por las escaleras. Unos años más tarde, esos niños suscitan el rechazo de su entorno. En la escuela, donde es especialmente acentuada la obligación de estar quieto, son unos inadaptados, lo que explica su mal pronóstico social. En cambio, en otros contextos, en el campo o en la fábrica, donde la movilidad posee un valor adaptativo, esta actividad frenética los convierte en compañeros muy solicitados.

La organización cultural interviene muy pronto en la estabilización de un rasgo temperamental. En China, cuando la vida familiar es apacible, ritualizada e imperturbable, los pequeños se estabilizan enseguida. En cambio, en Estados Unidos, los padres activos y ruidosos alternan el huracán de su presencia con el desierto de sus repetidas ausencias. Los niños se adaptan a esta situación desarrollando rasgos conductuales que alternan el frenesí de la acción con un consumo excesivo de imágenes y alimentos, para colmar el vacío de su desierto afectivo.[45]

Las estrategias de socialización se diferencian muy pronto. Un rasgo temperamental impreso en el bebé antes y después de su nacimiento, ha de encontrar una base de seguridad parental. Sobre este encuentro se construirá el primer nivel del estilo relacional.

La base de partida descansa sobre un triángulo. El recién nacido no distingue entre el yo y lo que no es yo, porque en este estadio de su desarrollo un bebé es lo que percibe. Pues bien, en ese primer mundo lo que percibe es un gigante sensorial, una base de seguridad a la que llamamos «madre», a cuyo alrededor gravita otra base menos imponente a la que llamamos «padre». En este triángulo todo recién nacido recibe las primeras impre-

45. Kagan, J., «Overwiew: Perspectives on Human Infancy», en J.D. Osofsky (ed.), *Handbook of Infant Development*, Wisey, Nueva York, 1979.

siones del medio y descubre quién es gracias a los primeros actos que en él realiza. Ese bebé que ya ha recibido influencias habitará los sueños y las pesadillas de sus padres. Es la asociación de sus mundos íntimos la que dispone en torno al niño el mundo sensorial de las guías de desarrollo.

Cuando Carmen vino al mundo, ya se había visto en cierto modo afectada por las pruebas médicas practicadas a su madre, que lo había pasado muy mal y había tenido que hacer reposo durante todo el embarazo. «En cuanto la vi, me dije: "Me gustaría que siempre fuera pequeña".» Por aquella misma época, el padre había estado a punto de declararse en quiebra. Ese fracaso social le habría situado de nuevo en una posición de subordinación respecto a su mujer, que tenía un buen nivel universitario, mientras que él no había contado más que con su valor para montar una empresa. Desde un punto de vista psicológico, su éxito le había igualado a su mujer, pero la posibilidad de la quiebra amenazaba con supeditarle de nuevo. Además, cuando llegó el bebé y la madre, fatigada, tuvo dificultades para ocuparse de él, el padre restableció el equilibrio amenazado ocupándose del recién nacido. La gente decía: «Qué superpadre tan adorable. Ayuda a su mujer a pesar de los problemas económicos». En realidad, ese comportamiento del padre transmitía a la madre este mensaje: «Ni siquiera eres capaz de ocuparte de la niña. Ya te enseñaré yo lo que hay que hacer. Tú dedícate a cuidarte». A la madre le sorprendió mucho la hostilidad que le inspiraba de pronto aquel bebé que su marido le quitaba y que suscitaba en ella un sentimiento de incompetencia. «No sé por qué fue tan fácil criar a Lucien (mi primer hijo). Aquel bebé me infundió confianza en mí misma, mientras que Carmen me hace sentir vulnerable.»
    Los actores del triángulo escenifican guiones siempre diferentes, que construyen medios bien dibujados, se imprimen en la memoria del niño y constituyen el andamiaje sobre el que el temperamento del niño construye el siguiente piso.

Algunos ejemplos de andamiajes: «Yo no quería ese hijo. Lo hice por mi marido. En cuanto vio a la niña, dio media vuelta y huyó como un ladrón. La enfermera de noche tuvo que salir corriendo para alcanzarlo… En aquel momento todo se vino abajo, quise estampar la cabeza de mi hija contra el suelo, pero él me lo impidió». Veinte años más tarde, el marido de nuevo dio media vuelta, en esta ocasión definitivamente, y abandonó a la madre y a la hija, que entretanto habían establecido entre sí una deliciosa complicidad.

«El primer día fue maravilloso —me dijo otra señora—. Pero en cuanto llegué a casa, comprendí que por culpa de esta niña no podría abandonar nunca a mi marido. Solo quise a mi hija unos días.» Diez años más tarde, la niña decora toda la casa con dibujos y declaraciones de amor a su madre.

«Marietta siempre quiso humillarme. Cuando era un bebé, rechazaba el pecho, en cambio tomaba el biberón sonriente en brazos de su padre. Yo estaba celosa. No conseguía acercarme a ella.» Hoy en día, la muchacha no pierde ocasión de humillar a su madre.

«Quiero el bebé solo para mí. Detesto a los hombres. Sueño con estar recluida con mi hija. Solas las dos.» Cinco años más tarde, la fusión entre ambas es máxima. La madre llora cuando la niña está resfriada y la niña no quiere ir al colegio por temor a que su madre muera en su ausencia.

Los guiones son infinitos. La representación del teatro familiar está compuesta por los relatos de cada uno y las historias anteriores al encuentro, además del contrato original de la pareja y su modificación a la llegada del niño.

Este conjunto de relatos, que no siempre son armoniosos, constituye el campo de presiones gestuales y verbales que va modelando al niño. El sentido que los padres atribuyen al bebé arraiga en su propia historia, como una especie de animismo que atribuirá al niño un alma venida de su pasado de adultos. Sin embargo, las historias se modifican constantemente debido a la aparición siempre imprevista de los acontecimientos. Y un riesgo vital puede transformarse en fuerza. Cuando, en 1923, Evangelia vio a su hija en la maternidad del Flower Hospital de Nueva York, gritó: «¡Lleváosla, no quiero verla!». Esta frase resumía su desesperación por haber abandonado Grecia y encontrarse sola en Nueva York. Su marido, abatido, se olvidó de inscribir a la niña en el Registro Civil. Los primeros años de desarrollo de la pequeña Maria fueron difíciles, y su aislamiento afectivo la hizo lenta y frágil. Unos decenios más tarde, se convertiría en la reina Maria Callas, cuyo talento y personalidad revolucionaron el arte de la lírica.[46]

Las alteraciones iniciales debidas a la desdicha de los padres, la difícil historia de la pareja y su pasado personal, explican sin duda la compensación bulímica de la joven Maria, que colmaba así su vacío afectivo. Sin embargo, más tarde, la introducción en el mundo de la ópera la llenó de otra manera y añadió otro factor decisivo que la dotó de una sorprendente voluntad de trabajar y de adelgazar.

Cuando el marco del recién nacido es un triángulo parental

Actualmente ya no se tiende a explicar los trastornos por causas lineales e irreversibles del tipo: «Se volvió obsesivo porque cuando tenía ocho meses su madre lo sentaba violentamente en el orinal». Más bien nos inclinaríamos a pensar que el fenómeno observado es el resultado de una sucesión de factores decisivos: «Cuando su madre lo sentó violentamente en el orinal a la edad de ocho meses, el niño ya tenía un temperamento especial, pues agredía a sus figuras de apego. Como no tenía ningún otro apego, ya que a su padre le encantaba ausentarse, el niño no pudo escapar a esa violencia educativa. Entonces, se enfrentó a su madre negándose a sentarse en el orinal».

Este tipo de razonamiento sistémico permite la observación directa de lo que ocurre entre un bebé y sus padres y, al aso-

46. Allegri, R., *La véritable histoire de Maria Callas*, Belfond, París, 1995.

ciarlo estos a su propia historia, explica su modo de proceder con el niño.

Cada familia establece un tipo de alianza que crea en torno al niño un campo sensorial especial que tutela su desarrollo. Si bien es cierto que cada pareja adopta un estilo totalmente propio, Elisabeth Fivaz y Antoinette Corboz proponen estudiar cuatro tipos de alianzas: las familias cooperantes, las estresadas, las abusivas y las desorganizadas.[47]

Ya no se trata de observar la díada madre-hijo, tal como se ha venido haciendo los últimos cincuenta años, añadiendo a menudo que también habría que estudiar el efecto del padre. El enfoque de estas dos investigadoras tiende más bien a considerar la familia como una unidad funcional, un grupo práctico en el que la acción de uno provoca las respuestas adaptadas del otro. De modo que el triángulo es la situación natural del desarrollo de todo ser humano. En los días posteriores a su nacimiento, un potrillo o un cordero se desarrollan respondiendo a estímulos sensoriales procedentes del cuerpo de la madre. Ese cuerpo a cuerpo constituye un entorno suficiente para desarrollar sus habilidades de aprendizaje. En cambio, un bebé humano, a partir del segundo o tercer mes, ya no vive en un mundo de cuerpo a cuerpo. Mira más allá y vive ya en un triángulo sensorial en el que sus descubrimientos son percibidos bajo la mirada de otro. Y eso lo cambia todo. El bebé se puede negar a mamar y tomar en cambio, sonriente, el biberón en brazos de su padre. E incluso cuando está mamando con su madre de frente, la simple presencia de su padre modifica sus emociones.

En las familias cooperantes, los tres miembros se mantienen en contacto entre sí y coordinan su mímica, palabras y actos.

47. Fivaz-Depeursinge, E. y A. Corboz-Warnery, *The Primary Triangle. A Developmental Systems View of Mothers, Fathers, and Infants,* Basic Behavioural Science, New York Basic Books, 1999, pp. 33-53.

En las alianzas de este estilo, los bebés manifiestan un temperamento cómodo: Mike es un bebé de tres meses de temperamento más bien fácil. Después de tomar el biberón, su madre juega con él, lo toca, le habla, y Mike dialoga con ella respondiendo al más mínimo movimiento del rostro y al más mínimo sonido de su voz. A menudo es el bebé el que marca el final de la interacción, desviando la mirada y dejando de sonreír y de balbucear. Su madre percibe inmediatamente esta señal conductual y la interpreta diciendo: «Eh, pequeñín, no te echarás a llorar». Mira a su marido, preocupada. El padre coge al niño y le dice: «¡Cuéntale tus penas a papá!» y se pone a jugar a sacar la lengua. Interesado por este cambio de medio, Mike se tranquiliza inmediatamente y vuelve a sonreír.[48]

Ese triángulo sensorial funciona armoniosamente porque los padres están bien. Tras haber hablado con ellos, se podría deducir que su propia historia les ha permitido atribuir a este niño un significado de felicidad. Como su relación amorosa ha pretendido el desarrollo de ambos, cada miembro de la pareja desea participar en la plenitud del otro. De modo que, cuando llega la pequeña prueba de Mike que está a punto de llorar porque se ha cansado de la interacción, la madre busca con la mirada la ayuda de su marido, que interviene encantado. La pequeña desazón se ha solucionado con facilidad gracias a la cooperación de sus padres. Ese medio sensorial intersubjetivo, en el que está inmerso Mike, es el resultado del desarrollo y de la historia de sus padres, deseosos de firmar un contrato de ayuda mutua.

En ocasiones las parejas establecen una alianza estresada y el guión interactivo adopta una forma diferente. Cuando la pequeña Nancy se enfrenta a su madre, esta no atiende a los signos que manifiesta su marido, deseoso de intervenir. La resolución del problema corresponde única y exclusivamente a la madre. La intervención requiere más tiempo y se desarrolla sin placer. Solo explorando el mundo íntimo de los padres podríamos explicar-

48. *Ibid.*, p. 36.

nos por qué la madre no invita a su marido a implicarse y por qué ese hombre permanece en segundo plano, cuando habría podido imponerse. Así que el niño deberá crecer en un medio compuesto por una madre crispada y un padre en la retaguardia.

En las familias en las que domina una relación de abuso, la alianza se establece en detrimento de un tercero. En la misma situación de observación triangular, la madre del pequeño Frankie se dirige a él como se dirigiría a un adulto. Cuanto más se ocupa del niño la madre, más se siente atraído el pequeño por su padre, al que mira y dirige sus balbuceos. De las explicaciones del marido podemos deducir que no le desagrada ese guión que escenifica la competición entre los padres. No le disgusta pensar que es él quien recoge el afecto del niño, mientras que ella hace el trabajo. Su aparente pasividad en el fondo expresa su triunfo secreto.

Papá payaso y bebé actor

Cuando la madre se dirige a un bebé de tres meses como se habla a un adulto lo hace sin duda porque se adapta a la representación que se hace de su hijo y porque, a causa de su propia historia, no desea rebajarle tratándole como a un bebé. Se trata de un contrasentido, puesto que hay que adaptarse al nivel de desarrollo del niño para tirar de él, para criarlo. Ahora bien, cuando se habla a un bebé utilizando una jerga infantil, con mímica exagerada y una extraña música verbal, el pequeño, fascinado por esos mensajes caricaturescos, mantiene ese estilo de comunicación compuesto de superseñales durante tres o cuatro minutos. En cambio, si se le habla como a un adulto, con la mímica y la entonación propias de una persona adulta inserta en una cultura, el bebé no mantiene interés en esa relación más que un minuto. Por eso los payasos que se disfrazan de superseñales —la boca excesivamente pintada, colores chillones, sombreros cómicos, grandes zapatos, gestos, mímica exagerada y extraña música verbal— fascinan más a los niños que un sabio comentario sobre la serpiente monetaria.

El otro compañero de ese ping-pong de gestos y mímica facial es el propio bebé, que desencadena igualmente las respuestas adultas. Es sorprendente hasta qué punto un simple movimiento de los labios de un bebé puede complacer a un adulto durante varios minutos. La expresión de la emoción de placer del pequeño provocará respuestas que organizan su entorno sensorial. Un niño de temperamento irritable crea un medio afectivo muy distinto del que suscita un bebé de temperamento fácil.[49] Con una única diferencia, aunque fundamental: que el adulto que percibe una mímica facial del bebé atribuye esta percepción a una emoción que procede de su propia historia. Según la construcción de su propio imaginario, puede atribuir a la mímica facial del bebé irritable una emoción de ternura: «Pobrecillo, ¡hay que ayudarle! El hecho de que gracias a mí se sienta tranquilo me proporciona una sensación deliciosa». O, al contrario: «No soporto a ese bebé desagradable. Su mímica de tristeza me exaspera porque significa que descalifica todo lo que hago por él». Cada una de estas interpretaciones provoca distintas formas de porceder con el niño, tiernas u hostiles. Y el niño, por su parte, deberá responder a esos comportamientos. Supongamos que un recién nacido expresa su temperamento mimoso buscando un contacto tranquilizador, a través de los besos o acurrucándose. Es la historia de los padres la que atribuirá un sentido a ese pequeño guión: «Es preciso que un niño aprenda a seducir. Me gusta la ternura que ese comportamiento provoca en mí. Es fácil calmarlo». Otros padres atribuyen un significado diferente a esa misma búsqueda de contacto: «Lo hace para seducirme. Actúa ya como un pequeño manipulador que intenta esclavizarme. ¿Qué se habrá creído ese "besucón"?».

49. Power, T. G., K. A. Hilderbrandt y H. E. Fitzgerald, «Adult's Responses to Infant Variyng Facial Expressions and Perceived Attractiveness», *Infant Behavior and Development*, 5, 1982, pp. 33-40.

La respuesta de los padres organiza un entorno sensorial de gestos, actitudes, mímica y palabras que teje otro tipo de vínculo. En el primer caso, el niño dirá más tarde «el cariño permite resolver todos los conflictos», mientras que en el segundo pensará tal vez «cuanto más cariño doy, más me rechazan». Un mismo rasgo conductual puede adquirir, por tanto, valores diferentes según las familias. Y en una misma familia, se puede manifestar un tipo de proceder con un hijo y otro distinto con su hermano y su hermana, alentando así la resiliencia de uno y la vulnerabilidad del otro. Esta forma de contemplar el problema permite comprender por qué algunas madres maltratan de manera increíble a un bebé y son encantadoras con sus hermanos o hermanas. El mismo razonamiento en espiral interaccional se aplica a los padres, a la fratría y hasta a las instituciones. Una casa de acogida constituye, pese a la diversidad de las personas que la componen, una verdadera «personalidad», cuya materialización son los muros y reglamentos. El comportamiento de un niño permitirá en un hogar establecer una sintonía afectiva mientras que en otro provocará el rechazo.

Sin embargo, pese a la diversidad de las relaciones y la plasticidad de los comportamientos, las variaciones no son infinitas, ya que no resulta difícil caracterizar a los pequeños y hasta analizar su manera de abordar y resolver los problemas de su existencia.

El temperamento y el carácter son dos componentes de la misma persona, descritos por la psicología clásica y difíciles de disociar. Admitamos que el temperamento constituye la parte hereditaria y biológica impresa en la personalidad. Casi inmediatamente ese temperamento se transforma en carácter constituido por atributos, adquiridos como un aprendizaje.[50] Por consiguiente, habrá que considerar el apego como un sistema conductual organizado por todos los que intervienen en la inte-

50. Pelissolo, A., «Utilisation du questionnaire de personnalité», TCI, *Act. Méd. Int. Psychiatrie*, 17, n.º 1, 2000, pp. 15-18.

racción. El bebé, coautor de la relación, sale ganando porque su temperamento y su forma de comportarse provocan la organización del nicho ecológico que permite su supervivencia. Los padres salen ganando porque el hecho de haber puesto en el mundo a su hijo forma parte de la continuación de su aventura personal. La armonización recíproca de sus miembros otorga a la familia su sorprendente individualidad.

Desde el momento en que el impulso psicosensorial aparece en el feto y el organismo es capaz de producir una representación biológica, de evocar en la memoria una información pasada, el bebé se impregna de los rasgos destacados de su medio, los aprende y los incorpora. A partir de entonces, el comienzo de su vida psíquica está organizado por un modelo operatorio interno (un MOI),[51] una manera preferente de tratar las informaciones y de responder a ellas.[52] Ahora bien, esta preferencia ya es una huella del medio, una breve memoria, un aprendizaje. Apenas introducido en la vida psíquica por su biología, ¡el bebé aprende preferentemente lo que su medio le ha enseñado a preferir!

Si aceptamos esta expresión de «medio sensorial significativo», sabiendo que la sensorialidad está compuesta por las respuestas conductuales dirigidas al niño y que el sentido es atribuido a los comportamientos por la historia de los padres, podremos observar clínicamente cómo se tejen las primeras mallas del temperamento. Los gestos y los objetos destacados se convierten en las saliencias del entorno mejor percibidas por los niños. Eso significa que los gestos y los objetos han sido destacados porque la historia de los padres los ha dotado de sentido. En el momento de la ontogénesis del aparato psíquico, el embrión responde

51. Bowlby, J., «Attachment and Loss», *Attachment*, vol. I, Basic Books, Nueva York, 1969.
52. Bretherton, I., «The Origins of Attachment Theory: John Bowlby and Mary Ainsworth», *Developmental Psychology*, 28, 1992, pp. 759-775.

primero a las percepciones (pinchazo, presión, ruido de baja frecuencia). Luego el feto aprende a responder a las representaciones biológicas (memoria de imágenes, de sonidos o de olores). Por último, cuando el niño hable, responderá a representaciones verbales. En ese momento, se podrá provocar o suprimir un sufrimiento mediante un simple enunciado: «Mamá se ha ido» o, por el contrario: «No llores, mamá volverá».

Ámame, para que pueda abandonarte

Esta forma de abordar el desarrollo del apego permite comprender por qué los niños están obligados a desarrollarse en el seno de los problemas de sus padres. Esos modelos operatorios internos (MOI), impresos en la memoria biológica del niño por la sensorialidad significativa de sus padres, son sus guías de desarrollo.

La historia de las ideas es curiosa. En los años cuarenta del siglo pasado, los psicoanalistas René Spitz y John Bowlby tuvieron una «sorprendente convergencia»[53] de ideas con el ornitólogo Nikolaas Tinbergen y el primatólogo John Harlow. Según estos especialistas, el hecho de realizar observaciones directas y de modificarlas a través de pequeñas variaciones experimentales no impedía en absoluto la intimidad y la efectividad del trabajo de la palabra. Nikolaas Tinbergen observó experimentalmente el detonante de la alimentación de las crías de gaviota mediante un señuelo de cartón, mientras que René Spitz desencadenaba la sonrisa del bebé humano con una máscara estilizada. Esos dos investigadores también constataron que cualquier privación en el entorno afectivo detenía el desarrollo de los seres vivos que tienen necesidad de apego para crecer. En 1940, Mary Ainsworth sostenía en su tesis que «la figura de apego actúa como una base de seguridad para la exploración del mundo

53. Zazzo, R., *L'attachement. Colloque imaginaire*, Delachaux et Niestlé, París, 1979.

físico y social por parte del niño».[54] Tras haber trabajado unos años en Londres con John Bowlby, pudo comprobar sobre el terreno, en Uganda, la pertinencia de esta teoría. Pero ya entonces le sorprendían las diferencias individuales: cada bebé tenía su propia manera de utilizar a su madre como base de seguridad para explorar su entorno.[55]

La figura de apego (madre, padre, o cualquier persona que se ocupe con regularidad del niño), además de su función de protección, permite la creación de un estilo de desarrollo emocional e induce una preferencia de aprendizaje.[56]

La espiral interaccional funciona desde los primeros días: el niño buscará en su madre las informaciones sensoriales (olor, brillo de los ojos, bajas frecuencias de voz) que necesita para establecer una sensación de familiaridad. En cuanto se sienta seguro, comenzará a explorar su entorno. No obstante, su forma de explorar dependerá de la manera como haya respondido su madre a su búsqueda de familiaridad.

En menos de tres meses, el bebé habrá adquirido una estabilidad conductual, un «cómo» de la relación, una manera de ir a buscar él mismo el tranquilizante natural y el estimulante exploratorio que necesitará para equilibrar su vida emocional. Antes de que finalice su primer año de vida, el carácter del niño ya se habrá estructurado. Sabemos lo que hará para expresar su angustia, para calmarse, para seducir a un extraño, huir de él o en ocasiones agredirle. En unos pocos meses, el bebé, que no era más que lo que percibía, se ha convertido en actor en su triángulo. Y eso cambia su manera de estar en el mundo.

54. Parent, S. y J. F. Saucier, «La théorie de l'attachement», en E. Habimana, L.S. Etheir, D. Petot y M. Tousignant, *Psychopathologie de l'enfant et de l'adolescent*, Gaétan Morin, Montreal, 1999, p. 36.

55. Ainsworth, M. D. S., *Infancy in Uganda: Infant Care and the Growth of Love*, Johns Hopkins Press, Baltimore, 1967.

56. Sroufe, L. A., «Attachment Classification from the Perspective of Infant-Caregiver Relationship and Infant Temperament», *Child Development*, 56, 1985, pp. 1-14.

Si me encuentro solo en mi desierto, frente a un vaso de agua, el problema es sencillo: si tengo sed, beberé. Pero basta la simple presencia de un tercero para que beba ese vaso de agua... ante sus ojos. La naturaleza de mi emoción habrá cambiado ya que, junto con el placer de beber experimentaré el desagrado de beber... ante alguien que se muere de sed. Cuando estoy solo, respondo a un estímulo. Pero en un triángulo respondo inmediatamente a una representación. Eso significa que todo bebé, al desarrollarse en un triángulo de apego, experimenta emociones provocadas tanto por sus percepciones como por sus representaciones.

Apenas hemos concluido el primer año de nuestra existencia y ya estamos relativizando el mundo de las percepciones para comenzar a elaborar la teoría del espíritu que atribuye a los demás emociones, creencias e intenciones.

La elaboración de la manera de amar

Ya en este nivel de la construcción, se puede observar y hasta evaluar de qué modo un temperamento se ha imprimido en el niño. Un sencillo experimento, realizado por Mary Ainsworth, permite evaluar ese «cómo» del apego precoz.

Mediante una discreta observación experimental podemos ver cómo un niño de entre doce y dieciocho meses actúa para resolver la inevitable angustia que siente cuando su madre se marcha, y cómo reacciona a su regreso. En ocho secuencias de uno a tres minutos se nos muestra su estrategia.

1. En primer lugar, juega en compañía de su figura de apego (madre, padre o adulto familiar).
2. La madre se va.
3. Llega una persona extraña y el niño se encuentra en presencia de una figura desconocida.
4. La madre regresa.

Luego se vuelven a repetir esas cuatro secuencias dando por sentado que el niño, que acaba de pasar por esta situación, ha aprendido que su madre volverá. Existe, por tanto, una sucesión de sentimientos: seguridad-separación-presencia no familiar-reencuentro. Esto permite describir cuatro tipos de relaciones de apego: de seguridad, de evitación, ambivalente y desorganizada.[57]

El apego de seguridad,[58] el más frecuente (65 %), que se puede observar fácilmente en cualquier cultura, es propio del niño que, una vez ha adquirido seguridad gracias a la presencia familiar, no duda en alejarse de su madre para explorar su pequeño mundo y regresar junto a ella a compartir el entusiasmo que sus descubrimientos le han provocado. En el momento de la primera separación, ese niño encuentra la manera de solucionar su angustia. Se acerca a la puerta, se concentra en sus descubrimientos, acepta en parte los intentos de apaciguamiento que lleva a cabo la persona desconocida y, en cuanto regresa su madre, se precipita hacia ella para intercambiar contactos y sonrisas, a la vez que le muestra el resultado de sus exploraciones.

El apego de evitación (20 %) revela otra manera de entablar una relación afectiva. El niño, en presencia de su madre, juega y explora pero no comparte. Cuando la madre «desaparece», resulta difícil consolar su angustia. Y cuando regresa, no se precipita hacia ella para obtener seguridad; a lo sumo, orienta su atención hacia un juguete no excesivamente alejado.

57. Observación fundamental de Mary Ainsworth, modificada y adaptada por Main, M., «Introduction to the Special Section on Attachment and Psychopathology: Overview of the Field of Attachment», *Journal of Consulting on Clinical Psychology*, 64, 1996, pp. 237-245.

58. Un apego apaciguante significaría que el hecho de amar es tranquilizante, lo que no siempre es cierto. Mientras que el anglicismo «apego seguro» permite dar a entender que el hecho de apegarse proporciona la fuerza necesaria para alejarse. La figura de apego asume así la función de una base de seguridad.

El apego ambivalente (15 %) muestra a un niño muy poco explorador cuando su madre está presente. Cuando esta desaparece, su angustia es enorme, y el niño sigue inconsolable aun después de haber regresado la madre.

El apego desorganizado (5 %)[59] describe el comportamiento de los bebés que no han podido elaborar estrategias conductuales tranquilizadoras y exploradoras. No saben utilizar a su madre como base de seguridad cuando está presente, ni tranquilizarse junto a ella cuando regresa. En este grupo reducido es curiosa la estrategia afectiva. El niño se queda inmóvil cuando la madre regresa, a veces se acerca a ella volviendo la cabeza o incluso llega a golpearla o a morderla.

A partir del final del primer año, los niños manifiestan ya un estilo relacional, una manera de ir a buscar el afecto.

Estos pequeños guiones conductuales nos muestran que, con el apego seguro, el niño ha adquirido un recurso interno. Con tan solo doce meses ya ha aprendido cómo utilizar a su madre para explorar su mundo y compartir sus triunfos. Y, cuando la madre «desaparece», ¡sabe cómo encontrar un sustituto, ya sea objeto o persona! En esta situación se tranquiliza con un osito de peluche que representa a su madre ausente, o se acerca tímidamente a la persona desconocida para intentar establecer con ella un nuevo vínculo de seguridad.

En el apego de evitación, la madre no ha adquirido ese estatus privilegiado de figura de apego. Su presencia no provoca el intercambio caluroso que permite al niño recuperar sus recursos después de cada prueba de exploración. Por ese motivo, después de la marcha de la madre que ha desertizado el mundo sensorial del niño, su regreso no provoca la recuperación alegre del reencuentro. Ese niño no ha adquirido el recurso interno que le

59. El total da 105 % porque las categorías son descriptivas y no matemáticas, de modo que existen zonas fronterizas superpuestas en esta descripción inspirada por M. Ainsworth.

permitiría, en caso de desaparición de la madre, encontrar un sustituto tranquilizador o ir a buscar un nuevo vínculo afectivo con una persona desconocida.

En el apego ambivalente, los bebés poco exploradores, difíciles de consolar, solo han aprendido a establecer una relación de ayuda mediante la expresión de su angustia. Sin angustia, es el desierto. Con la angustia, nace la esperanza de obtener alguna ayuda.

Finalmente, los niños con apego desorganizado están totalmente desorientados. Entre los doce y los dieciocho primeros meses de su vida no han podido desarrollar ni la más mínima estrategia de búsqueda afectiva o de lucha contra la desesperación. Su madre es a la vez fuente de consuelo y temor de pérdida. Esos niños no saben dirigirse a ella para adquirir seguridad, ni tampoco a una persona ajena, ni a un objeto, ni siquiera a su propio cuerpo que, siendo para ellos extraordinariamente familiar, podría proporcionarles seguridad mediante comportamientos autocentrados de balanceo, movimientos rítmicos adormecedores o succión del pulgar. Aparecen entonces gestos extraños que nada significan para un adulto. Y como este niño no expresa nada con su cuerpo inmóvil, su mirada ausente y sus gritos imprevisibles, transmite una impresión de extrañeza que desorienta a su vez al adulto.

Orígenes míticos de nuestras formas de amar

Cuando nos disponemos a razonar en términos de sistemas circulares pero no cerrados, vemos que estas distintas estrategias tienen orígenes diferentes.

El fallo que desajusta el sistema puede proceder del niño. Puede incluso ser de tipo biológico. Esto no excluye de ningún modo las respuestas afectivas de los padres, que tejen un tipo de apego en función del sentimiento que esta alteración provoca en ellos. Recuerdo a un padre rebosante de ternura ante su hijo con síndrome de Down. La vulnerabilidad del pequeño, su simpatía, su cabeza redonda, sus gestos de bebé patoso suscitaban en el padre un deseo irrefrenable de hacer feliz a aquel niño indefenso. Al confluir la necesidad de entrega del padre, que probablemente tenía sus raíces en su propia historia, con la alteración biológica del pequeño, se había tejido entre ellos un apego maravilloso, hasta el punto que el padre había renunciado al trabajo para poder ocuparse más del niño. En cambio a la madre, triste y herida por la anomalía de su hijo, la sacaba de quicio el placer que a su marido le proporcionaba el sacrificio. En ese triángulo, la madre representaba a la bruja y el padre al ángel. Y era injusto, porque el marido se «había quedado en casa» encantado, ya que su trabajo le aburría, mientras que la madre trabajaba catorce horas al día para mantener una casa en la que estaba demonizada.

Los mitos sociales pueden modificar ese triángulo incluso cuando el trastorno en las interacciones se debe únicamente a una alteración biológica. En el síndrome de Lesh-Nyhan, del que ya hemos hablado, existe un gen defectuoso que hace que no se degrade el ácido úrico. El niño se vuelve tan violento que muerde a los demás, se muerde a sí mismo o se golpea la cabeza contra el suelo. Los servicios sociales, que desconocían ese problema genético y se complacían en detectar posibles casos de violencia, acudieron rápidamente en ayuda de este niño acusando a los padres de maltrato. La enfermedad de los huesos de cristal nos proporciona otro ejemplo de interpretación errónea. Los niños que padecen esa enfermedad pueden romperse un hueso con un simple estornudo, y eso ha permitido que algunos radiólogos presenten la «prueba» radiológica de la violencia familiar y acusen a los padres.[60]

Cuando una relación se ve alterada, se puede actuar sobre uno de los dos miembros, pero es más eficaz introducir un tercero para modificar el conjunto. Una madre que se siente acosada por su hijo, al que percibe como un extraño, tiende a menu-

60. Munnich, A., *La rage d'espérer*, Plon, París, 1999.

do a confiarlo a una tercera persona para que se haga cargo de él, ya sea esa persona un médico, un educador o un juez. Si ese tercero no interviene, el riesgo de maltrato aumenta. Pero si interviene, la mediación modifica las respuestas maternas.

Los cuatro tipos de apego que hemos descrito y que se elaboran entre los doce y los dieciocho meses caracterizan la construcción de los primeros estadios. Son pertinentes pero pueden modificarse en cuanto surge un hecho que modifica un solo elemento del sistema. Puede tratarse del bebé cuando la enfermedad es curable, como la fenilcetonuria, ya que en este caso un simple régimen que provoca un cambio en el niño mejora inmediatamente a la madre, que es un elemento privilegiado, puesto que su depresión provoca en ocasiones en el bebé un hiperapego ansioso.[61] Al percibir un medio sensorial trágico y silencioso, el niño, que no ha obtenido seguridad ni ha sido estimulado, se pega a su base de inseguridad que no se atreve a abandonar. Sin embargo, la presencia tranquilizadora del marido, las palabras reconfortantes de una tercera persona, o la elaboración de un proyecto, al propiciar la mejoría de la madre puede provocar un cambio en el niño. Lo más frecuente es que los hijos de madres deprimidas acaben aletargándose y desinteresándose del mundo. No obstante, es fácil «reanimarlos» si la madre mejora o un sustituto decide entrar en el mundo de esos niños e invitarles a relacionarse. Ahora bien, son los adultos los que han de proporcionar las guías de resiliencia, ya que los niños de madre deprimida saben aceptar a los invitados pero no se atreven a tomar la iniciativa. No solicitan la presencia de otras personas, pero se sienten felices de que se las invite.[62]

61. Teti, D. M., D. M. Gelfand, D. S. Messinger y R. Isabella, «Maternel Depression and the Quality of Early Attachment: An Examination of Infants, Prescholars and Their Mothers», *Developmental Psychology*, 31, 1995, pp. 364-376.

62. Tourette, C., «Apprendre le monde et apprendre à en parler», en *Accéder au(x) langage(s)*, Lyon, 24 de noviembre de 2000.

El temperamento de un niño de edad comprendida entre los doce y los dieciocho meses, su estilo de comportamiento y su forma de apego constituyen una excelente referencia de los primeros nudos de su vínculo. Esta base, bien tejida, podrá resistir mejor en caso de que se produzca un desgarro, y si se escapa un punto debido a un accidente de la vida, hay muchas posibilidades de remallarlo.

Los cuatro tipos de apego presentan un buen pronóstico... a corto plazo. Un niño impregnado por un apego seguro (65 %) tiene un pronóstico de desarrollo mejor y una mejor resiliencia ya que, si ocurre una desgracia, habrá adquirido ya un comportamiento seductor que enternece a los adultos y los transforma inmediatamente en base de seguridad. Los apegos de evitación (20 %) mantienen a distancia a las personas responsables que desearían ocuparse de ellos. En cuanto a los apegos ambivalentes (15 %) y desorganizados (5 %), tienen un mal pronóstico ya que, como resulta difícil amar a esos niños, los adultos se apartan de ellos o los rechazan.

Ahora bien, esos estilos solo duran lo que duran los contextos. En una familia, institución o cultura rígidas, es difícil desprenderse de una etiqueta y los hábitos relacionales forzosamente se reforzarán. Mientras que en un contexto vivo las formas modeladoras cambian continuamente. Las presiones que son sensoriales en torno a un bebé se convierten en rituales en torno a un niño. Y, cuando surge el deseo sexual en un adolescente, el tabú del incesto y los circuitos sociales son los que gobiernan sobre todo su estilo relacional.

Quisiera matizar mis palabras. He dicho: «Los estilos solo duran lo que duran los contextos». Pero en realidad he acabado pensando que persisten incluso cuando cambia el contexto, porque están impresos en la memoria del niño. Los aprendizajes inconscientes que configuran los temperamentos hacen que los bebés sean sensibles a ciertos objetos e inducen su estilo de interacciones preferentes. Cuando cambia el contexto, se produce un breve momento de desadaptación que posibilita los cambios del niño en direcciones opuestas. Un niño alegre puede volverse poco comunicativo en unos días y mostrar un apego de evitación o hasta de desorganización tras la hospitalización de su madre. En cambio, es posible que otro niño mejore su producción de sustitutos maternos, de «doudous» o de búsqueda de contactos. Ocurre a veces que un bebé inconsolable se calma con el nacimiento de un hermano o de una hermana que le aporta una presencia tranquilizadora.

Esas desadaptaciones permiten que otros elementos determinantes, de orígenes diversos, se conjuguen para modificar el campo que moldea al niño. En primer lugar, el mundo de los estímulos sensoriales cambia con la desaparición de la madre o la aparición del segundo bebé. Pero los adultos no pueden dejar de atribuir un sentido a los comportamientos de cada recién nacido: «El segundo es más simpático… llora menos… No hay que ceder a los caprichos del primero». O al contrario: «Es maravilloso, les va muy bien estar juntos, uno calma al otro». La interpretación de los padres, el significado que adquiere para ellos la menor actitud del bebé, explican la forma de los gestos que dirigen a su vez al niño.

Los cambios de estilo relacional que se observan a menudo cuando se producen cambios ambientales dependen entonces del desajuste entre los comportamientos conductuales adquiridos por el niño y las interpretaciones diferentes que de ellos pueden dar los adultos. Por eso un cambio social de los padres modifica la trayectoria del desarrollo de los niños. Un conflicto parental casi siempre les desespera, pero puede mejorar a algunos haciendo que sean más responsables y superen su anterior «infantilismo». Así, la hospitalización de un padre puede desesperar a un pequeño y provocar la maduración de otro. Incluso un traslado puede bloquear el desarrollo de algunos niños aislándolos en su nuevo entorno o, por el contrario, liberarlos de la sensación de opresión que sentían en un entorno anterior excesivamente protector.

Así pues, en un medio estable, un temperamento impreso en el niño proporciona un estilo relacional fácil y abierto o difícil.

Pero cuando cambia el medio o cuando cambia el niño, un mismo estilo relacional puede tomar direcciones distintas.

Cuando el estilo afectivo del niño depende
del relato íntimo de la madre

Las investigaciones recientes sobre el apego afirman que las primeras guías de desarrollo que estabilizan el medio del niño se crean antes de su nacimiento, cuando la madre explica cómo imagina su futura relación con el bebé que lleva en su vientre.[63] El mundo interior de los padres se ha forjado a lo largo de su propio desarrollo y constituye la fuente de los «modelos operatorios internos» (MOI) que compondrán el primer mundo del recién nacido.

La observación se realiza del siguiente modo. En un primer momento, un lingüista evalúa el MOI de los padres en el transcurso de una «entrevista sobre el apego adulto».[64] Les pide que le cuenten cómo imaginan ellos la relación de apego con su futuro hijo. Unos meses más tarde, un etólogo analiza el modo interaccional organizado en torno al recién nacido. Un año más tarde, el test de la situación extraña definido por Mary Ainsworth[65] le ofrece la posibilidad de evaluar el estilo conductual del niño, su forma de apegarse y de provocar a su vez las respuestas de los adultos.

Cuando un discurso es «tranquilizador autónomo», describe futuras situaciones de apego coherentes y cooperantes: «Cuan-

63. Main, M., «De l'attachement à la psychopathologie», en *Enfance*, n.º 3, PUF.
64. Main, M., N. Kaplan y J. Cassidy, «Security in Infancy, Chilhood and Adulthood: A Move to the Level of Representation», en I. Bretherton y E. Waters (eds.), *Growing Points of Attachment, Theory and Research. Monographies of the Society for Research in Child Development*, 50, 1-2, n.º 209, 1985.
65. Test de Mary Ainsworth descrito, pp. 74-77.

do llore, sabré calmarlo. No siempre será fácil pero me inventaré juegos que le permitirán aprender...». Cuatro o seis meses más tarde, los comportamientos dirigidos al niño componen un medio coherente hecho de ayudas rápidas y de interpretaciones festivas: «Ven aquí, mi chiquitín. Qué pena más grande, ¿eh?». Los gestos, la mímica y la música de las palabras componen en torno al niño un medio sensorial coherente y tranquilizador.

Un año más tarde, el estilo conductual desvelado en la prueba de la situación extraña demuestra la adquisición de un apego seguro. El niño, tranquilizado por su madre, explora su mundo. Cuando ella se va, el niño la simboliza inventando objetos tranquilizadores para sustituirla. Como ha adquirido un comportamiento seductor, transforma a la persona extraña en una nueva figura de apego. Y cuando regresa la madre, el niño lo celebra y restablece el vínculo con ella. Ha transformado la prueba de pérdida afectiva y de angustia en triunfo creador. Esta victoria le da confianza, porque ahora ya sabe que en caso de encontrarse solo sabrá inventar un objeto tranquilizador o buscar a un adulto que le sirva de figura de apego, de nueva base de seguridad. Va tejiendo cada vez mejor su ego resiliente.

Cuando el discurso de la futura madre es «desapegado», expresa sentimientos disociados de sus recuerdos: «Mi madre era fantástica... Nunca estaba en casa...». Seis meses más tarde, la observación directa revela comportamientos difíciles de manejar por un bebé. La madre quiere cogerlo y estrecharlo cariñosamente contra su regazo en el momento preciso en que el niño se interesa por un objeto exterior. Luego lo rechaza cuando el niño, que tiene un pequeño disgusto, más la necesita. Al cumplir el primer año, el niño habrá adquirido un apego de evitación: no hay llantos cuando la madre se va, no hay seducción con la persona extraña, no hay gestos alegres cuando se produce el reencuentro con la madre.

El tercer tipo de discurso es el llamado «preocupado». La madre, pasiva y temerosa, no controla su mundo interior. No se entiende bien lo que quiere decir. Para llenar el vacío de sus pensamientos, utiliza muchas muletillas (que si esto, que si aquello... es decir...). Prisionera de una preocupación íntima mal identificada, compone con sus expresiones verbales y conductuales un mundo sensorial que no envuelve realmente al niño. Los niños que han de desarrollarse en un mundo así forman, al cabo de un año, el grupo de los inconsolables: niños mal centrados y poco coherentes, en los que se detecta una acentuada probabilidad de sufrir accidentes físicos.

El último grupo demuestra cómo una futura madre desorganizada por su propio malhumor, un duelo reciente o duradero o una depresión que la tortura, compone con su sufrimiento un mundo sensorial incoherente para un bebé. Es posible que la madre se aferre a él para tranquilizarse a sí misma, llevada por un impulso de superapego feroz, y que al momento siguiente, desesperada y agotada, la sacuda con dureza. Percibe al niño como un agresor cuando en realidad lo único que este hace es pedir un poco de seguridad. Habría bastado un simple gesto, una sonrisa o una palabra tranquilizadora, si hubiera tenido fuerzas para expresarlo. Esos niños, pasivos, se vuelven incapaces de ir a buscar su base de seguridad. En el transcurso de su primer año no han podido aprender a superar la inevitable prueba de la angustia de separación. Cualquier presencia les resulta insoportable, puesto que transmite angustia y desorganiza el mundo.[66] Cualquier ausencia les resulta insoportable, porque no han tenido ocasión de aprender a inventar un sustituto tranquilizador, un osito de peluche, un «doudou» o una mentalización que representen a su madre y asuman la función calmante cuando se ve obligada a ausentarse.

Ese esquema de razonamiento, fuertemente inspirado en las investigaciones de Mary Main, se ha visto sorprendentemente

---

66. Tronik, E. Z., «Emotions and Emotional Communications in Infants», *American Psychologist*, 44, 1989, pp. 112-119.

confirmado por trabajos recientes.[67] Muchos de los estudios estadísticos sobre los comportamientos del niño entre los doce y los dieciocho meses, previstos con mucha antelación por el discurso materno, han confirmado que «los MOI de las madres evaluadas durante el embarazo permiten predecir en más del 65 % de los casos la forma de apego de su bebé a los doce meses».[68]

Pese a la importancia del efecto modelador de las representaciones de la madre, hay que matizar esa cifra que, como ocurre con todos los determinismos humanos, está lejos de cumplirse en el cien por cien de los casos.

Una madre que esté rodeada de afecto y disponga
de un buen apoyo social ofrece mejores brazos

La forma del campo sensorial que rodea al niño y lo configura se explica por las representaciones efectuadas (los MOI) no por uno de los dos padres, sino por ambos. En efecto, no hay duda de que las representaciones maternas dependen de su propia historia: «Cuando vi salir al bebé de mi cuerpo, fue como ver el rostro de mi padre entre mis piernas. Me maltrató mucho. Todavía le temo. Empecé a odiar a ese niño». No obstante, hay que repetir que la mera presencia del marido en el triángulo hace que se combine su psiquismo con el de su mujer, cosa que modifica sus representaciones: «Cuando mi marido está conmigo, me siento su mujer. Ya no veo a mi padre del mismo modo, ni a mi hijo. Cuando me hago la niña con mi marido, veo a mi hijo de forma

67. Van IJzendoorn, M. H., «Adult Attachment Representation, Parental Responsiveness, and Infant Attachment: A Meta-analysis on the Predictive Validity of the Adult Attachment Interview», *Psychological Bulletin*, 117, 1995, pp. 387-403.

68. Parent, S. y J. F. Saucier, «La théorie de l'attachement», en E. Habimana, L. S. Ethier, D. Petot y M. Tousignant, *Psychopathologie de l'enfant et de l'adolescent*, *op. cit.*, p. 41.

diferente. Ya no me da miedo». Lo que se imprime en el niño es la pareja parental, la forma como ambos se asocian, la combinación de sus mundos psíquicos, y no las causalidades lineales.

De modo que el triángulo actúa organizando entornos sensoriales e intervenciones, cooperantes, estresadas, abusivas o desorganizadas.[69] Entre doce y dieciocho meses más tarde, esas parejas de padres de estilos diferentes habrán imprimido en el niño estilos relacionales más o menos resilientes. En caso de que se produzca una pérdida o una desgracia, algunos niños ya habrán aprendido a buscar por sí mismos los sustitutos afectivos necesarios para proseguir con su desarrollo. En cambio, una madre sola o desesperada por su pasado, por su marido o por su entorno social empujará inconscientemente a su hijo hacia el aprendizaje de un estilo relacional de evitación, ambivalente o pasivo. Cuando surjan las adversidades de la vida y el vínculo se desgarre, estos niños tendrán dificultades para encontrar en su nuevo medio los elementos necesarios para proseguir con su desarrollo. Tendrán que encontrar adultos con talento suficiente como para echarles una mano, a pesar de las dificultades de apego que presentan. A veces hasta es necesario que algunos responsables adquieran una formación profesional específica para poder penetrar en el mundo de esos niños difíciles y permitirles tejer al menos una resiliencia.

La última enmienda importante a esta noción de impresión de los temperamentos es que por el mero hecho del impulso vital los niños no pueden cambiar. En cada etapa de su desarrollo se tornan sensibles a otras informaciones. Por tanto, cambia la naturaleza de las guías de resiliencia: sensoriales en el bebé, se convierten en rituales cuando el niño ya tiene edad para ir a la guardería, y se transforman en el momento de la aparición de la palabra. Por esto, la fuerza de la asociación entre las representaciones maternas y la adquisición por parte del niño de un estilo

69. Fivaz-Depeursinge, E. y A. Corboz-Warnery, *The Human Triangle. A Developmental Systems View of Mothers, Fathers and Infants, op. cit.*

de apego disminuye en la edad escolar.[70] En ese estadio del desarrollo, se añaden las guías extrafamiliares. El mundo del niño se ensancha por el mero hecho de la maduración de su sistema nervioso y de la adquisición de la palabra. El niño ya es capaz de ir a buscar más lejos las informaciones necesarias para su desarrollo. Comienza a evadirse del mundo de la sensorialidad de los padres para ir al encuentro de otros elementos determinantes.

Ese proceso de alejamiento no puede producirse cuando el niño es prisionero de la madre, del padre o de una institución. Cuando el sufrimiento de la madre la incapacita para dar seguridad al niño, cuando la psicología del padre hace que reine el terror, o cuando una sociedad rígida transforma en estereotipos los comportamientos con el niño, cualquier desgarro es difícil de reparar. Si la madre está enferma, alterada, o es prisionera del marido o de una sociedad rígida, los niños adquieren estilos de apego poco tranquilizadores o pasivos.[71] Si sobreviene un accidente, estos niños son vulnerables. Solo pueden tejer una resiliencia si encuentran adultos motivados y formados para este trabajo, cosa que depende básicamente de quienes toman las decisiones políticas.

Los niños que han elaborado un apego fácil no tendrán dificultades para pasar al estadio siguiente de su construcción psíquica, puesto que resulta agradable amarlos y se han convertido ya en autores de su apego. Ese estilo de temperamento es una manera de amar que facilita el tejido de los apegos posteriores, en la guardería y con los adultos no familiares que los niños en fase preverbal saben transformar en base de seguridad. Se consolida así una estabilidad interna gracias a la complicidad inconsciente de los adultos que, atraídos por esos niños, hacen más fuertes aún a los que ya lo eran.

70. Van IJzendoorn, M. H., *op. cit*.

71. Belsky, J. y R. Isabella, «Maternal, Infant, and Social-Contextual Determinants of Attachment Security», en J. Belsky y T. Nezworski (eds.), *Clinical Implications of Attachment*, Hillsdale, Nueva Jersey, 1988, pp. 41-94.

Los niños que tienen impreso un apego de inseguridad se ven amenazados por una espiral inversa. Un niño que evita no resulta gratificante para un adulto, un niño ambivalente le exaspera y un niño pasivo le desalienta, agravando con ello su dificultad relacional.

Y sin embargo, es en esta categoría de apegos debilitadores donde los estudios a largo plazo, los que siguen el desarrollo de los niños durante varias décadas, encuentran las transformaciones más frecuentes. Cuando es imposible salir de la díada madre-hijo, porque el observador se niega a ello por razones de método o de ideología, cuando la madre se aísla por razones que tienen su origen en su propia historia o por imposiciones sociales, se imprime en la memoria del pequeño un apego frágil. Ahora bien, en ese estadio de desarrollo la memoria es muy viva y el menor cambio de contexto modifica las adquisiciones del niño. Las relaciones conyugales evolucionan, los miembros de la pareja ya no son iguales, las madres mejoran en cuanto encuentran un apoyo, y es posible que los responsables políticos dejen de crear angustia a las familias relanzando la economía o creando instituciones sociales y culturales capaces de ofrecer otras guías a esos niños frágiles. Se comprueba entonces que el simple hecho de disponer en torno al niño informaciones cada vez más lejanas, sensoriales, verbales, y luego sociales y culturales, facilita su desarrollo y ensancha la conciencia.

Un entorno constituido por varios apegos aumenta los factores de resiliencia del pequeño. Si la madre falla, el padre puede proponer al niño otras guías de desarrollo que serán diferentes a causa de su estilo sexual, pero lo suficientemente eficaces como para proporcionarle seguridad y estimularle.[72] Y si el padre también falla, los otros miembros del grupo parental, las familias de sustitución, las asociaciones de barrio, los clubes deportivos, la práctica de una actividad artística o el compro-

72. Lecamus, J., *Le vrai rôle du père*, Odile Jacob, París, 2000.

miso religioso, filosófico o político pueden también servir de apoyo al niño.[73]

Eso significa que, a lo largo de los dos primeros años, la apertura de la conciencia del niño por medio de informaciones cada vez más alejadas de una base de seguridad y la creación en torno a él de un sistema protector de varios apegos favorece la probabilidad de resiliencia. Pero si bien es cierto que una madre que dispone de apoyo afectivo y social ofrece mejores brazos a su hijo y que una familia reforzada por decisiones económicas y culturales dispone en torno al pequeño las mejores guías de resiliencia, esto también significa que una pulsión que sería simplemente biológica, en cuanto se manifiesta, ha de ser historizada.

Cuando los gemelos no tienen la misma madre

La gemelaridad nos permitirá trabajar esta idea. Se entiende fácilmente que los falsos gemelos, procedentes de dos huevos diferentes, a veces de distinto sexo, que presentan morfologías y temperamentos diferentes, provoquen en los padres sensaciones y sentimientos distintos. En el caso de los homocigóticos, gemelos idénticos, ese razonamiento sigue siendo válido. Cuando no había ecografías, las mujeres acogían a menudo al primer bebé con alegría y su primera frase hacía prever cómo organizarían el campo de los comportamientos con el niño. El anuncio del segundo gemelo suponía muchas veces un duro golpe para aquellas mujeres fatigadas, que creían que el parto había terminado. La idea de seguir sufriendo, cuando ya se creían liberadas, las inducía a menudo a reclamar la anestesia que habían rechazado para el primer gemelo. Ese segundo bebé, a pesar de su

73. Owens, G., J. A. Crowell, H. Pan, D. Treboux, E. O'Connor y E. Waters, «The Prototype Hypothesis and the Origins of Attachment Working Models: Adult Relationships with Parents and Romantic Partners», *Monographies of the Society for Research in Child Development*, 60, 2-3, n.º 244, 1995.

semejanza con el primero, adquiría casi siempre el significado del que estaba de más. Con el paso de los días, una minúscula diferencia de morfología o de comportamiento permitía a la madre diferenciar a los bebés y dirigir a cada uno de ellos gestos, mímicas y palabras que construían entornos sensoriales diferentes. En la actualidad, la ecografía elimina la conmoción de la noticia,[74] pero no evita que se construyan entornos diferentes.

Dos gemelos dicigóticos, a los que llamaremos señor Pachorra y señora Madrecita, a los tres meses estaban comiendo en sus respectivas sillitas sobre la mesa de la cocina. Había un gran ajetreo a su alrededor. El padre, la madre, la abuela y el abuelo se afanaban por introducir cucharadas de papilla en la boca de los pequeños. El señor Pachorra, triple papada y sin una sonrisa, comía concienzudamente, mientras que la señora Madrecita mostraba un temperamento diferente, atento siempre a todo. De repente, la señora Madrecita, estimulada por un ruido o un gesto inesperado, se echa a reír, y el señor Pachorra, insensible a esta información, sigue comiendo. Los cuatro adultos perciben el estallido de risa de la pequeña, pero es la madre la que atribuye un significado a lo que, de no ser por ella, se habría quedado en una bonita carcajada. Dice la madre: «¡Uy esta, se las hará pasar canutas a los hombres!». Teniendo en cuenta que la niña solo tenía tres meses, a los hombres les quedaban todavía unos cuantos años de tranquilidad. Pero lo que sí cambió instantáneamente a causa de la interpretación de la madre fue la «estructura de atención». Apenas pronunciada la frase, los cuatro adultos concentraron sus miradas en la niña. Le sonreían, la acariciaban y se dirigían a ella, mientras el señor Pachorra, solo a su lado, seguía comiendo. Veinte años más tarde, en una sesión de psicoterapia, la muchacha dirá: «Nuestros padres nos asfixiaban con su cariño». El chico, en cambio, se extrañará: «Pero ¿qué dices? Si estábamos siempre solos». Ambos tienen razón,

74. Zazzo, R., *Le paradoxe des jumeaux*, Stock-Laurence Pernoud, París, 1984.

ya que la interpretación de la madre, originada por su propia visión de la dulce guerra entre los sexos, había construido dos universos sensoriales distintos.

A veces, el simple comportamiento de un bebé conmueve a la madre porque le recuerda algún punto sensible de su propia biografía. Cuando nacieron Lou y Cloclo, esas dos gemelas dicigóticas mostraron temperamentos muy opuestos. Una era dulce y sonreía delicadamente, mientras que la otra, dotada de gran vivacidad, explotaba en risas, llantos o brincos ya desde los primeros días. Por otra parte, la imposición de los nombres respondía ya al estilo temperamental de las niñas. A una la llamaron «Lou» por la dulzura de sus gestos, mientras que a «Cloclo» le pusieron un nombre divertido porque la consideraban divertida. Del mismo modo que las primeras frases expresan el significado que los padres atribuyen al hijo recién nacido, también la elección del nombre de pila está influida por la afiliación. En una cultura en la que la sociedad organiza la afiliación, se le pone al recién nacido el nombre de un gran hombre. Pero en una cultura en que la persona es un valor, el nombre que se le pone al niño revela el sentimiento que suscita en el mundo íntimo de los padres. Y el parecido físico de los gemelos explica la frecuencia con que se les imponen nombres de fonética similar, como Marie-Claire y Marie-Claude, o Thomas y Mathieu.[75]

A la madre de Lou, la dulzura de la niña le evocaba un recuerdo casi doloroso de su propia historia: «A mi madre le horrorizaba la dulzura. Me llamaba "Malvavisco". Quería que estallara. En cambio a mí la dulzura de Lou me conmueve. Yo sabré comprender a una niñita dulce. En cuanto a Cloclo, siempre sabrá cómo apañárselas». El temperamento de cada niño, al tocar puntos sensibles y evocar recuerdos dolorosos de la historia de la madre, provocaba respuestas diferentes que organizaban mundos diferentes en torno a cada uno de los bebés: muy

75. Josse, D. y M. Robin, «La prénomination des jumeaux: effet de couple, effet de mode?», en *Enfance*, tomo 44, n.º 3, 1990, pp. 251-261.

cercano en torno a Lou y más distante para Cloclo, la espabila-da. Dieciocho meses más tarde, Lou se había convertido en una niñita tranquila, fácil de consolar, mientras que Cloclo, la diver-tida, chillaba desesperada cada vez que se producía una separa-ción o se le caía su osito de peluche.

Cuando los gemelos son monocigóticos y muestran tempe-ramentos parecidos, el menor indicio morfológico da pie a la atribución de un significado. «Este se llamará Mathieu y aquel Thomas», nos decía la señora Martin. «¿Cómo consigue dife-renciarlos? Bueno, Mathieu tiene la cabeza más redonda y Tho-mas un poco más alargada.» A nosotros este detalle se nos pasa-ba por alto. Las pulseras que llevaban escrito su nombre nos ayudaron a establecer la diferencia. La señora Martin acertaba casi desde el primer momento. Según nuestra teoría, había que saber lo que significaba para ella ese signo morfológico y las res-puestas conductuales que suscitaba en torno al niño.[76] «A mí me abandonaron cuando tenía dieciocho meses —nos explica la se-ñora Martin—. He sufrido tanto que me juré a mí misma que sería una madre perfecta. Un bebé con la cabeza redonda segui-rá siendo un bebé durante más tiempo; el otro se parecerá a un adulto muy pronto.» La identidad narrativa de la señora Martin la había hecho sensible a un signo craneal que para ella signifi-caba: «Si es un bebé durante más tiempo, yo seré madre duran-te más tiempo». En los meses posteriores, la señora Martin se ocupaba sobre todo de este bebé. Era el primero que cogía en brazos y al que más sonreía. Se relacionaba con mucha más faci-lidad con ese bebé de cabeza redonda que con el bebé de cabeza alargada, porque su historia le había atribuido un significado personal a este signo morfológico. Dos meses más tarde, el se-ñor Cabeza redonda se dormía pacíficamente y se despertaba sonriente, mientras que el señor Cabeza alargada, dotado del

76. Villalobos, M. E., *Interactions précoces entre la mère et ses bébés ju-meaux*, Universidad del Valle, Cali, Colombia, Cinta de VHS Hospital Toulon/La Seyne, septiembre de 1997.

mismo material genético, tenía dificultades para dormirse y se despertaba de mal humor.

Cuando un bebé se despierta sonriente provoca la sonrisa de la madre, pero si se despierta de mal humor ¡a la madre no le va a gustar! De modo que cada bebé, inconscientemente, se había convertido en cómplice de lo que veía en el otro. La madre, para quien el señor Cabeza alargada significaba «me abandonará muy pronto y me privará del placer de ser madre» se ocupaba de ese niño con cierta frialdad. El entorno sensorial, menos estimulante para él, modificaba la arquitectura de su sueño y las secreciones neuroendocrinas que de él dependen. El despertar malhumorado del bebé le proporcionaba a la madre la «prueba» de que ese niño estaba menos bien que el otro. Al señor Cabeza alargada lo atendía una madre malhumorada, mientras que el señor Cabeza redonda tenía una madre siempre sonriente.[77] Cada uno veía en el otro lo que había puesto en él. Es importante subrayar, con todo, que ningún bebé es responsable de su madre, como tampoco una madre es responsable de su historia.

Las dotaciones genéticas idénticas de los gemelos, al tener que desarrollarse en medios sensoriales a los que se había atribuido significados diferentes debido a la historia de la madre, se construían en direcciones opuestas. A los dieciocho meses, la delicada Lou y el señor Cabeza redonda se habían convertido en los dominantes de la pareja de gemelos. Tomaban la iniciativa en las interacciones, las exploraciones, los juegos y el lenguaje. Dormían mejor y se despertaban más despejados. Esta epigénesis, ese modelado de la biología por las presiones del medio, explican por qué el 80 % de las parejas de dicigóticos y el 75 % de los monocigóticos dan lugar a un gemelo dominante.[78] El efecto diferenciador no tiene su origen en la genética, sino que es el re-

77. Delude, D., *Effet de sourire simulé du nourrisson de trois mois sur les comportements maternels*, Gaétan Morin, Quebec, 1981.

78. Leroy, F., *Les jumeaux dans tous leurs états*, De Boeck Université, Bruselas, 1995, p. 221.

sultado de la sensorialidad a la que dotan de significado las representaciones de los padres y las respuestas temperamentales del niño.

Donde se llega a observar cómo el pensamiento
se transmite gracias a los gestos y a los objetos

La transmisión es, por tanto, inevitable. Puesto que un bebé tiene necesidad de apego para desarrollarse, solo puede hacerlo en el mundo sensorial transmitido por otro. «[...] la sintonía afectiva[79] parece el eslabón explicativo más práctico para dar cuenta de la transmisión psíquica transgeneracional.»[80] Esta burbuja sensorial compuesta por los modos de proceder con el niño proviene del mundo íntimo del adulto y guiará la evolución del niño. Esta herencia subjetiva, aunque necesaria, no siempre es fácil ya que el niño tendrá que desarrollarse en un medio donde se combinan los problemas de ambos padres.

Hacia el octavo mes de vida, se ha tejido ya ampliamente el apego entre la historia de los padres y el modelado del temperamento del niño. A partir de esta época el pequeño es capaz de actuar intencionadamente en el mundo mental de los adultos próximos. «Es la aparición de la intersubjetividad lo que permitirá al bebé pasar de la relación triádica conductual a la relación triádica intrapsíquica [...]»[81] Y como el niño todavía no habla, penetrará en el mundo psíquico de los adultos a través del gesto.

La observación de los gemelos también nos permitirá estudiar cómo la aparición de un comportamiento de designación (apuntar con el dedo índice) permite descubrir el nacimiento y la construcción de un mundo intersubjetivo. Sin embargo, en

79. Stern, D., *Le monde interpersonnel du nourrisson, op. cit.*
80. Golse, B., «Le concept transgénérationnel», *Bulletin WAIMH*, vol. 2, n.º 1, 1995.
81. *Ibid.*

este caso lo que vamos a observar ya no es el nacimiento del gesto,[82] sino su función, la manera como participa en la construcción de un mundo intersubjetivo a tres bandas.

Cuando un niño de diez meses designa un objeto apuntando con el índice, realiza su primer acto semiótico.[83] El neuropsicólogo Henri Wallon, el lingüista Vigotsky, el novelista Vercors y el célebre Umberto Eco ya han hablado de la función semiótica de ese mínimo gesto. La que más ha avanzado actualmente en este campo es sin duda Annick Joujean, que ha inspirado un buen número de observaciones de ese fenómeno. Ha utilizado la situación natural de los gemelos diferentes para observar cómo se elabora su estilo relacional.[84] Joujean confirma que, a partir del octavo mes, los niños manifiestan una preferencia conductual a comunicarse.

Voy a contar la historia de Julie la Dulce y Noémie la Intelectual, combinando el rigor de la tesis de Joujean con otras observaciones clínicas, con objeto de ilustrar de qué modo la modificación de un estilo relacional puede alterar el mundo íntimo de los niños en la etapa preverbal.

Hasta que cumplió quince meses, Julie la Dulce vocalizaba cuatro veces más que su hermana. Sus mímicas faciales eran más expresivas y los gestos que dirigía al exterior, mucho más frecuentes. A esa misma edad, su hermana Noémie lloraba cuatro veces más y orientaba casi todos sus gestos hacia su propio cuerpo. Julie la Dulce era estable y, cuando tenía algún pequeño disgusto, se calmaba con el contacto de las personas que amaba. La preferencia conductual de Noémie la Intelectual cambió en cuan-

82. Cyrulnik, B., A. Alameda y A. Robichez-Dispa, «Rites et biologie. La ritualisation des comportements de bouche», *Dialogue*, n.° 127, 1995.

83. Robichez-Dispa, A., «Observation éthologique comparée du geste de pointer du doigt chez des enfants normaux et des enfants psychotiques», *Neuro-psychiatrie de l'enfance*, XL, n.° 5-6, 1992, pp. 292-299.

84. Jouanjean-L'Antoëne, A., *Genèse de la commnunication entre deux jumelles (11-24 mois) et leurs parents: approche éthologique, différentielle et causale*, tesis doctoral, universidad de Rennes I, 1994.

to fue capaz de dotar de contenido semiótico sus gestos. ¡Aprendió a calmar el llanto señalando con el índice!

El estilo relacional precoz de Noémie no le había permitido descubrir un procedimiento tranquilizador. Pero cuando, a los quince meses, la pequeña empezó a apuntar intensamente, sobre todo para interactuar con su madre, descubrió un mundo de relación apaciguadora. En cuanto la niña empezó a dotar de contenido semiótico sus gestos, lloró menos y sus comportamientos autocentrados disminuyeron. La aparición de este gesto deíctico, dirigido siempre a alguien, le permitió adquirir, mucho antes que la palabra, una función tranquilizadora. Si no hubiera adquirido ese gesto de designación que le permitía expresarse y comunicarse con su figura de apego, habría continuado llorando y orientando sus comportamientos hacia su propio cuerpo para intentar tranquilizarse un poco.

Julie la Dulce había descubierto, ya desde los primeros meses de vida, que el contacto afectuoso era un procedimiento de apaciguamiento útil para calmar sus penas. En cambio, Noémie la Intelectual tuvo que esperar hasta los quince meses para que su acceso al proceso semiótico se convirtiera en un medio de superar las pruebas que se le presentaban. Esto nos permite afirmar que un niño no es resiliente por sí mismo, sino que ha de encontrar un objeto que se adecue a su temperamento para llegar a ser resistente. Por consiguiente, se puede ser resiliente con una persona y no serlo con otra, reanudar el desarrollo en un ambiente y desmoronarse en otro. La resiliencia es un proceso que siempre es posible, si la persona que se está desarrollando encuentra un objeto que le resulta significativo.

Ahora bien, lo que otorga a un objeto su efecto resiliente es el triángulo. En una relación entre dos, el niño se apodera de la cosa o la rechaza. Pero en una relación triangular, el bebé que designa una cosa la transforma en objeto que le permitirá actuar sobre el mundo mental de su figura de apego. A partir de entonces, el niño mediatiza la relación con la persona donante de afecto por mediación del objeto, y ese objeto no está elegido al azar.

Nuestras observaciones clínicas apoyan claramente esta idea: en cuanto un bebé accede al mundo de la designación, entre los diez y quince meses, el objeto que designa habla de la historia de sus padres. En los dos primeros meses, las formas de proceder con el niño estaban ya historizadas y organizaban su burbuja sensorial. Pero en cuanto el niño habita el mundo del triángulo, el objeto con el que mediatiza su relación al señalarlo con el dedo ya había sido destacado por las personas que le proporcionan el afecto. ¡La saliencia del objeto designado por el niño habla de sus padres!

Cuando el señor Mador llega a casa, besa a su mujer y a su hijita de diez meses. En cuanto la niña se encuentra en los brazos de su padre, comienza a dar grititos y apunta claramente hacia… ¡un bolígrafo! ¿Qué puede significar un bolígrafo en el mundo mental de una niña de diez meses? En realidad, el señor Mador es extraordinariamente animoso. Trabaja en una empresa agrícola. Su sueño secreto es ser maestro, pero es disléxico. Cuando llega a casa por la noche, besa a su mujer y a su hija, e inmediatamente se pone a trabajar. De modo que lo que en la mente de la niña se configura como un acontecimiento es ser levantada por los brazos de su padre y ver cómo este inmediatamente coge un bolígrafo. Cuando se tienen tan solo diez meses, no hay muchas historias que contar, pero sí unas tremendas ganas de comunicar. De modo que la niña señala inmediatamente un objeto puesto de relieve por el comportamiento del donante de afecto. Apunta a un bolígrafo, se convierte en actor y comparte un acontecimiento maravilloso dirigiendo la atención de su padre hacia este objeto destacado, tan importante para él.

Podemos asistir así al desarrollo del objeto en la mente del niño. La cosa, un pedazo de materia determinada, se carga de una emoción adquirida bajo la mirada de otro. El padre, figura de apego, destaca un objeto que su propia historia ha hecho que fuera destacado. Cuando se tienen diez meses, un bolígrafo no sirve para escribir, sirve para compartir. Pero en este proceso la cosa se ha transformado en objeto gracias a la potencia del artificio. Evidentemente, es la técnica la que ha permitido fabricar el objeto-bolígrafo. Sin embargo, el niño jamás lo habría visto si la historia de su padre no lo hubiera puesto de relieve. Es el artificio de la palabra el que lo ha hecho destacar, pues es fácil imaginar que el padre, en su relato íntimo, debía repetirse continuamente: «No quiero ser agricultor, quiero ser maestro: ¡a trabajar!». Y ese discurso íntimo, justificado por su propio mundo psíquico, había provocado el comportamiento que ponía de relieve el bolígrafo. Así es como un bolígrafo, al convertirse en el tercer actor, participa en el triángulo que se establece entre la historia de un padre y el psiquismo de su bebé.

Los procesos de resiliencia deben ser renegociados en cada etapa del desarrollo. La proeza intelectual preverbal que permite, a partir del décimo mes, compartir el mundo mental de los padres, proporciona en la época del «no», hacia el tercer año de edad, el pretexto de la oposición. Milou, a los ocho meses, no perdía ocasión de señalar las flores. Como su padre era jardinero, todo el mundo aplaudía esta designación. Las interpretaciones verbales iban acompañadas de celebraciones gestuales y mímicas de satisfacción, que atribuían a las flores un auténtico poder relacional. Cada vez que el niño señalaba una flor, empezaba la fiesta. De modo que unos meses más tarde, cuando el pequeño quería agredir a sus padres, ¡le bastaba con destrozar una flor! En el triángulo familiar, aspirar el aroma de una flor o destrozarla eran actos que suscitaban respectivamente una relación afectiva de alegría o de enfado. En cambio, en cualquier otra familia, la destrucción de una simple florecilla, como no había adquirdo ningún significado, jamás se habría destacado por medio de reacciones afectivas.

Esto significa que contrasentidos conductuales son ya posibles. Si en otra familia el mismo Milou hubiera destrozado una florecilla para expresar su disgusto no habría sido comprendido, porque en otra alianza parental la destrucción de las flores no habría significado nada. Los contrasentidos relacionales son constantes a lo largo de toda la vida, y tal vez sea esta la dificultad que hace que cada vida sea una historia. Un niño que todavía no habla expresa su mundo íntimo mediante guiones de conducta que el adulto interpreta según su propia historia. Y este encuentro entre dos psiquismos asimétricos desvía el desarrollo de un niño en la etapa preverbal hacia la adquisición de una vulnerabilidad o de una resiliencia.

Cuando la pequeña Joséphine, a la edad de veinte meses, se pone a llorar repentinamente por razones incomprensibles para un adulto, una de las monitoras se pone tensa y, sin decir una palabra, coge a la niña y la sienta bruscamente en una silla. La pequeña, deseperada, llora todavía más. Entonces se acerca a ella la otra monitora y le dice «te hago unos mimitos». ¡En dos segundos, el incomprensible disgusto había pasado! Más tarde, hablando con las dos monitoras descubrimos que la primera pasó su infancia en una situación de tal aislamiento que aprendió a contener sus penas, a ocultar sus lágrimas, mientras que la segunda había adquirido un apego seguro, lo que le había enseñado a utilizar sus penas para convertirlas en un procedimiento de relación.

Este tipo de contrasentido que influye en todo desarrollo es inevitable, puesto que un signo morfológico, un gesto cotidiano, un guión de conducta y hasta un desarrollo sano provocan inevitablemente las interpretaciones historizadas del entorno adulto.

El congénere desconocido: el descubrimiento del mundo del otro

Entre los dieciséis y los dieciocho meses, inmediatamente después de que el niño haya dado muestras de su capacidad para actuar sobre el mundo mental de los otros, el descubrimiento de ese nuevo mundo da lugar a una actitud de perplejidad que dura entre uno y dos meses. El niño, que se contentaba con actuar y reaccionar en respuesta a los estímulos procedentes tanto del interior como del exterior, de repente cambia de mundo. Ahora ya actúa y reacciona ante la idea que se hace del mundo invisible de los otros. Se aleja del continente de las percepciones para desembarcar en el de las representaciones preverbales, y ¡este descubrimiento de un nuevo continente transforma sus comportamientos! Sin embargo, cuando comprende que se abre ante él el mundo íntimo de los demás, se queda perplejo, ya que todavía no sabe cómo hay que explorarlo.

Hay dos comportamientos que nos permiten descubrir este cambio. El bebé que, situado frente al espejo, desde el segundo mes de vida hacía movimientos y gestos de alegría, de repente se queda perplejo. Hacia el decimosexto mes, evita su propia mirada ante el espejo, vuelve la cabeza y se observa de pasada, antes de recuperar unas semanas más tarde el placer todavía mayor de descubrirse a sí mismo delante del espejo. No obstante en esta ocasión, las mímicas manifiestan un júbilo menor y el placer, más grave, es interiorizado. «[…] a partir de los quince meses y hasta los dos años aproximadamente es cuando se observan en el niño las reacciones de evitación y otras manifestaciones de incomodidad y de perplejidad, prácticamente ausentes cuando se encuentra frente al congénere desconocido.»[85]

El otro comportamiento que demuestra esta metamorfosis es el sorprendente «silencio vocal de los dieciséis meses».[86] El niño que gritaba, reía, lloraba y balbuceaba sin parar, de repente se vuelve silencioso. Esta mínima situación de perplejidad muestra que el niño cambia de actitud en su mundo humano. En cuanto comprende que existe un mundo invisible en el interior de los otros y que es posible descubrirlo mediante las pasarelas verbales, el niño, fascinado por este descubrimiento, experimenta un sentimiento mezcla de placer y de inquietud. No obstante, el modo como los adultos interpretan esta situación de perplejidad orienta al niño hacia el placer de hablar o hacia el temor de hacerlo.

85. Zazzo, R., *Reflets de miroir et autres doubles*, PUF, París, 1993, p. 120.
86. Jouanjean-L'Antoëne, A., *op. cit.* y B. de Boisson-Bardies, *Comment la parole vient aux enfants*, Odile Jacob, París, 1996, p. 132.

Algunos padres, encantados con el parloteo del niño, viven la perplejidad del decimosexto mes como una frustración. Es posible que, sin darse cuenta, descuiden un poco al niño, le busquen menos, se irriten con él e incluso se aburran cuando antes se divertían.

Si el niño no cuenta a su alrededor más que con un apego, su evolución dependerá básicamente de las reacciones de ese adulto donante de afecto. Pero si dispone de varios apegos (padre, madre, abuelos, hermanos, guardería, escuela, instituciones), siempre encontrará otro adulto que le proponga otra guía de desarrollo, otra manera de apegarse que le permita reanudar su proceso de evolución en caso de que se produzca una fractura, y que incluso es posible que le convenga más. A partir de ese momento, el niño se dirigirá preferentemente a ese nuevo proveedor de gestos y palabras. Si falla una de las guías o no se adecua al temperamento del niño, habrá otra que cumpla esa función, siempre que el pequeño haya adquirido el medio de resiliencia que le proporciona un apego seguro, o que en última instancia encuentre un adulto cuyo mundo íntimo sepa articularse con su forma de apego difícil. Las posibilidades de resiliencia podrían aumentar, por tanto, gracias a la existencia de apegos múltiples.

El período de atención silenciosa, de hiperconciencia inmóvil, difícil de observar porque se trata de una inhibición, es una prueba de que el niño se dispone a iniciar la metamorfosis lingüística. En ese momento se pone en marcha la teoría de la mente.[87]

Vamos a suponer que usted y yo nos encontramos a orillas del mar y estamos contemplando cómo se aleja un barco. Acordamos decir «ya» cuando lo veamos desaparecer. Es previsible que ambos digamos «ya» casi en el mismo instante y concluiremos que el barco acaba de perderse en los confines del mundo.

---

87. Leslie, A. M., «Pretense and Representation: the Origins of "Theory of Mind"», *Psychological Review*, 94, 1987, pp. 412-442.

Cada uno reforzará el testimonio del otro diciendo que lo hemos visto, con nuestros propios ojos, al mismo tiempo.

Supongamos ahora que uno de nosotros sube a lo alto de una colina para decir «ya» cuando desaparezca el barco. No diremos «ya» al mismo instante. Y esta diferencia de testimonio es la que nos dejará perplejos y nos obligará a confiar menos en nuestros sentidos.[88] Desde el momento en que se pretende dar coherencia a esa divergencia de opiniones, el mundo se transforma. Ya no está alimentado únicamente por nuestras percepciones, sino que nos invita a representarnos las representaciones del otro. El hecho de haber constatado al mismo tiempo el mismo fenómeno nos conforta y nos induce a error. Mientras que la diferencia entre nuestras dos percepciones nos invita a asombrarnos, a observar y a explorar el mundo del otro.

El niño perplejo probablemente piensa: «¿Me pregunto si esta música verbal, que tanto me ha fascinado durante los primeros meses de mi vida, no designa en realidad algo invisible, que está en otra parte?». ¡Hay motivos para dejar perplejo a un renacuajo de quince meses! ¿Qué está ocurriendo en su mundo mental? ¿Qué es lo que le permite en su pensamiento sin palabras comprender de repente que el otro expresa un mundo invisible?

A partir de las percepciones parciales, un niño bien desarrollado en su burbuja afectiva es capaz de hacerse una representación coherente de lo que no ve. La historia de sus padres había estructurado hasta entonces la burbuja sensorial de la que se alimentaba. Pero cuando el niño tiene dieciocho meses, toma el relevo y se vuelve capaz de atribuir un sentido a lo que percibe. La perplejidad, la mirada, el dedo índice y la comedia permiten detectar la crisálida que le prepara para la metamorfosis verbal.

88. Schatzman, E., *L'outil théorie*, Eshel, París, 1992.

*Cuando las historias sin palabras permiten
compartir mundos interiores*

Cuando el niño empieza a hablar, sincroniza sus miradas y sus palabras con las miradas y las palabras del adulto. Pero hasta que no se lanza a hablar, su perplejidad le hace estar atento a las sonoridades misteriosas que salen de la boca del adulto y que a buen seguro revelan un más allá fantástico. Entonces, el niño asombrado escruta el rostro del que habla. El dedo índice funcionaba ya desde hacía tiempo porque era el que le permitía, como si de una pequeña varita mágica se tratara, guiar la mirada del otro y crear así hechos compartidos. Pero lo que ahora le permite recurrir a todas esas adquisiciones es la comedia sin palabras de la simulación. Podemos afirmar sin lugar a dudas que un niño que juega a cocinitas o finge encontrarse mal empieza a participar en la cultura humana.

Unos meses después de su nacimiento, un bebé es capaz de imitar las mímicas faciales de un adulto. Puede responder con una sonrisa cuando le sonríen, sacar la lengua cuando se la sacan o quedarse asombrado ante una persona que frunce las cejas.[89] Estas respuestas parecen imitativas porque repiten un comportamiento del adulto, pero probablemente lo que hace el niño es expresar una emoción de alegría, de sorpresa o de búsqueda de relación. Esta «imitación» se parece más al fenómeno de la huella que al de la reproducción. La huella consiste en familiarizarse con una imagen y expresar luego la emoción que ha provocado. Se trata más de un fenómeno de memoria que de una reproducción intencional. Ahora bien, a partir de los dieciocho meses, un niño se complace en reproducir un guión conductual producido por una figura de apego. Esta imitación motivada por el placer de hacer lo mismo que «la figura que me emociona» revela que al niño le gusta habitar el mundo de otro. Unos meses más tarde, ese pla-

89. Trevarthen, C., P. Hublez y L. Sheeran, «Les activités innées du nourrisson», *La Recherche*, 56, 1975, pp. 447-458.

cer de jugar a imitar los sonidos de las personas que ama hará posible la aparición del lenguaje repetitivo. Habrá que esperar todavía unos meses para que ese lenguaje repetitivo se convierta en generativo y dé lugar a combinaciones de palabras nuevas.[90]

En torno a la mesa de la guardería, cuando los niños empiezan a comer la papilla todos a la vez, ese acontecimiento maravilloso en el que participan les permite, al hacer lo mismo y al mismo tiempo, compartir las mismas emociones, y formar parte del mundo que acaban de crear juntos con sus cucharas y sus papillas. De modo que no se trata de la imitación de un niño que repite los gestos de otro, sino de compartir realmente un acontecimiento creado por todos.

La representación teatral se vuelve mucho más abstracta cuando un niño de dieciocho meses escenifica un guión ficticio, a fin de incidir en el mundo mental de un adulto. Su conciencia de sí intentará manipular la conciencia del otro. La elección de roles hablará muy pronto de su mundo íntimo. Cuando un niño de cuatro años imita a su hermanito de quince meses, no lo hace para «regresar» y hacer que le quieran como a él sino, por el contrario, para compartir un mundo que ya conoce porque lo ha habitado. El mismo niño que «regresa» puede, unos minutos más tarde, representar el papel de uno de los padres o incluso el de un héroe de la televisión. La adquisición preverbal del don de la comedia que permite asociar nuestros mundos mentales constituye el punto básico de la resiliencia preverbal.

Las relaciones de afinidad son asombrosamente precoces y duraderas.[91] La edad, el sexo y el estilo conductual son los factores determinantes de la elección. Desde finales del segundo

90. Baudonnière, P. M., «L'imitation aux origines de la culture», *Le Journal des psychologues*, n.º 176, abril de 2000, pp. 16-19.

91. Barbu, S. y A. Jouanjean-L'Antoëne, «Multimodalité de la communication dans les relations préférentielles entre enfants à l'école maternelle», en S. Santi, I. Guaïtella, C. Cavé y G. Konopczinski (eds.), *Oralité et gestualité. Communication modale, interaction*, L'Harmattan, París, 1998, pp. 655-660.

año, las niñas prefieren a las niñas. En cambio los niños no preferirán a los niños hasta acabar el tercer año.[92] Las niñas juegan a hablar mejor que los niños y disfrutan intercambiando algunos objetos para establecer relaciones. Con algo de retraso, los niños jugarán mejor que las niñas a crear acontecimientos con palos y pelotas o a trepar.

Cuando observamos la creación de los recursos internos de la resiliencia, lo importante es constatar que, si un niño sufre un pequeño revés en su vida, tendrá que defenderse con el capital psíquico que ha adquirido en esa época. Se observa claramente que, cuando dos bebés se relacionan, crean una estructura de afinidad, con balbuceos, mímicas y juegos de simulación. Cuando aparece un tercer niño en ese pequeño mundo interpersonal, se encuentra en una situación de intruso y deberá dar muestras de sus cualidades de socialización.[93] Esos niños intimidados se sitúan voluntariamente en la periferia y luego, según sea el grado de osadía adquirida en las interacciones precoces, se convertirán en actores de su socialización, ofreciendo mímicas, vocalizaciones, cosas insignificantes o piruetas cómicas. Esa actuación de un niño intruso que trata de relacionarse con compañeros provoca respuestas variadas por parte del entorno.

Algunos niños preverbales acogen al intruso como si se tratara de un acontecimiento extraordinario, mientras otros lo rechazan como se hace con un rival. A veces incluso lo atacan, como si su simple presencia constituyera una agresión. Los adultos presentan el mismo tipo de reacción conductual. Algunos se dejan seducir riendo, otros riñen al niño intimidado y hasta llegan a rechazar al pequeño aduladador o le gritan para que deje de «hacerse el interesante».

92. La Frenière, P., F. F. Strayer y R. Gauthier, «The Emergence of Same-sex Affiliative Preferences among Preschool Peers: a Developmental-ethological Perspective», *Child Development*, 55, 1984, pp. 1958-1965.

93. Mac Cabe, A. y T. J. Lipscomb, «Sex Differences in Children's Verbal Agression», *Merill-Palmer Quarterly*, 34, 4, 1988, pp. 389-401.

En resumen, cualquier niño «de más», que se siente intruso, se ve obligado a hacer una ofrenda para conseguir que le acepten y así realimentar su vida afectiva. Pero solo podrá defenderse con lo que haya adquirido antes de la prueba. La edad, el sexo y su breve pasado le han proporcionado un capital con el que se protege en el momento de la agresión.

De cómo los clichés sociales privilegian determinados comportamientos del bebé

Del mismo modo que hemos dicho que la historia de los padres pone de relieve ciertos objetos que el niño utiliza para triangular su relación, también hemos demostrado que las teorías ingenuas de una cultura que constituyen los estereotipos de los discursos colectivos tienen el mismo efecto. En Costa Rica, las entrevistas con las madres revelaron la importancia que atribuían al balbuceo y a la postura sentada. Para esas madres, estos dos hechos sirven de pretexto para prorrumpir en grandes muestras de afecto y gritos de admiración. Los bebés perciben así que sus proezas motrices son acontecimientos notables y, a partir del décimo mes, los utilizan para actuar sobre su madre. Los bebés alemanes de la misma edad prefieren, en cambio, pasar las páginas de un libro, apuntar con el índice hacia los caracteres impresos, observar el rostro de su madre y lanzar gritos de admiración.[94] Hasta los tres años, los niños chinos se muestran atentos y serios. Como lloran poco, y raras veces sonríen, se les considera «imperturbables». En realidad, están atentos al menor gesto del adulto y, a partir del tercer mes, cuando se aproxima a ellos un adulto, vuelven la cabeza hacia él y fijan la mirada. Lo que

94. Zack, M. y B. Brill, «Comment les mères françaises et bambaras du Mali se représentent-elles le développement de leur enfant?», en J. Retschitzky, M. Bossel-Lagos y P. Dasen, *La recherche interculturelle*, L'Harmattan, tomo II, París, 1989, p. 8.

caracteriza a esos bebés es su capacidad para adaptarse al cuerpo del adulto que los coge en brazos. Al parecer, los bebés chinos son los mejores «novios» del mundo, porque saben adaptarse a los brazos del adulto, cosa que de ningún modo hacen los bebés estadounidenses que, desde el tercer mes, se muestran demasiado movidos e irritables para ser buenos novios.[95] Aunque el entorno de los niños chinos es muy sonoro, lleno de color, movido y estimulante, está fuertemente estructurado por los ritos de su cultura. En el mundo del bebé, un medio de estas características asegura una regularidad de percepciones. Un retorno regular de informaciones sensoriales constituye para el bebé un medio estable, a pesar de su intensidad. Esas regularidades sensoriales le sirven de guía y estabilizan su mundo interior. Los bebés estadounidenses son de origen irlandés, polaco, alemán, mexicano, africano... No obstante, pese a tener morfologías, orígenes y colores distintos, en conjunto presentan un mismo tipo de temperamento asustadizo, propenso al llanto, movido y poco amoldable.

Los mitos sociales también están mediatizados sensorialmente por la expresión de las emociones de los padres. Debido a la creencia en una historia que dice que los niños comprenden las palabras tan bien como los adultos, los indios mohave de Kansas[96] compusieron un universo sensorial que para un bebé era apagado. Y a la inversa, como nuestra cultura occidental nos ha enseñado que los bebés son productos biológicos, durante las décadas posteriores a la Segunda Guerra Mundial nos dedicamos a garantizar los aspectos de higiene olvidando el despertar afectivo provocado por la sensorialidad de nuestras palabras. Esta cultura sin duda dejó en la memoria de los niños una huella de vulnerabilidad. En la actualidad, tras haber

95. Kagan, J., «Overview: Perspectives on Human Infancy», en J.D. Osofsky (ed.), *Hand Book of Infant Development*, Wiley, Nueva York, 1979.
96. Devereux, G., «Mohave Voice and Speech Mannerism», *Word*, 5, 1949, pp. 268-272.

descubierto que los bebés perciben sobre todo los rostros de los padres y una entonación verbal que les encanta, ese nuevo relato social, alimentado por los descubrimientos científicos, les construye un mundo sensorial mejor adaptado a su mundo mental. Esto explica la adquisición de una aptitud para la socialización que, en caso de infortunio, les ofrecerá un factor de resiliencia.

La personalidad de los padres selecciona en la cultura los relatos que más se adecuan, convirtiéndolos así en guías de desarrollo que se proponen a los niños. Por esta razón los bebés chinos se muestran muy atentos a las superseñales intensas, llenas de color y de ritmo, que proponen los ritos chinos. En cambio, a los bebés estadounidenses les exaspera un medio sonoro, incoherente para ellos, estimulante pero desorganizado, que los convierte en bebés hiperactivos. El medio sensorial que crispa a esos bebés está así organizado a causa de un mito que glorifica a los adultos que trabajan día y noche, saben afirmarse hablando en voz alta y no dudan en cambiar de trabajo, de casa y de pareja.

Esta ausencia de ritmos sociales impide la percepción de regularidades que estabilicen el mundo íntimo de los niños, y de objetos destacados que sirvan de intermediarios en su relación. En cambio, cuando la impresión de un apego seguro ha permitido adquirir un comportamiento de seducción, cuando la conquista de la estabilidad interna ha permitido aprender a socializarse adoptando comportamientos de ofrenda, cuando la sensorialidad verbal de los adultos ha hecho que el niño preste atención a los otros, entonces se pone en marcha uno de los factores de resiliencia más valiosos: el humor.

El humor no es para reírse

«La esencia del humor reside en el hecho de que uno sé ahorra los afectos a los que la situación debía dar lugar y se sitúa por encima de esas manifestaciones afectivas gracias a una broma», decía Freud.[97]

El afecto debería haber sido doloroso puesto que el acontecimiento fue cruel. Pero la manera de representarlo explicándolo con palabras o representándolo con mímica modifica el sufrimiento y lo transforma en sonrisa. Para darle un aire más científico, hoy en día formularíamos la idea de otra manera: hablaríamos de «remodelación cognitiva de la emoción asociada a la representación del trauma». Pero si preferimos ser simples, diremos llanamente que el humor es liberador y sublime, que es «la invulnerabilidad del yo que se afirma y que no solamente se niega a dejarse imponer el sufrimiento del exterior, sino que encuentra incluso el medio de convertir las circunstancias traumatizantes en un cierto placer».[98]

Esta idea a menudo es mal aceptada, como si fuera indecente reírse del propio sufrimiento. Es cierto que hay que tener mucho cuidado ya que cuando el humor fracasa, cuando se ha calculado mal el riesgo, la broma no tiene ninguna gracia y humilla a la persona herida. Sin embargo, el aspecto relacional de esta representación psíquica, que transforma un placer en desgracia, se observa todos los días en el teatro familiar del humor preverbal.

La joven madre que en el momento del parto acogió a su hijita diciendo a las enfermeras: «¡Hagan algo! ¿No ven que se va a morir?», se sentía demasiado desgraciada para manifestar el menor rasgo de humor. Sin capacidad de distanciamiento, se mantenía fijada al acontecimiento, como si de una urgencia trágica se tratara. Unos meses más tarde, la niña, excesivamente apegada a la madre, estaba siempre abrazada a ella y gritaba de terror en cuanto la madre se apartaba para atender a las cuestio-

97. Freud, S., *Le Mot d'esprit et ses rapports avec l'inconscient*, Gallimard, 1969, p. 129. [Hay trad. cast.: «El chiste y su relación con lo inconsciente», en *Obras completas*, vol. I, Biblioteca nueva, Madrid, 1967, p. 825.]

98. Szafran, A. W. y A. Nysenholc (eds.), *Freud et le rire*, Métailié, París, 1994, p. 16.

nes de la vida diaria. En cambio, una madre que se siente segura monta una representación para transformar las pequeñas desgracias. Cuando el daño no es demasiado grande, inventa un juego que transforma la pena, sopla ligeramente sobre el rasguño al tiempo que pronuncia una frase mágica, reformula con sus palabras el pequeño hecho doloroso, y todo el mundo se ríe.

Al dolor del rasguño no se añade el sufrimiento de la representación del rasguño. Más bien al contrario, la puesta en escena del «drama», al reformular la prueba, la transforma en teatro familiar y en victoria relacional. Es por eso por lo que «el humor no es para reírse»,[99] sino para transformar un sufrimiento en un hecho social agradable, para transformar una percepción que duele en una representación que hace sonreír.

La capacidad de convertir una prueba en virtud relacional se adquiere a edad sorprendentemente temprana. Desde los primeros meses, lo que provoca la sonrisa divertida de un bebé es el estrés de lo insólito. Un movimiento brusco, unos gestos inesperados, una música lingüística inhabitual desorganizan el mundo de las percepciones sometidas a un ritmo, y la sorpresa ansiosa se transforma en placer, siempre que el niño haya adquirido un apego seguro. Los temperamentos confusos gritan de terror ante lo insólito, los evitantes permanecen aparentemente impasibles y los ambivalentes dependen de las reacciones del entorno.

El humor preverbal de los primeros meses transforma la espera ansiosa en fiesta emocional. Podréis comprobarlo con el juego Al paso, al trote y al galope. A partir de los seis meses, el niño se echa hacia atrás sobre vuestras rodillas riendo cuando se anuncian las sacudidas que llegarán al tararear «al galope, al galope, al galope». La cancioncilla adquiere para él el valor de un signo que anuncia la sacudida de las rodillas. La sensación de humor motor procede de la espera ansiosa y alegre. Es lo mismo

99. Vaniestendael, S., «Humour et résilience», en *La résilience: le réalisme de l'espérance*, Coloquio en la Fundación para la infancia, 30 de mayo de 2000.

que hacemos los adultos al contemplar una película de Hitchcock, cuando sabemos que el intento de crimen se producirá en el momento de la sinfonía final, y esperamos que suenen los címbalos para amortiguar el ruido del disparo.[100] Igualmente, los pequeños espectadores del teatro de guiñol gritan de terror y de placer para avisar a la marioneta de que acaba de aparecer el gendarme.

Si un bebé espera lo insólito con regocijo es porque ya ha aprendido a convertirlo en algo familiar. Este triunfo emocional le divierte y le envalentona imprimiendo en su memoria que es posible reírse de un miedo, siempre que se convierta en una relación.

El humor de los primeros meses constituye un signo precursor del estilo de apego. La voz desfigurada del «Te voy a comer» escenifica la persecución y la captura,[101] pero el niño sabe que se trata de una voz desfigurada cuya extrañeza le divierte. Una voz realmente extraña le causaría inquietud, una voz totalmente familiar le aburriría. La alegría surge del desajuste de la voz familiar, algo extraña, que anuncia la persecución. Esa representación prepara al niño para familiarizarse con la inquietante extrañeza, de modo que cuando se encuentre en presencia de una persona desconocida no sentirá inquietud, porque ya habrá aprendido en sus primeros juegos que es capaz de familiarizarse con ella. Sabe por experiencia que puede vencer el miedo. Ha adquirido ya un factor de resiliencia preverbal.

Que la adquisición sea duradera no significa que sea definitiva, ya que puede surgir otro acontecimiento u otra relación que acabe con ella o la consolide. Ahora bien, esta aptitud es un enorme factor de resiliencia interna, puesto que el niño ha aprendido ya a protegerse de la rememoración de un trauma. Sabe que es capaz de superar una prueba. La pequeña cuya

100. Hitchcock, A., *El hombre que sabía demasiado* (película), 1956.
101. Stern, D., Conferencia en Dugnat, M., *Les Interactions précoces*, Aviñón, junio de 1997.

madre decía: «¿No ven que se va a morir?» jamás logró adquirir esta capacidad de distanciarse del trauma. Cualquier hecho era para ella traumatizante, puesto que el sufrimiento de su madre melancólica no le había permitido aprender a jugar con el miedo. La más mínima separación le resultaba trágica pues adquiría el significado de una pérdida total. En cambio, un niño que ha aprendido a jugar con el miedo, a reírse de él y a hacer que otros se rían, utiliza su pequeña tragedia para convertirla en una estrategia relacional. Deja de responder a los estímulos inmediatos y empieza a dominar su mundo de representaciones preverbales.

«El humor, por tanto, sirve para gestionar y liberar»[102] si se convierte en una representación social. A partir del décimo mes, un niño que juega a fingir ya ha aprendido a compartir su mundo. Si tiene una pena, se cae o se hace daño, es capaz de pedir la ayuda que necesita, sabe cómo transformar su pena en relación. En ese guión de petición de socorro, sus aliados son sus figuras de apego: padres, cuidadores o compañeros. Algunos adultos, encantados con estos comportamientos de búsqueda afectiva, se complacen en consolidarlos a veces en exceso. En cambio, a otros les horroriza el sufrimiento que ese guión evoca en su propia historia, desaniman al niño y le hacen perder ese factor de resiliencia.

Se necesita a otro para representar una obra. Se necesitan compañeros para dar la réplica y espectadores para aprobar nuestros esfuerzos. Cuando las figuras de apego no desaniman a los pequeños, se constata que aquellos bebés que han adquirido el humor son los que se convertirán, más tarde, en los jóvenes más creativos y los que más se divierten ante la aparición de hechos insólitos.

102. Aimard, P., *Les bébés de l'humour*, Pierre Mardaga, Lieja-Bruselas, 1988, p. 333.

La naturaleza del acontecimiento que hiere puede corresponder a todas las instancias de un mismo aparato psíquico: biológico, afectivo o histórico. No obstante, se puede desarrollar una resiliencia en cada nivel.

Cuando las alteraciones genéticas son severas, es difícil desarrollar una resiliencia, pero no es imposible. La patología más conocida de la que ya hemos hablado,[103] la PCU (fenilcetonuria), si no se trata, provoca un cociente intelectual inferior a 50. Y pese a todo, desde este nivel genético en el que el gen anormal está situado sobre el cromosoma 12, es posible desarrollar la resiliencia, ya que sorprendentemente encontramos esta anomalía en personas cuya inteligencia es normal.[104] Es probable que otros metabolismos hayan compensado este fallo genético.

En el retraso mental causado por el X frágil, síndrome descubierto recientemente, en cada generación se acumula una secuencia de tres bases sobre el cromosoma X, hasta que llega el momento en que, al impedir la expresión de los genes vecinos, esta acumulación provoca en los niños grandes dificultades en el contacto visual y un trastorno en la expresión personal; hiperactivos e impulsivos, estos niños hablan a toda velocidad y de repente se ponen a balbucear de forma incomprensible. Cuando el entorno reacciona vivamente a esta dificultad de expresión, el trastorno se agrava. Pero desde que se descubrió que estos niños se expresaban mal, pero comprendían bien,[105] los trastornos se han atenuado, porque el entorno adulto responde mejor a ellos.

En el síndrome de Williams ocurre más bien lo contrario. Una pequeña pérdida de material genético en el cromosoma 7

103. véase p. 48.
104. Plomin, R., J. de Fries, G. Mac Clearn y M. Rutter, *Des gènes au comportement*, De Boeck Université, Bruselas, 1999, p. 147.
105. Dykens, E. M., R. M. Hodapp y J. F. Leckman, *Behaviour and Development in Fragile X Syndrom*, Sage, Londres, 1994.

provoca un retraso mental enmascarado por una expresión oral correcta. De hecho, estos niños poseen una memoria musical sorprendente que les permite canturrear perfectamente largas frases cuyo significado no comprenden, pero que recitan a la perfección.[106]

Podríamos seguir enumerando trastornos de comportamiento regidos por los genes, que ya son susceptibles de resiliencia, bien sea mediante una modificación molecular, o bien a través de una mejora de los procesos interactivos. El simple hecho de comprender mejor el mundo mental de esos niños mejora la relación y se convierte en un factor de resiliencia. Por supuesto, esta resiliencia dista mucho de ser sistemática en este nivel de desarrollo en el que la coacción biológica todavía es fuerte, pero en ocasiones es posible. Cuando el trastorno biológico bloquea el desarrollo, la resiliencia resulta difícil, pero cuando se ha producido un desarrollo, aunque sea alterado, la resiliencia es posible. De modo que algunos niños afectados por encefalopatías graves han mejorado claramente sus comportamientos en cuanto se ha comprendido el significado de sus trastornos.[107]

Todo bebé adquiere el temperamento, el tipo de conducta, como consecuencia de una doble coacción. La pulsión genética le proporciona el impulso hacia el otro, pero es la respuesta del otro la que le propone una guía de desarrollo. Cuando la guía es estable, el estilo relacional se inscribe en la memoria del bebé y crea un modelo operatorio interno (MOI).[108] Y cuando sobre-

106. Bonvin, F. y M. Arheix, *Étude du comportement vocal et langagier dans le syndrome de Williams-Beuren*, Diploma universitario de etología, Universidad de Toulon-Var, 1999.

107. Guillemard-Lagarenne, B., «Les stéréotypes sont des "gestes communicatifs": l'organisation gestuelle d'un handicapé mental», en S. Santi, I. Guaïtella, C. Cavé y G. Konopczynski (eds.), *Oralité et gestualité*, L'Harmattan, París, 1998, p. 227 y aplicación práctica M. E. Villalobos y B. Savelli, hospital San Salvadour, Hyères, 1997.

108. Bowlby, J., «Attachment and Loss», *Attachment*, vol. I, Hogarth Press, Londres, 1969.

viene un hecho nuevo, el bebé se adapta a él y responde con el repertorio conductual adquirido anteriormente. Por consiguiente, en cada momento de su desarrollo psíquico, el bebé se vuelve sensible a objetos nuevos que antes no podría encontrar. Ese tipo de razonamiento es el resultado de la estimulación recíproca entre la etología y el psicoanálisis.[109] La psicología nos enseña que los comportamientos y las emociones solo pueden imprimirse en la memoria en un orden determinado y en momentos determinados.[110] A las huellas cerebrales no conscientes de los primeros años les sigue, hacia los dos años de vida, la memoria de las imágenes visuales y sonoras, a la que se añadirá la memoria de los relatos a partir de los cinco o seis años. Los mismos acontecimientos tendrán efectos traumáticos diferentes en cada etapa.

El primer ejemplo de un razonamiento de este tipo nos lo ofrece Anna Freud, que cuenta la historia de Jane, una niña de cuatro años que asiste a la guardería de Hampstead, en Londres, en 1941.[111] La niña, muy alegre y sociable, «encantada con la nueva experiencia», se derrumba por completo y se vuelve «inconsolable» cuando su padre muere y su madre tiene que ponerse a trabajar. La guardería, que había sido un lugar de alegres exploraciones cuando tenía a los dos padres, se convirtió en un lugar de tristeza en cuanto desaparecieron. Privada de la base de seguridad, cualquier exploración se transformaba en agresión. Su temperamento había cambiado. El apego seguro que antes manifestaba se trocó en hiperapego ansioso. Se fue acercando cada vez más a la madre superiora y, para complacer-

109. Parent, S. y J. F. Saucier, «La théorie de l'attachement», en E. Habimana, L. Ethier, D. Petot y M. Tousignant, *Psychopathologie de l'enfant et de l'adolescent*, Gaétan Morin, Montreal, 1999, p. 35.

110. Doré, F. Y., *L'apprentissage – une approche psycho-éthologique*, Stanké-Maloine, Montreal-París, 1983.

111. Freud, A. y Burlingham D., 1941, «Monthley Report of the Hampstead Nurseries», en I. Hellman, *Des bébés de la guerre aux grand-mères*, PUF, París, 1994, p. 4.

la, se convirtió en una buena alumna. No obstante, la menor pérdida suscitaba en la niña una tristeza anormal. En la época en que todavía tenía a los dos padres, la pérdida de objetos provocaba un comportamiento de búsqueda y luego, muy rápidamente, dirigía su atención a otra cosa. Desde la desaparición de los padres, cualquier pérdida se convertía en una prueba. Cuando era adolescente, la muerte de su gato provocó tal sufrimiento que dijo: «No debería haber gatos perdidos en el mundo».[112] Decidió ser veterinaria para «dar un gato a cada niño sin mamá». Cuando Jane tenía veintidós años, su madre decidió volverse a casar. De entrada, Jane se sintió feliz pero luego, con gran asombro por su parte, se hundió en una depresión colérica y dijo: «Es como si hubiera perdido a mi madre». No logró curarse hasta que ella tejió también una relación afectiva estable.

Este primer estudio catamnésico, que asoció una prolongada observación directa con una psicoterapia, permite mostrar cómo una privación precoz crea un movimiento de vulnerabilidad que exige una compensación para reequilibrarse. El traumatismo inscribe en la memoria una huella biológica que se oculta bajo los mecanismos de defensa, pero que no desaparece. Jane luchó con éxito contra la desesperación de la pérdida afectiva. Supo ganarse el cariño de la madre superiora, convertirse en una buena alumna, cuidar a los animales, ofrecerlos como sustituto afectivo a los niños huérfanos, luchar por su causa, tener muchos amigos y dar un sentido a su vida. Hasta el día en que, a los veintidós años, la huella mnésica de la pérdida afectiva despertó cuando su madre contrajo nuevo matrimonio. Y sin embargo, Jane había deseado esa boda. Esta vulnerabilidad la forzó a buscar una estabilidad afectiva con su marido, que le devolvió nuevamente el equilibrio... «No obstante, las observaciones de su desarrollo y la evaluación de su personalidad actual muestran que el traumatismo ni detuvo el desarrollo en curso ni dejó una huella dolorosa en la vida adulta», dice Ilse Hellman,

112. *Ibid.*, p. 49.

que debería haber añadido: «porque se habían establecido guías de resiliencia».

En ocasiones, el desarrollo del niño se detiene aunque su entorno le tiende la mano. De pronto, el pequeño ya no comprende que lo que percibe en el cuerpo del otro expresa su mundo íntimo. Deja de fingir, evita la mirada de sus figuras de apego y ya no siente el deseo de señalar con el dedo objetos destacados para compartir un acontecimiento. Estos tres comportamientos revelan la existencia de un trastorno grave.[113] Cuando Baron-Cohen envió 16.000 cuestionarios a madres que tuvieran hijos de dieciocho meses con objeto de comprobar si, en ese momento de su desarrollo, los habían adoptado estos tres comportamientos, registró 112 fracasos. Cuando, un mes más tarde, llamó por teléfono a los padres, pudo constatar que solo 44 niños permanecían aún bloqueados. Al examinar esta muestra de población, observó 32 casos de retrasos en el desarrollo por razones diversas: enfermedad del niño o de la madre, aislamientos prolongados, accidentes de la vida. Catorce niños se recuperaron de este retraso en cuando se tomó conciencia del mismo, pero se diagnosticaron diez casos de autismo a los diecinueve meses, cuando habitualmente se confirman hacia los tres años y medio. Tan solo tres gestos (dejar de sostener la mirada, de fingir y de señalar) permiten detectar muy pronto un estancamiento grave en la construcción de la personalidad.

Cuando la relación conjunta destruye la construcción

En ocasiones, el niño se desarrolla correctamente, pero su entorno falla. La señora Blos sufría una grave depresión cuando trajo al mundo a la pequeña Audrey. A los doce meses, la niña

113. Baron-Cohen, S., J. Allen y C. Gilliberg, «Can Autism Be Detected at 18 Months? The Needle, the Haystack and the CHAT», *British Journal of Psychiatry*, 161, 1992, pp. 839-843.

no sabía obtener seguridad con otra persona que no fuera su madre. Cuando esta conseguía reunir fuerzas suficientes para ocuparse de la niña, la pequeña se abalanzaba sobre ella para abrazarla o golpearla, en una manifestación de hiperapego ansioso y ambivalente.[114]

Cuando se observa de forma regular a los hijos de madres depresivas, se comprueba la existencia de interacciones empobrecidas.[115] El sufrimiento de la madre prepara mal para la relación conjunta,[116] y no permite que el niño adquiera los comportamientos de seducción que hacen que a los adultos les produzca placer ocuparse de él. Sus intercambios de miradas son breves, en un contexto de mímicas faciales rígidas y carentes de expresión de placer. Las palabras de la madre son escasas y monocordes. La respuesta del niño consiste en unos balbuceos débiles, breves y sin entonación. Incluso las relaciones corporales, escasas y distantes, se desarrollan con frialdad, como simples contactos obligados, sin comunicación afectiva ni placer compartido.

Al llegar a la edad adulta, Audrey seguía preguntándose por qué no podía evitar seducir a su madre, que se mostraba tan fría con ella y tan cálida con su hermano. Hasta que un día, a la edad de cincuenta y nueve años, decidió preguntárselo a su madre, ¡que tenía ochenta y tres! A la madre no le sorprendió la pregunta y hasta se extrañó de no haber intentado nunca antes resolver ese problema. En pocas frases, le confió su inmenso sufrimiento cuando Audrey nació. Su marido se había desinteresado de su embarazo, ya que prefería consagrarse a su carrera artística y a

114. Murray, L., «The Impact of Post-natal Depression and Associated Adversity on Early Mother-Infant Interactions and Later Infant Outcome», *Child Development*, 67, 1996, pp. 2512-2526, en A. L. Sutter, «La dépression post-natale. Ses conséquences sur la relation mère-enfant», *Abstract Neuro-Psy*, n.º 18, 1998.

115. Perard, D. y A. Lazartigues, «Une mère dépressive et son nourrisson», *Psychiatries*, n.º 86, 1989, pp. 43-49.

116. Tourette, C., *Apprendre le monde et apprendre à en parler*, Tercera jornada científica de la escuela de ortofonía de Lyon, 24 de noviembre de 2000.

su propia madre. Audrey oyó de labios de su madre: «Quise matarte para llevarte conmigo, para que no sufrieras como yo... Luego, siempre me recordaste el sufrimiento. Cuando te veía, me sentía desesperada. Tú fuiste una buena alumna... Y yo no pude serlo... Tenía celos de ti... Tu hermano llegó cuando ya había superado la tristeza... Había desistido en mis intentos de lograr el amor de tu padre... Tu hermano es el hijo de la felicidad... Después todo siguió igual... Era el único al que podía amar...».

Esta situación clínica bastante frecuente confirma hasta qué punto una representación íntima en el mundo de la madre organiza en torno al niño una burbuja sensorial que imprime en él un temperamento vulnerable o rico en resiliencia. Pero sobre todo ilustra hasta qué punto el padre participa en la resiliencia. Un marido que desertiza el mundo de la madre hace que esta desertice a su hijo. Y a la inversa, un hombre que desea desempeñar su función de marido y de padre reconforta a la madre y participa en el triángulo. Ahora bien, el mundo sensorial que se imprime en el niño no es en absoluto igual en una burbuja de dos que en un triángulo. En una burbuja, el niño se halla deliciosamente capturado por una figura de apego, que posee el monopolio de las relaciones afectivas. Su mundo con la madre se cierra en torno a una figura dominante, mientras que el mundo exterior se vuelve sombrío, carente de interés y hasta inquietante. Esta burbuja afectiva monosensorial crea una especie de «impotencia adquirida» en la que, más tarde, el adolescente solo habrá aprendido a ser atendido en la dulce prisión afectiva materna, y no habrá descubierto cómo establecer una relación de otro estilo. Cualquier elemento extraño le resulta inquietante y la extrema familiaridad, exasperante. Esos niños-burbuja dan lugar a numerosas depresiones en la edad adulta, ya que se encuentran ante una alternativa imposible: deben elegir entre la exasperación que provoca el apego y el miedo que suscita la falta de apego.[117]

117. Satto, T., «Received Parental Styles in a Japanese Sample of Depressive Disorders», *British Journal of Psychiatry*, 170, 1997, pp. 173-175.

Es lo que le sucedió al hermano de Audrey, que tampoco se desarrolló bien, aunque su sufrimiento no era el mismo que el de su hermana. A la desesperación de Audrey por no ser amada se oponía la exasperación de su hermano asfixiado por el amor. Si el padre hubiera estado en su lugar, ¿habría sabido reconfortar a la madre de Audrey y abrir la prisión afectiva del hermano?

«Desde que surge el deseo de tener un hijo y durante el embarazo, la pareja inicia negociaciones, tanto mentales como conductuales, para hacer sitio a un tercero...» Se construye así el «nido triádico»,[118] dice Martine Lamour. En ese triángulo, el niño deberá aprender a amar de distintas formas. Su madre no será la misma si está sola o si ama a otra persona. En el primer caso, aprenderá a recibir pasivamente las raciones afectivas de una proveedora de bienes. En el segundo, tomará conciencia de una diferencia de estilo, aprenderá dos formas de amar, establecerá el apego a una madre viva y menos sumisa, porque tendrá a otra persona a la que amar. Así que deberá aprender a seducirla si quiere ser amado, en vez de exigírselo; se convertirá en actor de su conquista afectiva. Acabamos de ver la descripción del apego seguro en que el niño en situación de pérdida va a buscar a la persona extraña con el objeto de transformarla en sustituto afectivo.

Y más aún: el simple hecho de que el bebé aprenda a tejer dos vínculos de formas sensoriales diferentes le prepara para la «afiliación cultural».[119] Si ama a un padre y a una madre, se interesará más tarde por sus familias y por sus historias. Al descubrir sus dos orígenes, aprenderá una especie de método comparativo que le incitará al descubrimiento de la diferencia, a sus exploraciones afectuosas y, por tanto, a la tolerancia.

118. Lamour, M., A. Gozlan-Longchampt, P. Letronnier, C. Davidson y S. Lebovici, «De la microanalyse à la transmission familiale: des interactions triadiques père-mère-bébé à la triangulation intergénérationnelle», *Bulletin Waimh*, vol. 4, n.º 2, noviembre de 1997.

119. Lebovici, S., *À propos de la transmission intergénérationnelle: de la filiation à l'affiliation*, Alocución presidencial, Congreso WAIPAD, Chicago, 1992.

A la estabilidad de las presiones afectivas que modelan el temperamento del niño e imprimen en él una clara separación del mundo, el triángulo añade la apertura a la toma de conciencia, puesto que hay dos sexos, dos orígenes, dos formas de amar, dos mundos mentales y dos culturas. Surge una posibilidad de elección que algunos designan ya con la palabra «libertad».

Cuando en este estadio del desarrollo sobreviene una fractura, la libertad se detiene porque el edificio psíquico está en ruinas. Sin embargo, es tal el flujo vital que, al igual que un río, el niño reanudará el curso de su desarrollo en una dirección que habrá sido modificada por el trauma. Para que el flujo vital momentáneamente interrumpido por el accidente pueda reanudar su curso, es necesario que el niño sufra menos por su herida, que su temperamento haya estado bien imprimido por su medio precoz, y que en torno al pequeño herido se hayan dispuesto algunas guías de resiliencia.

Se conoce la causa, se conoce el remedio y todo se agrava

Desde que Anna Freud, René Spitz y John Bowlby,[120] durante la Segunda Guerra Mundial, pusieron de manifiesto la necesidad de afecto para el desarrollo de los niños, podríamos pensar que habiendo hallado la causa y disponiendo del remedio, ese tipo de sufrimiento motivado por una carencia afectiva desaparecería. Y, en cambio, ocurre lo contrario. La depresión precoz y las carencias afectivas no solo no han desaparecido, sino que aumentan e incluso en las familias acomodadas, según constata Michaël Rutter.[121]

120. Spitz, R., (prólogo de Anna Freud), *La première année de la vie de l'enfant (genèse des premières relations objectales)*, *op. cit.*, pp. 117-125.
121. Rutter, M., *Maternal Deprivation Reassessed*, Harmondsworth, Penguin, Londres, 1981. [Hay trad. cast.: *La deprivación materna*, Morata, Madrid, 1990.]

Sabemos que la mayoría de los trastornos son reversibles, sabemos lo que hay que hacer, lo hacemos... ¡y el número de carencias afectivas aumenta! La explicación es clara. Las carencias provocadas en los años 1950 por la falta de afecto en los hospitales y en las instituciones han disminuido enormemente en los países desarrollados. Conocemos los síntomas, y los clínicos saben detectar hoy una depresión precoz del bebé en cuanto aparece el primer signo de «retraimiento relacional».[122] Antes de llegar al cuadro trágico del bebé abandonado, inmóvil, paralizado, sin mímicas faciales, con la mirada ausente, que no come ni duerme, se puede observar una ligera lentitud de respuesta, un repliegue sobre sí mismo, «un vínculo de apego melancólico entre un bebé de mirada fija y una madre de mirada perdida».[123] Si ese retraimiento se interpreta como un rasgo de temperamento propio de un niño bueno, permitiremos que se desarrolle un auténtico cuadro de depresión, ya que se acaba de dar una buena razón para no ocuparse de un niño que está iniciando la caída. Pero si se acepta la idea de que un niño ha de hacer tonterías para demostrar su alegría de vivir, ese retraimiento será motivo de preocupación.

De hecho, nunca hay una única causa. Cuando una madre está sola con su bebé y está deprimida, transmite su sufrimiento. El niño deja de jugar, su desarrollo se ralentiza y cualquier novedad le causa inquietud. En un grupo reducido de treinta y cinco bebés que estuvieron inmersos durante dos años en la depresión de su madre, hubo catorce veces más trastornos de desarrollo que en el grupo de control.[124] Pero el problema es este: ¿es normal que una madre esté sola con su bebé?

122. Guedeney, A., «Dépression et retrait relationnel chez le jeune enfant: analyse critique de la littérature et propositions.», *La psychiatrie de l'enfant*, 1, 1999, pp. 299-332.

123. Marcelli, D., «La dépression dans tous ses états: du nourrisson à l'adolescent», *Neuropsychiatrie de l'enfance et de l'adolescence*, 47, 1999, pp. 1-11.

124. Stein, A., «The Relationship between Post-natal Depression, and Mother-child Interaction», *British Journal of Psychiatry*, 158, 1991, pp. 46-52.

Cuando las madres se curan proponen a su hijo una ecología sensorial más estable y más estimulante. Ahora bien, a partir de la octava semana, un niño percibe preferentemente una figura de apego. Si este objeto es estable, el niño, al apegarse a este objeto de amor, estabilizará sus comportamientos y aprenderá las primeras características de su temperamento.[125] La plasticidad del desarrollo se encargará de hacer el resto, ya que el flujo vital es muy poderoso. Por consiguiente, el origen de la detención en el desarrollo no hay que buscarlo en la depresión de la madre, tan frecuente en la actualidad,[126] sino más bien en la causa de su depresión. A algunas mujeres les cuesta recuperarse del trastorno hormonal que supone el embarazo y el parto, ya que las hormonas tienen a menudo un efecto euforizante. Muchas madres jóvenes se sienten vacías después de haber dado a luz; el embarazo había llenado su vida de tal modo que el parto provoca a veces una sensación de pérdida, o más frecuentemente de vacío, como el que experimentan los estudiantes tras haberse preparado intensamente para una oposición. Al día siguiente se sienten inútiles en vez de liberados. No obstante, las causas más frecuentes de la depresión posparto son de tipo conyugal, histórico o social.

Se puede hablar de causas conyugales cuando el padre se esconde y lleva el bebé a su propia madre… o cuando desprecia a su mujer porque no sabe cuidar a un recién nacido. Con este comportamiento, el padre modifica la manera como la madre crea la burbuja sensorial que rodea al bebé.

Son causas históricas cuando la madre atribuye a su hijo un significado maléfico: «Se parece a mi padre que tanto me pegó», o «Me impide regresar a mi país». En esos casos la madre actúa con su hijo de una forma adaptada a esta representación dolorosa que procede de su pasado.

125. David, D. y G. Appel, «Études des facteurs de carence affective dans une pouponnière», *Psychiatrie de l'enfant*, IV, 2, 1962, pp. 401-442.

126. Najman, J. M., «Social Psychiatry and Psychiatric Epidemiology», en *Abstract Psychiatry*, n.º 214, abril de 2000.

Finalmente, hablamos de causas sociales cuando nuestra evolución tecnológica o nuestras leyes cambian la condición de las madres. En la época en que las relaciones madre-hijo se comprenden mejor que nunca, los bebés nunca han estado tan solos. Los estudios sobre las separaciones revelan una clara escisión entre los discursos colectivos, que prestan gran atención a los niños, y la burbuja conductual que los modela y que se manifiesta sin que nos demos cuenta. En Italia, solo el 8 % de los niños de edades comprendidas entre uno y tres años no están cuidados por su familia, frente al 40 % en Estados Unidos y el 50 % en Francia.[127]

Por supuesto, las guarderías y otras instituciones donde se cuida a los más pequeños han hecho progresos fantásticos. Los niños se desarrollan allí muy bien, hasta el punto que muchas jóvenes madres se sienten desvalorizadas y creen que las profesionales son más competentes. «¡Que llegue pronto el lunes! ¡Que mi hija vuelva a la guardería! Allí es más feliz que conmigo», una frase que se oye cada vez más. Hay una enorme diferencia entre ciertas instituciones, por ejemplo de China, Rusia o Rumanía, donde los niños están aparcados sin recibir ningún cuidado, esperando la muerte, y otras donde a veces están mejor atendidos incluso que en casa, como ocurre en Francia. Nada tiene que ver con la película de los Robertson, de 1952,[128] donde se ve la conducta desesperada de un niño desgarrado por una breve separación. No obstante, veinte años más tarde, en 1974, los estudios conductuales todavía revelaban que los niños de las guarderías manifestaban casi todos, a los dos o tres años, un apego inseguro.[129] Se produce un cambio radical a partir de 1980, cuando ese tipo de apego ya no aparece en los niños de las guar-

127. Stork, H., «Les séparations mère-enfant», *Enfance*, n.° 41, 1988.
128. Robertson, J., *Guide provisoire pour «Un enfant de deux ans va à l'hôpital»*, 1952, película científica, Londres, Tavistock Clinic, diciembre de 1953.
129. Pierrehumbert, B., W. Bettschart y F. Frascarolo, «L'observation des moments de séparation et de retrouvailles», *Dialogues*, n.° 112, 1991.

derías. Los cuidados dispensados por unas puericultoras motivadas y cada vez más competentes ha cambiado la burbuja que sustituye a la madre. Y, sobre todo, los niños que se confían a las guarderías ya no son hijos de las clases pobres; incluso diríamos que ocurre lo contrario: son hijos de mujeres acomodadas, con un buen desarrollo e implicadas en la vida social. Ahora bien, incluso cuando los niños son confiados a las guarderías, la figura de apego sigue siendo la «madre-rodeada de afecto». Cuando esta base de seguridad está bien impresa en el temperamento del niño, la guardería se convierte en una propuesta de desarrollo y en una conquista estimulante.

Esta mejora de la condición de las madres y de sus bebés plantea, sin embargo, un problema: la expansión se desarrolla sobre el filo de la navaja. Si la madre no es feliz en el trabajo, se encuentra de nuevo en una situación de transmisión de la desdicha, y si las guarderías son demasiado grandes o, como ocurre en nuestras sociedades urbanas, están organizadas de forma «anómica»,[130] sin estructuras espontáneas, sin rituales de interacción ni hábitos, los niños se tornan vulnerables a la menor separación. Aprenden a tener miedo de la pérdida y se defienden desarrollando un tipo de apego frío y distante que les encamina hacia una afectividad poco intensa. Este arte de amar poco les protege del sufrimiento de amar mucho. Pero la vida se vacía de su sabor, como una amputación que también preserva del mal. Ahora bien, nuestra urbanización mundial, nuestras carreras sociales inestables, crean medios cambiantes y guarderías anómicas donde todo cambia constantemente.

Esto es lo que ocurre entre los marinos de la Armada[131] o los altos funcionarios que cambian bruscamente de residencia

130. Melhvish. E. C., «Étude du comportement socio-affectif à 18 mois en fonction du mode de garde, du sexe et du tempérament», en B. Cramer (ed.), *Psychiatrie du bébé, nouvelles frontières*, Eshel, París, 1988.

131. Delage, M., «Vie du marin et sa famille. Quelques réflexions éco-systémiques», *Médecine et Armées*, 27, 1, 1999, pp. 49-54.

cada dos o tres años. Los intereses de la empresa no coinciden forzosamente con los de la familia y con los de los niños. No da tiempo a tejer un vínculo, a establecer una lealtad.[132] No es descabellado pensar que un día el Estado eduque a nuestros hijos. Lo ha hecho siempre de forma insidiosa cuando obligaba a pasar toda la vida en la misma granja, a tener una sola lengua y una sola creencia, y cuando decidía la carrera de los jóvenes imponiendo circuitos sociales diferentes para los ricos y para los pobres, para los primogénitos y para los segundones, para los chicos y para las chicas. Pero en aquella época el padre era el representante del Estado en la familia y la madre aprendía casi siempre a respetar la ley de su Dios. El Estado gobernaba a través de la familia, lo que no era anómico, sino todo lo contrario.

Hoy en día, cuando la tecnología exige continuar los estudios y facilita el desarrollo de las personalidades, los vínculos se tornan débiles y las estructuras familiares menos coercitivas. ¿Veremos muy pronto crecer a nuestros hijos fuera de las familias?

Virginidad y capitalismo

Por supuesto, el proceso comenzó hace tiempo en Europa, cuando la noción de padre biológico nació a la vez que la idea de posesión de un bien. Los hombres sin bienes y sin nombre no tenían nada que legar. El pueblo conocía al tipo que había engendrado al niño, pero ese padre parecía transparente comparado con la opacidad del que era propietario de una tierra, un castillo o una tienda que podía dejar en herencia. «En ese contexto social, el himen se convertía en la firma de la paternidad.»[133] Cuando la mujer era virgen y se la encerraba después

132. Sennet, R., *Le travail sans qualités*, Albin Michel, París, 2000.
133. Kniebiehler, Y., *Conférence*, Relais Peiresc, Toulon, noviembre de 1991.

del matrimonio, la probabilidad de ser el padre biológico de los hijos que ella llevaba en su vientre era casi total, siempre que las relaciones extramatrimoniales se considerasen un crimen capital.

Los niños que nacían en semejante contexto social tenían a su disposición guías de desarrollo realmente muy distintas. En algunos pueblos de África ecuatorial, se dice que «se necesita todo un pueblo para criar a un niño». Las funciones del padre se distribuyen entre todo un equipo de hombres: uno enseña a trabajar la tierra, otro a cazar; el antepasado pide cuentas y otro enseña a transgredirlas. Las mujeres se organizan para ayudarse mutuamente, pero la madre biológica se mantiene como la figura de apego destacada. En caso de que sobrevenga una desgracia, es la que conserva el poder de consuelo más eficaz y a ella se dirige el niño, pese a contar con una gran diversidad de apegos.[134] Un niño que se queda huérfano en ese contexto no tendrá el mismo destino que aquel que, en otra cultura, al perder a su padre se ve desposeído de toda identidad y de toda herencia, y tendrá grandes dificultades para socializarse.[135]

En un grupo humano donde los vínculos son muy estrechos, la desaparición de un tutor es compensada por otro. Pero en una cultura en la que el propietario exige la virginidad y el aislamiento social de su mujer para ser un «padre casi seguro», del mismo modo que ella es «madre segura», el tutor constituye un vínculo exclusivo. En este caso su desaparición destruye al niño. Incluso hay países, como Bangladés, donde un niño que pierde a su padre es considerado totalmente huérfano y es

---

134. Mimouni, B., «Observation du comportement des enfants élevés dans des familles polygames», en *Réparer le lien social déchiré*, VII coloquio internacional de la resiliencia, Salon-de-Provence, 26 de mayo de 2000.

135. Mimouni, B., *Devenir psychologique et socio-professionnel des enfants abandonnés à la naissance en Algérie*, Tesis doctoral, Universidad de Orán Es-Senia.

arrebatado a la madre para confiarlo a una institución anónima.[136] Un huérfano de padre africano tiene muchas más posibilidades de convertirse en resiliente que un huérfano de padre bangladesí. Ahora bien, las culturas cambian continuamente y, si no cambian, mueren. La generosidad africana queda difuminada actualmente como consecuencia de las crisis económicas, políticas y sanitarias. En Ruanda, tras el genocidio, los adultos consideran brujos a los niños abandonados. Les tienen miedo y encargan a los camiones militares que se los lleven.[137]

En lo que respecta a Occidente, ¡se ha sustituido la anatomía del himen por la prueba del ADN! ¡La «firma biológica» señala al que ha hecho la faena y tiene que pagar! Un padre sin ningún tipo de vínculo y puede que hasta ignorante de la existencia del hijo se ve obligado por ley a transmitirle sus bienes o a pagar una pensión.

La virginidad, que era una obligación capitalista impuesta a las mujeres para asegurar la transmisión de bienes, es sustituida por el ADN, obligación individualista impuesta a los hombres para pagar su delito. Un futbolista famoso acaba de ser condenado a pagar una pensión a una mujer que le había señalado como «padre», es decir, como el hombre que había cometido el delito sexual. Su negativa a someterse a la prueba de ADN fue considerada como un reconocimiento de la paternidad, del mismo modo que en la época medieval los regidores y los jueces exhortaban a las mujeres a «denunciar a los padres» a fin de obligarles a ingresar en la familia para ocupar en ella su lugar. Hoy en día, el poder separador del dinero permite al hombre mantener las distancias afectivas... a condición de que pague. Y la tecnología punta se pone al servicio de las mujeres para asumir esa clase de... «vínculo».

136. Minkowski, A., *Souvenirs futurs*, Châteauvallon, abril de 1995.
137. Jacquet, F., Coloquio *Résilience*, Fundación para la infancia, Royaumont, 25-26 de octubre de 2000.

El vínculo superficial se convierte en un valor de adaptación a una cultura técnica. Aparentemente se trata de un problema afectivo, pero en realidad se trata de un discurso social. Las representaciones culturales, las leyes que privilegian a un sexo o ponen obstáculos al otro, también participan en la burbuja sensorial que rodea al niño. Los orfelinatos rumanos para niños «incurables» ofrecían pocas guías de resiliencia porque había en ellos muy poco sentimiento humanitario. Hasta el día en que los responsables políticos de ese país comenzaron a valorar a las familias de acogida. Algunas campesinas, algunas familias, algunas instituciones que lograron modificar la idea que su cultura se hacía de esos «niños monstruos» cambiaron su futuro. En cuanto se les propuso un vínculo, una gran mayoría de ellos, incluso los que estaban aparentemente muy alterados, supieron aprovecharlo y reanudar a pesar de todo su desarrollo.[138] Un puñado de cuidadores cambió la representación colectiva, y modificó así el medio y el trato dispensado a esos niños. Al dejar de considerarlos como monstruos, se sorprendieron de verlos evolucionar como niños. Desde luego, esos niños padecían graves heridas, pero al menos volvían a vivir, a amar y a aprender, como si quisieran darnos la siguiente lección: «Cuantos más lugares de acogida haya, menos cárceles y centros de internamiento habrá».

Cabe imaginar que en la época de los cazadores-recolectores, las mujeres no tenían marido ni los niños padre. El triángulo sensorial debió organizarse en torno a la madre, figura central de apego, y en torno a un círculo de mujeres, rodeadas a su vez de hombres. La condición de huérfano, que era muy frecuente, no modificaba demasiado este entorno. «Esas familias del Antiguo Régimen que dan tanta sensación de solidez a menudo son familias inestables, incompletas, "hechas trizas"; debido a que se van sucediendo las muertes, las parejas se desha-

138. Stan, V., «Un lien nouveau: "défi ou déni" pour les bébés abandonnés», en *Réparer le lien déchiré, op. cit.*

cen y se rehacen. En el siglo XVIII, por ejemplo, más de la mitad de las uniones (51,5 %) duraban menos de quince años, más de la tercera parte (37 %) menos de diez años, a causa de la muerte de uno u otro cónyuge... especialmente del elevadísimo índice de mortalidad de las mujeres entre veinte y cuarenta años.»[139] Eso explica que un hombre pudiera casarse tres o cuatro veces sin divorciarse jamás. En ese contexto, en el que se lleva luto por un pariente prácticamente cada seis meses, la familia daba impresión de solidez, porque cada vez que sufría una pérdida se recomponía, se formaba de nuevo para ofrecer a sus hijos un triángulo sensorial estable y apropiado.

Por este motivo la muerte del padre tendrá efectos devastadores en un triángulo y una cultura determinados, mientras que en otra pareja y en otra cultura el niño herido podrá comenzar de nuevo.

El padre precoz, rampa de lanzamiento

La presencia del padre precoz en el triángulo permite al bebé adquirir una capacidad de socialización que, en caso de que sobrevenga una pérdida posterior, ofrecerá al niño un factor de resiliencia. El defensor actual de la figura del padre es Jean Lecamus, que ha estudiado los efectos, no del padre social sorprendentemente diferente según las culturas, ni del padre simbólico que nace de la palabra, sino del padre real, el que lava al bebé, juega con él, le alimenta, le regaña y le enseña. La mera presencia de ese padre de carne y hueso tiene un efecto de «rampa de lanzamiento».[140] Las condiciones sensoriales del padre y de la madre son biológicas en ese estadio del desarrollo. Pero la sensorialidad no tiene la misma forma, ya que no es igual en un varón que en una mujer.

139. Capul, M., *Abandon et marginalité*, Privat, Toulouse, 1989, p. 76.
140. Lecamus, J., *Le vrai rôle du père*, op. cit., p. 41.

Las madres sonríen más, vocalizan más, pero mueven menos al bebé. Son más intelectuales y más dulces. En cambio, los padres silenciosos, de mímicas serias, hacen dar saltos al niño y juegan al ascensor con él, cosa que suele provocar grandes carcajadas.[141] Ahora bien, esos dos estilos sensoriales distintos dan lugar, unos meses más tarde, a efectos socializadores distintos. «A través de sus bromas y sus intentos de desestabilización, el padre incita al niño a adaptarse a la novedad.»[142] Este efecto socializador «rampa de lanzamiento» le prepara en cierto modo para exponerse al riesgo, que las madres moderan con su presencia sonriente y expresiva.

Guiado por medios sensoriales distintos, el niño aprende a dirigirse a cada progenitor de una manera característica, y esta disparidad es una forma de toma de conciencia. El niño descubre dos figuras de apego diferentes pero asociadas. Si se produce una pérdida afectiva, temporal o duradera, si los padres tienen que ausentarse o si por desgracia desaparecen, el hecho de haber sido modelado en un triángulo cuyos componentes están asociados pero son diferentes habrá enseñado al bebé un comportamiento de actividad social que constituye un factor de resiliencia.[143] El simple hecho de que el padre y la madre hayan imprimido en su hijo una manera de establecer relaciones distintas le ayudará, si sobreviene una desgracia, a mejorar sus intentos de nueva socialización. Si, por ejemplo, hay que colocar a un niño de veinte meses en un medio de sustitución, ya habrá aprendido a orientar sus demandas de acción hacia los hombres y sus demandas de relación hacia las mujeres. Esos niños,

141. Lecamus, J., «Le dialogue phasique: nouvelles perspectives dans l'étude des interactions père-bébé», *Neuropsychiatrie de l'enfance et de l'adolescence*, n.º 43, 1995, pp. 53-65.

142. Lecamus, J., *op. cit.*, p. 42.

143. Bourcois, V., *L'influence du mode d'engagement du père sur le développement affectif et social du jeune enfant*, Tesis de psicología, Universidad de Toulouse, 1993.

imprimidos por un padre real, han aprendido a familiarizarse con la novedad.

Existen culturas en las que los niños no tienen padre. Si un grupo de mujeres cuida a los pequeños, el triángulo podrá seguir funcionando porque hay algún otro —mujer u hombre— que acepta formar parte de él. Pero si la personalidad materna lleva a la madre a «hacer un hijo para mí sola», el resultado no será la apertura del triángulo sino una relación de dominio, deliciosa al principio y de hartazgo hasta la náusea más tarde.

En ocasiones una madre está sola porque su marido ha muerto o se ha marchado. En este caso, el triángulo podrá existir igualmente si otro hombre pasa a ocupar la plaza del ausente y si la madre hace revivir al muerto con objetos, fotografías y relatos que convertirán al padre en un héroe,[144] o si una abuela, una tía o una amiga están dispuestas a formar parte del juego del triángulo.

La sexualización de los roles es tanto biológica como histórica y social. La carencia también está sexualizada: perder al padre en un estadio preverbal supone dificultar la toma de conciencia y frenar la socialización. No obstante, la alteración depende asimismo del sexo del niño. Al parecer, los niños sufren más que las niñas. ¿Tal vez porque estas al identificarse con la madre pueden seguir desarrollándose en un mundo femenino en el que se sienten a gusto? En cambio los niños, si se identifican con la madre, deberán un día separarse de ella so pena de experimentar la angustia del incesto. Ahora bien, si la cultura no dispone en torno a esos niños algunas guías de desarrollo que les ayuden en esa separación, no encontrarán más soluciones que la inhibición o la explosión.

Para precisar mejor esta idea, Lévy-Shiff[145] sometió a observación a 20 niñas y 20 niños cuyo padre había muerto antes de

144. Sairigné, G. de, *Retrouvailles. Quand le passé se conjugue au présent*, Fayard, París, 1995.

145. Lévy-Shiff, R., «The Effects of Father Absence on Young Children in Mother-headed Families», *Child Development*, 53, 1982, pp. 1400-1405.

que nacieran, y comparó durante tres años el desarrollo de esta población con el de 139 niños de la misma edad y del mismo medio. El resultado fue que todos los niños sin padre desarrollaron un apego excesivo a la madre. Al hacerse más dependientes, menos exploradores y más emotivos, resultaban difíciles de consolar en caso de una separación cualquiera. A pesar de tener una madre que idealizaba a menudo al marido desaparecido, el padre real había faltado y los niños en general se volvían menos autónomos y más conformistas. Se sometían a una madre agobiada a la que agredían en caso de frustración.

Cuando el padre muere tras haber desempeñado la función de padre real, los niños ya han adquirido algunos factores de resiliencia: saben ir a buscar al o a la que les servirá de tutor. Arno Petersen hizo el seguimiento de un grupo de 18 niños y 9 niñas criados desde su nacimiento por una madre sola y lo comparó con otro grupo de 10 niños y 18 niñas que, en sus primeros meses de vida antes de la muerte del padre, habían recibido la impresión de un triángulo parental. El grupo de niños que había carecido totalmente de padre se había apegado a la madre, por la que manifestaban un amor hostil, mientras que los que habían conocido a los dos padres, aunque no conservaran el recuerdo, guardaban las huellas que les habían hecho más exploradores y sociables, sobre todo los chicos.[146]

Esta evaluación de la influencia de los padres permite decir que hoy en día un padre biológico puede ser sustituido por otro macho o por una pistola de inyección. Pero el padre real ha de marcar su impronta sensorial en las huellas mnésicas de sus hijos, sobre todo de los chicos, para convertirlos en niños que sepan divertirse con las relaciones y la búsqueda de la novedad.

146. Petersen, F. A., «Does Research on Children Reared in Father-absent Families Yield Information on Father Influence?», *The Family Coordinator*, 25, 1976, pp. 459-464.

Ahora bien, ni todos los padres sienten el deseo de ser padres reales ni todos tienen la posibilidad de serlo. Pueden morir y no existir más que en la representación, lo que provoca un desarrollo especial. El ideal maravilloso de un padre héroe que no envejece nunca empuja al niño a explorar mejor lo imaginario que lo real, a no estar atento a las relaciones tal como son, y exponerse así a no ver un peligro que se anuncia.

Como cualquier desarrollo ha de producirse forzosamente en la propia cultura, un hombre puede desear no ser padre porque su historia le induce a pensar que le producirá demasiada angustia, o porque su cultura vacía completamente de significado la función paterna.

Paradójicamente, parece que esto es lo que ocurre en nuestra cultura. Desde 1970, las mujeres no desean ser solamente esposas y madres, meros apéndices de los hombres o consagradas a los hijos, sino que desean añadir a esta condición la expansión personal y la aventura social, en el momento en que los padres adquieren perfiles indefinidos. Gracias al ejemplo del himen, hemos podido comprender que con el desarrollo de la propiedad, la designación del padre era capitalista. Pero mientras nuestros discursos hacen llamamientos a los padres, nuestras leyes e imposiciones sociales no les estimulan. El padre occidental, aquel del que decimos que se apega a los niños en las familias recompuestas, adquiere de hecho un estatus de pieza añadida. Se le considera un sucedáneo, un bálsamo contra la angustia de la soledad, una ayuda para la vida diaria. Dista mucho del padre romano, que daba realce al hijo o le dejaba morir, del «monseñor» medieval que iniciaba al hijo en la caza y en la lectura, o del padre napoleónico que era el representante del Estado en la familia.

En la época reciente aún en que el padre tenía una presencia excesiva, las madres, pilares de la vida familiar, desde el punto de vista social no eran más que apéndices del marido. Hoy en día, los nuevos padres son cada vez más los «compañeros de mamá». Es posible entenderse bien con ellos, a veces incluso mejor que con el primer padre, pero su presencia difuminada deja menos huella en el psiquismo del niño. Incluso las mujeres que reivindican la presencia de los padres reales participan involuntariamente en su insustancialidad. Las puericultoras y las enseñantes reconocen que a veces son ellas mismas las que le dicen al padre que va a buscar al niño a la guardería o a la escuela: «Dígale a su mujer que Eva se ha tomado bien el biberón y que le hemos dado el jarabe».[147] Los nuevos padres solo podrán ocupar su lugar en las nuevas familias si establecen con los niños relaciones reales, relaciones que tejen un vínculo. Si valoraran a ese padre, esas mujeres se expondrían a que se les concediera menos la custodia de sus hijos en caso de separación, pero los hombres volverían a ser responsables.

No es impensable que la función paterna desaparezca algún día. Los padres transparentes son fáciles de borrar. Ya ha sucedido en otras ocasiones en la historia. Entre los escitas, un pueblo iranoeslavo que hace 3.000 años ocupaba el norte del mar Negro, los niños solo aprendían a guerrear, a manejar el arco y a montar a caballo. En una cultura en que la violencia era un valor de adaptación, los más fuertes debían adorar esta vida. Las niñas, el segundo sexo, se limitaban a dedicarse a las tareas «secundarias»: el cultivo de la tierra, la vida cotidiana, el arte o la educación. Es fácil imaginar que el deseo de esas niñas era traer al mundo hijos para convertirlos en héroes, educados para morir de forma cruel y gloriosa. En un contexto así, los sufrimientos debían dar lugar a un buen número de resilientes, puesto que la sociedad admiraba a los heridos que regresaban al combate.

Parece ser que en Nueva Guinea todavía existe este tipo de culturas en que las mujeres aseguran lo esencial de la vida, a fin de que los hombres puedan dedicarse a la única actividad seria: combatir en los montes de empinadas pendientes.

147. Castelain-Meunier, C., «Désenclaver la paternité», *Le Monde*, 16 de junio de 2000.

En Europa, el nazismo incluso llegó a pensar hace cincuenta años que, dado que lo único importante era la calidad de la raza, bastaba con propiciar la unión de hermosas rubias con magníficos sementales de cráneo alargado, y confiar luego la educación de sus hijos al Estado, para dar al mundo una hermosa juventud de calidad superior.[148] La locura por el centímetro propia de la cultura occidental de aquella época llegó hasta los «Lebensborn», donde nacían esos niños. Teniendo en cuenta que se trataba de una cultura en la que el centímetro atribuía al niño sus cualidades, se medía todo: la talla, la altura del cráneo, la longitud de la nariz y la distancia entre los ojos. Cuando se juzga a los hombres por su aspecto cuantificable (talla, peso, velocidad, dinero), también se juzga a las mujeres por el mismo criterio. De modo que, para «revalorizar» a las damas, se organizaban campeonatos de donantes de leche (veintitrés litros por semana, en el caso de las mejores), se entregaban medallas a las fabricantes de niños (dieciocho hijos por mujer suponía la concesión del premio Cognacq-Jay). Existieron en Francia varios Lebensborn, en los que muchas mujeres con maridos ausentes fueron «ayudadas» a poner en el mundo hermosos productos.[149] No hay duda de que la calidad biológica de esos niños era buena, si se da crédito a los certificados expedidos que garantizaban la condición de arios. Y sin embargo, solo unos pocos tuvieron un desarrollo sano: un 8 % murió como consecuencia de la privación de afecto; el 80 % sufrió graves retrasos mentales o se convirtió en psicópata delincuente. Solo algunos lograron socializarse, aunque con heridas afectivas que les empujaron a una reivindicación extremada de sus orígenes.[150]

148. Massin, B., «De l'eugénisme à "l'opération euthanasie": 1890-1945», *La Recherche*, vol. 21, n.º 227, diciembre de 1990, p. 1563.

149. Testimonio de Mme Lilly, enfermera, en M. Hillel, *Au nom de la race*, Fayard, París, 1975, p. 58.

150. Rémond, J. D., *Une mère silencieuse*, Seuil, París, 1999.

Por aquella misma época, los bombardeos de Londres llenaban los orfanatos de bebés inexpresivos. En algunas instituciones no moría ningún niño, en cambio en otras el 37 % se abandonaba a la muerte porque no había encontrado ninguna relación afectiva.[151]

Los supervivientes muchas veces acababan siendo delincuentes o psicópatas y padecían importantes retrasos mentales. Algunos, no obstante, encontraron en su entorno guías de desarrollo a las que supieron aferrarse para reanudar su desarrollo.[152]

Ceausescu también creía que los niños no necesitaban afecto para desarrollarse: el 40 % de los huérfanos y niños abandonados murió como consecuencia de esta creencia. Hoy en día, en Argelia, la mortalidad de los niños abandonados en los orfanatos ha pasado del 25 % en 1977 al 80 % en 1986,[153] mientras que la tasa media de la mortalidad infantil entre la población general es actualmente del 5,5 %. La extrema variabilidad de las cifras confirma que no existe igualdad en los traumas. Prácticamente todos los niños estaban sanos. Algunos murieron porque no encontraron en su entorno próximo ninguna guía de resiliencia. Muchos acabaron siendo delincuentes o psicópatas porque, al ser más robustos por su temperamento, supieron agarrarse a algún frágil hilo de resiliencia, suficiente para sobrevivir pero no para socializarse. Y algunos pudieron tejerse con gran esfuerzo porque, habiendo adquirido la capacidad de encontrar las manos tendidas, se defendieron con éxito de los repetidos golpes descargados sobre un niño que no va por el «buen camino».

151. Spitz, R., *La première année de la vie de l'enfant*, PUF, París, 1958, p. 120.

152. Hellman, I., *Des bébés de la guerre aux grand-mères*, PUF, París, 1994.

153. Mimouni, B., *Devenir psychologique et socioprofessionnel des enfants abandonnés à la naissance en Algérie*, Tesis de psicología, Universidad de Orán Es-Senia, 1999, p. 136.

Duelos ruidosos, duelos silenciosos

Perder a la madre antes de empezar a hablar es correr el riesgo de perder la vida, es correr el riesgo de perder el alma, puesto que nuestro mundo sensorial se vacía y nada puede imprimirse en nuestra memoria. Perder al padre antes de empezar a hablar es correr el riesgo de perder el impulso, el interés por la vida, puesto que el mundo sensorial que nos permite sobrevivir nos embota hasta la saciedad. Pero ser padre y ser madre es algo que depende de los discursos sociales, puesto que en nuestra historia todos los roles, todos los significados, han sido atribuidos a los padres. Y los niños siempre se han desarrollado en estructuras afectivas y sociales distintas según las culturas. Sin embargo, independientemente de la cultura, todos esos niños tuvieron la necesidad de hallar a su alrededor una estructura estable y diferenciada que les ofreciera un marco de desarrollo.

Algunas experiencias de duelo precoz tienen consecuencias duraderas, mientras que otras curiosamente tienen consecuencias breves o incluso parece que no las tienen. En realidad, lo que marca la diferencia es el «ruido» del duelo.[154] Del mismo modo que hay objetos destacados que atraen la atención prioritaria del niño, también hay acontecimientos «ruidosos» para un adulto que son «silenciosos» para un niño. Cuando un bebé pierde a sus padres antes de empezar a hablar, es todo su mundo sensorial el que queda deshabitado, y es la percepción de ese vacío lo que perturba el desarrollo. Si en ese momento se le propone un marco afectivo estable, reanudará su evolución y volverá a vivir en una familia análoga, si logra familiarizarse de forma eficaz con ese nuevo triángulo. En cambio, a un bebé confuso, indiferente o ambivalente le resultará mucho más difícil superar esa misma prueba. Dependerá del significado que

154. Debono, K., «Les deuils dans l'enfance», *Abstract Neuro et Psy*, 15-30 de septiembre de 1997.

el adulto atribuya a ese comportamiento. Algunos bebés abandonados reaccionan ante todo por medio de gritos y de una hiperkinesia, que es el equivalente preverbal de la demanda de auxilio. Esta actitud fatiga al adulto poco motivado o preocupado. Este niño exasperado exaspera al adulto que, sin querer, agrava el rechazo. En cambio, otros niños reaccionan ante la pérdida durmiendo aún más.[155] Esta reacción temperamental les protege doblemente. Por una parte, porque sufren menos por la carencia y no se agotan agitándose y, por la otra, porque esos «niños-marmota» son acogidos con más facilidad. Los bebés gruñones parecen más sensibles a las agresiones del medio,[156] mientras que los bebés marmota saben refugiarse en su propio interior cuando la vida se vuelve demasiado dura.

Más tarde, el pequeño huérfano adquiere conciencia de la muerte. Hacia los seis o siete años, ya no es la percepción de la carencia lo que le perturba, sino la representación de la pérdida. En ese estadio, lo que le hará sufrir es su lenguaje interior cuando se diga: «Soy un niño-inferior porque no tengo mamá». Ese sentimiento de infravaloración lo habrá adquirido por comparación con los demás: «Los educadores decían delante de mí que yo era un niño-basura, acabado, corrompido. Cuando obtuve el diploma de escultura, mi "madre-juez" dijo que para un niño de la calle era mucho haber conseguido ese diploma. De pronto me sentí orgulloso de mí mismo».[157]

Cuando se estudia la evolución de esos grupos de niños que han sido agredidos o han pasado un duelo, por lo general nos encontramos con dos hechos sorprendentes. El primero es que aparecen todas las formas de psicopatología habitual (fobias, obsesión, histeria, agitación…). El segundo es que ninguna de

155. Mimouni, B., *op. cit.*, p. 82.
156. Brazelton, B., *Trois bébés dans leur famille*, Stock, París, 1985.
157. Guénard, T., testimonio en *La résilience, le réalisme de l'espérance*, Coloquio Fundación para la infancia, París, 29-30 de mayo de 2000.

estas manifestaciones es duradera.[158] Solo duran si el medio es fijo, cosa que no es posible en una situación de vida espontánea, pero que sí lo es cuando una institución ha sido creada como respuesta a una representación cultural inmutable, a una certeza.

Cuando al acabar la Segunda Guerra Mundial hubo que colocar a los niños desvalidos, abandonados, o simplemente cuya madre estaba enferma, era demasiado pobre o estaba sola, se les introdujo en circuitos sociales de los que difícilmente podían salirse. Algunos «orfanatos célebres como el de Medan, fundado por Émile Zola, o las inmensas casas de "convalecencia" de la Asistencia pública en París, fueron durante mucho tiempo centros donde se acumulaban niños que inexorablemente iban a sufrir graves desequilibrios evolutivos con retraso mental».[159] Fue suficiente intervenir en el discurso social, poner en entredicho las certezas y demostrar que niños que habían sufrido los mismos traumas y que después habían sido educados por separado presentaban evoluciones diferentes,[160] para llegar a la conclusión de que era la propia institución la que creaba el mal que combatía. Para luchar contra la debilidad mental de los pobres, algunos responsables políticos decidieron colocar a sus hijos en esos circuitos que a su vez los hacían débiles. Ese tipo de representación social y las instituciones que la ponen en práctica impiden la formación del factor de resiliencia más valioso: el encuentro que despierta. Cuando el pequeño Bruno Roy, hijo ilegítimo, fue depositado en el Mont-Providence de Quebec en 1950, en pocos años se debilitó mentalmente. Cuando este orfanato se convirtió en hospital psiquiátrico para po-

158. Debono, K., *op. cit.*

159. Lebovici, S., «A propos des effets lointains des séparations précoces», *Abstract Neuro et Psy*, n.º 145, marzo-abril de 1996, p. 33.

160. Erlenmeyr-Kimling, J., «Bilan des cinquante dernières années des études sur l'hérédité de l'intelligence», 1963, en J. P. Charpy, *Évolutions*, Textes et Dialogues, 2000, p. 102.

der cobrar más por día de estancia, los cuatrocientos niños que allí residían fueron trasladados de la guardería «fábrica de enfermos mentales» al hospital psiquiátrico «nihilismo terapéutico».[161] En el siglo XIX, el campo era el destino natural para esos niños que se habían vuelto anormales. En el siglo XX, toma el relevo el hospital psiquiátrico, dado que ya no se necesitan obreros agrícolas. El futuro de esos niños es comparable al de cualquier institución en la que el desierto afectivo conduce a la muerte psíquica y a veces física. Son muchos los que mueren, y los supervivientes se tornan débiles mentales, impulsivos, camorristas o sumisos. Y aun así algunos lograron recuperarse. Bruno Roy fue profesor de literatura y presidente de la Unión de escritoras y escritores quebequeses. Cuando los huérfanos se agruparon en el «Comité de huérfanos de Duplessis», su nueva identidad social, la lucha diaria, las lecturas y el trabajo fueron suficientes para despertarles y mejorar su rendimiento.

Resiliencia y comportamientos de seducción

Sin embargo, Bruno Roy jamás fue débil mental. Pese a la desolación del desierto afectivo, supo construirse un mundo interior, una ensoñación poética que le protegió de la terrible realidad. Pese a la agresión sexual de una empleada doméstica y los golpes de una familia de acogida, supo construir el lento andamiaje de los pequeños logros que le condujeron a un puesto de responsabilidad intelectual y a un desarrollo personal placentero.

Antes de llegar al mundo de la palabra, probablemente el pequeño Bruno Roy había adquirido ya una resiliencia preverbal. Tal vez había desarrollado un gusto por la belleza, que aparece desde los primeros meses y por el que sorprendentemente

161. Roy, B., *Mémoire d'asile. La tragédie des enfants de Duplessis*, Boréal, Montreal, 1994, p. 71.

los psicólogos apenas se han interesado. Pero sobre todo se habían imprimido en el pequeño Bruno comportamientos de seducción propios de un apego seguro, ¿tal vez se habían elaborado en el transcurso de los primeros meses antes del abandono? La plasticidad de los aprendizajes es tan grande en esta época de la vida, en que nuestro sistema nervioso fabrica veinte mil neuronas por segundo,[162] que muchas heridas y huellas neurológicas son fácilmente reversibles. «Una buena parte de los déficits precoces pueden colmarse si el entorno cambia a mejor.»[163] Dado que el problema es el siguiente: el niño es capaz de realizar cambios sorprendentes, mientras que el adulto que se ocupa de él empieza a anquilosarse en sus aprendizajes y sus concepciones del mundo.

La mirada del adulto bloquea muchas veces el desarrollo del niño. Cuando los bebés son extraídos del útero materno en el curso de una cesárea, todavía están aletargados por la medicación que ha sido suministrada a la madre como anestesia; la cabeza de esos bebés se balancea, se acomodan sin energía a los brazos de los adultos y responden con lentitud a los estímulos reflejos. Los padres se extrañan de la lentitud del bebé. Pero al cabo de cuarenta y ocho horas, una vez eliminada la anestesia, y cuando el bebé ya ha recuperado su energía, ¡los padres siguen afirmando que es lento![164] La madre, que conserva en la memoria la imagen de un bebé lento, seguirá respondiendo a la representación que tiene de su hijo, y no a la percepción.

Si la madre está sola, tiene muchas posibilidades de seguir sometiéndose a su propia representación. Pero si está rodeada

162. Bourgeois, J. P., en J. Cohen-Solal, P. Evrard y B. Golse, Seminario Collège de France, *Comment se fabrique un esprit humain*, 17 de junio de 2000.

163. Pomerleau, A. y G. Malcuit, *L'Enfant et son environnement*, Pierre Mardaga, Quebec-Bruselas, 1983, pp. 157-158.

164. Murray, A. D., R. M. Dolby, R. L. Nation y D. B. Thomas, «Effects of Epidural Anesthesia on Newborns and their Mother», *Child Development*, 52, 1981, pp. 71-82.

por sus allegados que no comparten el mismo recuerdo, la harán evolucionar con sus observaciones y le abrirán los ojos. El discurso de los adultos en torno al bebé, al cambiar la mirada de la madre, cambiará la manera de actuar con el niño, proponiéndole así nuevas guías de desarrollo. De este modo, los pequeños «césares» o los pequeños heridos dispondrán de un apego seguro que imprimirá en ellos comportamientos de seducción.

Cualquier comportamiento de un «pequeño» inhibe la agresividad de los adultos. El niño reduce el espacio que ocupa, disminuye la intensidad de sus vocalizaciones, redondea los ángulos inclinando la cabeza, haciendo mohínes y sonriendo con los ojos. Apartar la vista para no tener que afrontar la mirada con descaro ni evitarla como un pícaro son expresiones conductuales de búsqueda afectiva propias de un niño al que se le ha imprimido un apego seguro. En una situación de fractura, esos comportamientos manifiestan un estilo de resolución de conflictos dotado de un gran poder de atracción. Los niños hipercinéticos, que gritan y no se quedan quietos, hacen que sus padres asuman un rol represivo que irrita a todo el mundo. Y los niños apáticos que no reaccionan nunca a los estímulos acaban haciendo que sus padres asuman un rol de excitación constante que les fatiga.[165] En cambio, los bebés que ya han aprendido a resolver sus conflictos mediante comportamientos de seducción causan un gran regocijo a los adultos. «Siempre tuve puntos de apoyo, que adoptaron la forma del "mimo" y me permitieron pasar por los distintos hospicios sin sufrir un quebranto excesivo. De cada etapa de mi vida de niño guardo el recuerdo de una relación privilegiada: Marcelle Archambault en la guardería Saint-Paul, la hermana Olive des Anges en el Mont-Providence, Madeleine et Roger Rolland que me llevaban a su casa

165. Van den Boom, D.C., «The Influence of Temperament and Mothering Attachment: Lower-class Mothers with Irritable Infant», *Child Development*, 65, 1992, pp. 1457-1477.

y el hermano Jean-Paul Lane en el orfanato Saint-Georges-de-Joliette.»[166]

La adquisición de este comportamiento de seducción, testimonio precoz de un estilo relacional y de una manera de resolver los conflictos, constituye sin duda uno de los principales factores de resiliencia. Todos los que fueron heridos en su infancia se sorprenden, al llegar a la edad adulta, de la cantidad de manos que se les tendieron. ¿No será que a los adultos les encantaba tender la mano… precisamente a ese niño?

La metáfora del tejido de la resiliencia permite dar una imagen del proceso de la reconstrucción de uno mismo. Pero hay que ser claros: no hay reversibilidad posible después de un trauma, lo que hay es una obligación de metamorfosis. Una herida precoz o un grave choque emocional dejan una marca cerebral y afectiva que se mantiene oculta bajo la reanudación del desarrollo. El tejido presentará un defecto o una malla especial que hará que se desvíe el resto de la labor. Es posible que vuelva a ser hermoso y cálido, pero será diferente. El trastorno se puede reparar, a veces incluso de forma favorable, pero no es reversible.

Antes de acceder a la propia palabra, los más pequeños tejen involuntariamente su resiliencia según una pulsión biológica que enlaza con las reacciones de los adultos. Los primeros años constituyen un período delicado para la construcción de los recursos internos de la resiliencia. Pero cuando un accidente de la vida provoca una laguna, se puede reparar, contrariamente a lo que se creía hasta ahora. Incluso cuando los primeros años han sido difíciles, el principio de impresión del triángulo sigue siendo posible durante mucho tiempo. Simplemente, se aprende más deprisa cuando la memoria es viva, y más lentamente cuando se envejece.

166. Roy, B., *Lettre à Pascale*, Roxboro, 23 de febrero de 2000.

Con ese pequeño capital psicoconductual el pequeño desembarca en el mundo de la palabra. Hasta ese momento el niño se desarrollaba en el mundo de los otros. Ahora, la historia que se cuenta a sí mismo ha de encontrarse con la historia que le cuentan de sí mismo.

No hay ruptura, por tanto, entre el mundo preverbal y el de nuestros discursos, sino que existe una continuidad metamorfoseada por la palabra. La mariposa que revolotea por los aires ya no tiene nada en común con la oruga que se arrastraba por el suelo. No obstante, ha salido de ella y continúa la aventura, aunque su evolución a crisálida ha operado una metamorfosis.

A partir de ahora la resiliencia cambia de mundo. Vivirá en el efecto mariposa de la palabra.

II

LA MARIPOSA

A los monstruos no les gusta el teatro

«Solo un monstruo puede decir las cosas tal como son.»[1] Afortunadamente, esto es imposible. El simple hecho de tener que elegir las palabras que cuentan la penosa experiencia ya supone una interpretación. Intenten relatar una escena de terror con enorme frialdad y resultará más terrible todavía: «Oí un ruido en el rellano. Ese ruido no recordaba ningún hecho habitual. No era el del ascensor. Ni el del vecino metiendo la llave en la cerradura. Abrí la puerta, y ante mí estaba el vecino, de pie, con los ojos muy abiertos, ardiendo. Las llamas sobrepasaban un poco su cabeza. Azules. Inestables. A veces sobre la cabeza, a veces sobre los hombros. La boca entreabierta. Inmóvil. Sin pronunciar palabra. Me entró una sed tremenda. Cuando cayó como un tablón, tuve que ir a la cocina a beber agua antes de llenar un cubo para echárselo encima…».[2] El simple recuerdo de las imágenes grabadas en la memoria alimenta el horror. En cambio, si el testigo hubiera explicado: «Tuve una sensación extraña al oír en el rellano un ruido que no evocaba ningún hecho familiar, ni el ruido del ascensor, ni el del vecino hurgando en la cerradura. Abrí la puerta con un presentimiento, como me ocu-

1. Cioran, E. M., *Œuvres*, «Quarto», Gallimard, París, 1995.
2. Testimonio auténtico.

rre a veces en los grandes hechos que han trastornado mi vida. De repente, vi al vecino, de pie, ardiendo vivo. Cuando me precipité a la cocina para llenar un cubo de agua para echárselo, comprobé con sorpresa que sentía una enorme sed. Cuando apagué el fuego, el hombre cayó al suelo. Afortunadamente, conseguí que los daños fueran menores...».

En el segundo relato, los hechos son modificados por las palabras. La representación del horror da un rol al que habla y modifica la imagen de la pesadilla que fascina. Esta interpretación proporciona cierta distancia, un principio de control sobre la emoción terrorífica. No se trata de convertirse en mercader de ilusiones, el testigo dice la verdad; se trata de distanciarse del choque que ha quedado impreso en nosotros, en el fondo de nuestra memoria. El mero acto de la palabra crea una separación que nos hace existir como sujeto, un sujeto cuya manera de interpretar el mundo es personal y única.[3] Antes de poseer la palabra, el niño podía sufrir por una agresión física o por la falta de una figura de apego, cosa que trastornaba su desarrollo. Pero en el momento en que empieza a hablar, puede sufrir además por la imagen de la falta de apego, por la idea que se hace de la agresión y del sentimiento que experimenta bajo la mirada de los otros.

Por esta razón, la idea de «metamorfosis» es indispensable en la construcción de cualquier teoría del trauma. Cuando un niño empieza a hablar, su mundo se transforma. A partir de ese momento la emoción se alimenta de dos fuentes: la sensación provocada por el golpe recibido y el sentimiento provocado por la representación del golpe. Eso equivale a decir que el mundo cambia desde el momento en que uno habla, y que se puede cambiar el mundo hablando.

Además, la imagen de la metamorfosis permite dar a entender que se puede vivir en mundos radicalmente diferentes y que

---

3. Golse, B., *Penser, parler, représenter: émergences chez l'enfant*, Masson, París, 1990, p. 150. [Hay trad. cast.: *Pensar, hablar, representar: el emerger del lenguaje*, Masson, Barcelona, 1992.]

sin embargo mantienen una continuidad. La ninfa abandona el mundo de la tierra y de la sombra para levantar el vuelo hacia el mundo del aire y de la luz. El niño se aleja del mundo de las percepciones inmediatas para habitar progresivamente en el mundo de las representaciones de su pasado y de su futuro.

Cuando Ion explicaba la historia de su vida se extrañaba mucho de las lagunas que salpicaban el recuerdo de su pasado. Sin embargo, en su memoria estaban impresas algunas imágenes sorprendentemente precisas de cuando tenía unos veinte meses, justo antes de la adquisición de la palabra: su padre sentado a la mesa leyendo un gran periódico... una tableta de chocolate escamoteada trepando a un taburete... una curiosa escalera exterior que pasaba por debajo de una roca antes de descender a la casa de la vecina... Le decían que era imposible que conservara recuerdos tan precoces, hasta que, cuarenta años más tarde, el azar de la vida hizo que se encontrara un día con esa vecina que confirmó la existencia de la extraña escalera que había llamado la atención del niño. A Ion le extrañaba no tener ningún recuerdo de un largo período que ocupaba varios años de su vida. No recuperó la memoria hasta que detuvieron a su madre. Varios policías vestidos de paisano derribaron la puerta, la mujer gritó, ofreció resistencia y luego se resignó cuando aquellos hombres se la llevaron. Después, confiaron la custodia del pequeño Ion a unos vecinos, que amablemente lo llevaron a una institución para niños de la que tampoco conservaba Ion ningún recuerdo.

Cuando tenía unos ocho años, Ion decidió hacer obras de teatro, pero como no sabía escribir, pidió a sus compañeros del orfanato que representaran... ¡la detención de su madre! La alternancia de recuerdos luminosos y precisos con períodos de sombras sin recuerdos puede explicarse por los efectos de la palabra. Antes de la palabra, los niños, cuya memoria es breve, viven en un mundo que todavía es muy contextual. Pero en cuanto empiezan a entender la palabra de los demás, los objetos se cargan del sentido que los adultos depositan en ellos. La emoción que de este modo se atribuye a las cosas graba la memoria del niño, al que llama la atención el tamaño del periódico de su padre… la transgresión del escamoteo del chocolate… la singularidad de la escalera.

Cuando la madre se sumió en una depresión porque se creía en peligro, el mundo que rodeaba al niño se apagó, embotando su psiquismo e impidiendo que se grabaran recuerdos en su memoria. Los gestos, palabras y detalles del momento de la detención quedaron grabados con la mayor precisión, porque la emoción era enorme. Pero el orfanato embotó nuevamente su mundo. Hasta el día en que el niño, al trabajar su identidad narrativa (¿Qué me ocurrió? … ¿Cómo puedo comprenderlo? … ¿Qué me aportará? …), decidió convertirse en dueño de su destino, tomar las riendas de su vida, haciendo que sus compañeros del orfanato la representaran. En cuanto pudo acceder a las palabras, su mundo sufrió una transformación gracias a la luz con que estas alumbraban a ciertas personas, ciertos gestos y ciertos objetos. Pero como el medio en que se desarrollaba no le había dado la posibilidad de aprender a escribir, Ion asumió el control de su herida a través de la representación corporal, del lenguaje de los gestos y de las palabras. (Debería haber escrito «el control de la representación de su trauma a través de las palabras».) Al representar la escena, la convertía en un hecho socializado, aceptado por sus colegas, los pequeños actores del orfanato. No solamente transformaba la incomprensión de su trauma —¿Por qué hicieron desaparecer a mi madre? ¿Por qué me metieron en este sitio horrible?—, sino que lo convertía en un hecho representable, y por tanto controlable, comprensible y dotado de significado. Además, revalorizaba su autoestima y dejaba de ser una cosita miserable y atropellada para convertirse en un director admirado por sus compañeros. Sin embargo, lo fundamental de esa pequeña obra, puesta en escena en el último rincón de un orfanato inmundo, es que Ion representaba a su madre desaparecida y le devolvía la vida haciendo que la representasen.

Solo puede hablarse de traumatismo si el niño ha de afrontar un día la muerte.[4] No solamente ha de hablar, sino que además ha de representarse el fin, lo absoluto, lo definitivo sin retorno. Antes de ese estadio de desarrollo, se puede hablar de golpe y de alteración del medio que provoca un bloqueo del niño. Se puede evocar la falta de una figura que le priva de una guía de desarrollo. En ese estadio, el niño sometido a su medio ya ha adquirido ciertas aptitudes temperamentales que le permiten reaccionar con mayor o menor eficacia. Pero cuando entre los seis y los ocho años afronta la muerte cercana, inminente, casi real, tiene que dominar la representación de su pérdida y descubrir otro factor de resiliencia para poder triunfar: la representación del hecho traumatizante, a través del dibujo, el relato, el juego o el teatro. Cuando tenía quince meses, ya había adquirido la capacidad conductual de hacer comedia, de fingir, cosa que le permitía influir en el mundo del otro y participar en una intersubjetividad. La continuación de su desarrollo le permite luego dar forma a su penosa experiencia gracias a una representación artística. La eficacia resiliente es mayor porque el niño, mejor equipado gracias al dibujo, a la palabra o al teatro, consigue controlar la forma que desea dar a la expresión de su desgracia. Pero si bien está menos sometido a la inmediatez de sus percepciones, se vuelve en cambio más dependiente aún del mundo psíquico de los demás. La representación de su tragedia pasada y de sus sueños futuros depende ahora de las reacciones de los espectadores, de la opinión de los jueces y de los estereotipos del discurso social. Si el otro le dice que su trauma no existe, que él se lo ha buscado o que está perdido, corrompido y jamás podrá recuperarse,[5] el trauma se torna desquiciador, porque impide cualquier proceso de reparación e incluso de cicatrización. Por tanto, donde hay que tratar de comprender el efecto

4. Léger, J.M., *Le traumatisme psychique*, Masson, París, 1994.
5. Guénard, T., testimonio, *Journées de la résilience*, Fundación para la infancia, París, 29-30 de mayo de 2000.

devastador del trauma es en el discurso social, así como en los relatos íntimos del niño.

Las sociedades han interpretado el trauma de maneras muy distintas, y la mayoría de las veces ni siquiera lo han interpretado. En ocasiones se ha dicho que era una ilusión, más recientemente se ha afirmado que es irreparable.

¿Es concebible el choque psíquico?

La obstinación por explicar antes de haber comprendido es indicador de la manera en que una sociedad concibe la condición humana. Desde los inicios del pensamiento médico, con Hipócrates, la enfermedad fue asimilada a una desorganización de la naturaleza del hombre. Todo sufrimiento del cuerpo o del alma era atribuible o bien a un traumatismo, una lesión procedente del exterior, o bien a un mal, una desgracia de tipo moral.[6] Todo choque procedente del exterior provocaba una ruptura, una lesión del tejido vivo, una discontinuidad. Mientras que las enfermedades procedentes del interior eran atribuibles a causas dietéticas o humorales, no traumáticas. El trauma físico, el más fácil de entender, estaba ya correctamente descrito por los cirujanos de la época. Pero desde que el Concilio de Letrán prohibió en el siglo XII el uso del escalpelo, la disciplina dejó de progresar. La época de las pestes en la Europa del siglo XIV embruteció a los médicos que, en su frenesí explicativo, tuvieron que refugiarse en las causas inaccesibles: «Los que no echaban la culpa a la ira divina buscaban las razones en la astrología. Para Guy de Chauliac, la conjunción de Saturno, de Júpiter y de Marte en el decimocuarto grado de Acuario, el 24 de marzo de 1345, había convertido la luz en tinieblas… Los vapores deletéreos, nacidos de esta perturbación, se habían dirigido lentamente hacia el oeste, donde seguirían con su acción maléfica mientras el sol per-

6. Ey, H., *Naissance de la médecine*, Masson, París, 1981, pp. 215-216.

maneciera bajo el signo de Leo».[7] Esta explicación es irrefutable. Ningún experimento podrá desmentirla. Por consiguiente, fue tenida por verdadera y todavía hoy es citada a menudo.

La ventaja del trauma es que revalorizaba el hecho. Puesto que teníamos ante nuestros ojos la causa del mal, sabíamos dónde había que intervenir. A la ciencia del siglo XIX le encantaba la noción de traumatismo: según Pinel, el artillero se había vuelto idiota porque había sufrido una fuerte conmoción al ser felicitado por Robespierre.[8] En aquella época, el traumatismo no se concebía como algo grave, puesto que el discurso dominante pretendía que el progreso era continuo, de modo que bastaba poner en reposo el organismo conmocionado y esperar que todo volviera a la normalidad.

A finales del siglo XIX, la industria había jerarquizado a los hombres hasta tal punto que la diferencia en los traumatismos se explicaba por la degeneración de ciertas personalidades. Charcot, el fundador de la neurología, explicaba las parálisis histéricas por la incapacidad de las mujeres para afrontar un choque emocional. Y Pierre Janet, el gran psicólogo, evocaba la insuficiencia de las fuerzas emotivas que no permitían asimilar el choque.

En ese contexto social del conocimiento, Freud creyó primero en la realidad del traumatismo sexual, antes de pensar que el propio sujeto se traumatizaba imaginándolo. «En 1937 [...] se expresa explícitamente para afirmar que las causas de la enfermedad mental eran tanto de tipo constitucional como traumático.»[9] El año de su muerte, en 1939, manifestaba todavía preocupación por los efectos del trauma en *Moisés y el mono-*

7. Sendrail, P., *Histoire culturelle de la maladie*, Privat, Toulouse, 1980, p. 228. [Hay trad. cast.: *Historia cultural de la enfermedad*, Espasa-Calpe, Madrid, 1983.]

8. Tatossian, A., citando a G. Swain, *Conferencia*, La Timone, Marsella, diciembre de 1987.

9. Steward, S., «Trauma et réalité psychique», *Revue française de psychanalyse*, 4, 1991, pp. 957-958.

teísmo, pero en esta ocasión añadía la noción más social de «traumatismo de masa».

En realidad, fue la guerra de 1940 la que impulsó el verdadero trabajo clínico y científico al intentar evaluar los efectos físicos y psicológicos de las víctimas del Holocausto. A esta nueva forma de abordar la noción de traumatismo en la década de 1950 le siguió una tempestad de agresiones sociales en todos los continentes y en todas las culturas.

Hoy en día, el traumatismo se considera un acontecimiento brutal que aparta al sujeto de su desarrollo sano previsible. De modo que es el propio sujeto el que ha de explicar lo que le ocurrió, y lo ha de hacer utilizando un tiempo de pasado, porque, al ser la identidad humana esencialmente narrativa, le corresponde al propio sujeto, y no a otra persona, explicar lo que ocurrió. En nuestro actual contexto cultural, la metáfora del choque que desquicia prácticamente ha dejado de ser orgánica y es cada vez más narrativa. Será la acogida por parte de la sociedad, las reacciones de la familia y la interpretación de los periodistas y de los artistas lo que orientará la narración —esa obligación de testimoniar— hacia un trastorno duradero y secreto, hacia una indignación militante o hacia una asimilación de la herida, una vez que la imagen traumática se haya convertido en un simple capítulo superado de la historia personal. «De este modo el traumatismo, en función del caso, la personalidad y el entorno, puede derivar en trastornos duraderos en una atmósfera de prejuicios o, por el contrario, en trastornos ya asumidos combinados con una reflexión estimulante sobre el sentido de la vida.»[10] Un mismo hecho traumatizante puede conducir a un secreto, semejante a una especie de cuerpo extraño incrustado en el fondo del alma, a una compensación combativa que jamás confesará el motivo de su lucha, o a una reflexión enriquecedora sobre el sentido de la vida.

10. Ferreri, M., «Névrose traumatique ou état de stress post-traumatique: repères cliniques et aspects thérapeutiques», *L'Encéphale*, Sp VII, 7-14, 1996, pp. 2092-2002.

Ya no se puede pretender que un trauma provoque un efecto predecible. Es preferible pensar que un hecho brutal desquicia y desvía el futuro de una personalidad. La narración de un acontecimiento así, clave de bóveda de su identidad, tendrá destinos diferentes según los circuitos afectivos, historizados e institucionales que el contexto social dispone en torno al herido.

A la luz de este razonamiento, propongo abordar los grandes traumatismos mundiales provocados hoy por las guerras, la miseria y las heridas íntimas ocasionadas por las agresiones sexuales y el maltrato.

Honigmann habló por primera vez de «neurosis de guerra» en los oficiales rusos con ocasión de la guerra ruso-japonesa de 1904. Luego, los militares británicos describieron el síndrome del «choque de los obuses», por el que se atribuían los trastornos psicológicos a la acción mecánica del «aire desplazado por el proyectil», que provocaba una especie de «conmoción cerebral» y originaba manifestaciones de histeria.[11] Todas las teorías explicativas de principios de siglo parten de esta idea de que una fuerza mecánica invisible sacude el cerebro que, alterado, produce síntomas seudomédicos. Los trastornos identificados se «explicaban» mediante los discursos que estaban de moda en la época y que fueron adoptados por enfermos y médicos.

La emoción traumática es un choque orgánico provocado por la idea que nos hacemos del agresor

Anna Freud y Dorothy Burlingham fueron las primeras que trataron de comprender las consecuencias psicológicas que padecían los niños londinenses sometidos a la acción de los bombardeos. Las dos investigadoras asociaron la observación directa de los trastornos con una atención psicológica prolongada.

11. Vila, G., L.M. Porche y M.C. Mouren-Simeoni, *L'Enfant victime d'agression*, Masson, París, 1999, p. 13.

Hoy en día esta patología afecta a centenares de miles de niños, víctimas de los bombardeos de los kibutz israelíes antes de la guerra de los Seis Días, desarraigados por las deportaciones ideológicas de Pol Pot y de los jemeres rojos, desgarrados por la guerra del sur del Líbano, las explosiones africanas, las agresiones crónicas contra los palestinos, los irlandeses, la violencia colombiana, las constantes represalias en Argelia, y muchas otras violencias de Estado.

¡Las personas más afectadas por esta inmensa violencia política son los niños! ¡Millones de huérfanos, dos millones de muertos, cinco millones de lisiados, diez millones de traumatizados, dos o trescientos millones de niños que aprenden que la violencia es una de las formas de relación humana!

El uso violento de las fuerzas políticas y técnicas se convierte en un procedimiento legítimo para resolver los problemas humanos. Cuando el otro se niega a ceder a los deseos o a las ideas de los poderosos de turno, la violencia es legal y todo el mundo obedece.

Las consecuencias psíquicas de esas inmensas agresiones están ya muy bien descritas: los trastornos de estrés postraumático[12] constituyen una forma de ansiedad incrustada en la personalidad por el impacto de la agresión. El que provoca el estrés obliga a codearse con la muerte y, por efecto del espanto, la imprime con tanta fuerza en la memoria del niño que toda su personalidad se desarrolla en torno a esta terrorífica referencia. La reviviscencia organiza la continuación del desarrollo, cuando el recuerdo y el sueño traen de nuevo a la mente el recuerdo del tormento. El niño, para sufrir menos, ha de descubrir estrategias adaptativas de evitación: puede aletargarse para no pensar, procurar desapegarse, evitar las personas, los lugares, las actividades y hasta las palabras que evocan el horror pasado, vivo aún en el recuerdo. Y puesto que nunca ha podido expresar toda esa oscuridad, porque era demasiado dura y porque se le imponía el

12. APA, definición de la American Psychiatric Association, *DSM IV*, *TR* 1994.

silencio, nunca ha aprendido a dominar esta emoción, a darle una forma humana, susceptible de ser compartida socialmente. Entonces, sometido a un afecto ingobernable, alterna el embotamiento con las explosiones de cólera, la amabilidad extraordinaria con la agresividad repentina, la indiferencia aparente con una hipersensibilidad extrema.

Pero como no se puede decir que un trauma produzca efectos predecibles, es importante analizar sus variables.[13]

La primera variable que salta a la vista es que somos extrañamente indulgentes con las agresiones de la naturaleza. A menudo nos mostramos benévolos con las catástrofes naturales: inundaciones, incendios, terremotos y erupciones volcánicas. Construimos hospitales en Nápoles, en las laderas del Vesubio, levantamos nuevas ciudades junto al monte Pelée en la Martinica, allí donde serán de nuevo destruidas. Intentamos seducir al agresor y canalizar su cólera por medio de ofrendas o erigiendo diques y paredes elevadas. Perdonamos porque nos seduce. Nos parece tan bello un cielo inflamado por un incendio, experimentamos tanta fascinación ante un río desbordado que arrastra las casas a su paso, es tan espectacular un volcán arrojando su lava, que deseamos pese a todo estar cerca del agresor. La multitud bloquea las carreteras ante un incendio, se agolpa a lo largo de las riberas inundadas y escala en procesiones familiares las laderas de un volcán peligroso.

En cambio, cuando se trata de relaciones humanas, el agresor pierde su poder de seducción. Nos reunimos para contemplar el incendio que provoca entusiasmo, pero si asistiéramos a una escena de tortura, en la que un grupo de hombres humillara a otro, nos identificaríamos hasta tal punto con uno de los dos que nos dominaría la indignación. O bien uniríamos nuestras

13. Ehrensaft, E., M. Kapur y M. Tousignant, «Les enfants de la guerre et de la pauvreté dans le tiers-monde», 1999, en E. Habimana, L.S. Ethier, D. Petot y M. Tousignant, *Psychopathologie de l'enfant et de l'adolescent*, op. cit., pp. 641-657.

fuerzas a las de los verdugos para perseguir a los torturados que no tienen más que lo que se merecen, que se comen nuestro pan, insultan nuestras creencias o compran nuestras casas —cosa que merece un castigo mayor que la muerte—, o bien, por el contrario, correríamos a socorrer a los torturados, cuyo mundo, valores y afecto compartimos.

Nuestra fascinación por las catástrofes naturales (que nunca llamamos «horrores naturales») explica que el perdón concedido con tanta facilidad a un volcán contraste con los efectos devastadores y duraderos del horror de los suplicios humanos.[14]

El estilo de desarrollo de la persona herida es lo que atribuye al golpe su poder traumatizante

La edad también es una variable que hay que tener en cuenta a la hora de evaluar el efecto traumatizante de una agresión. El significado que un niño atribuye a un hecho depende del nivel de construcción de su aparato psíquico. Un bebé sufre por el sufrimiento de su madre porque habita el mundo sensorial que ella construye, pero no sufre por las causas de su sufrimiento. En cambio un adolescente, en el momento en que comienza a socializarse, puede resultar afectado por la causa de la depresión de su madre, abatida porque su marido se ha quedado sin trabajo.

Solo podemos relacionarnos con los objetos a los que somos sensibles por nuestro desarrollo y nuestra historia, ya que les atribuimos un significado especial.

En la etapa prescolar (dos a cinco años), el traumatismo se materializa sobre todo por la separación o la pérdida afectiva.[15]

14. Sironi, F., *Bourreaux et victimes. Psychologie de la torture*, Odile Jacob, París, 1999.

15. Macksoud, M. S., A. Dyregrow y M. Raundalen, «Traumatic War Experiences and their Effects on Children», en J.P. Wilson y B. Raphaël (eds.), *International Handbook of Traumatic Stress Syndromes*, Plenum Press, Nueva York, 1993, pp. 625-633.

El niño herido reacciona mediante comportamientos de apego ansioso. Se aferra al objeto que teme perder y no puede despegarse de él. En cambio, el apego seguro le proporciona tal sensación de confianza que se atreve a separarse para explorar un mundo distinto que no es el de su madre. En este estadio, los efectos del trauma se manifiestan mediante comportamientos regresivos, enuresis, encopresis, retroceso en el aprendizaje, terrores nocturnos y miedo a la novedad. Antes de los seis u ocho años, los niños se representan la muerte como una separación, ya que cualquier alejamiento se convierte para ellos en un hecho equivalente a la muerte, una pérdida irreparable, una destrucción de su mundo.

En la etapa escolar, la personalización del niño está más avanzada. Comprende mejor la depresión de sus padres y la causa de su desgracia. Ahora bien, la principal arma para hacer frente a la adversidad es la fantasía. El aspecto repetitivo de las reproducciones artísticas constituye un entrenamiento, una especie de aprendizaje, que permite asimilar el traumatismo, digerir la desgracia haciéndola familiar y hasta agradable, una vez que ha sido metamorfoseada. La reproducción del hecho, que antes de la fantasía no era más que un horror imposible de representar, se vuelve hermosa, útil e interesante. Pero ¡ojo! ¡No es la desgracia lo que se vuelve agradable! ¡Al contrario! Es la representación de la desgracia, que afirma el dominio sobre el traumatismo y su distanciamiento como obra socialmente estimulante. Al dibujar el horror vivido,[16] al escribir la tragedia que he tenido que sufrir,[17] al hacerla representar en los teatros de la ciudad,[18] transformo un sufrimiento en un hermoso acontecimiento útil a la sociedad. He metamorfoseado el horror y lo que habita ahora en mi interior no es ya la oscuridad, sino su representación social que he sabido hacer hermosa para que los otros

16. Brauner, A. y F., *J'ai dessiné la guerre*, Expansion scientifique française, 1991.

17. Fournier, J. L., *Il n'a jamais tué personne, mon papa*, Stock, París, 1999.

18. Grumberg, J. C., *L'Atelier*, teatro, 1991.

la acepten y la conviertan en algo que les hace felices. Enseño cómo evitar la desgracia. La transformación de mi terrible experiencia os resultará útil para triunfar. Ya no soy el pobre niño que se lamenta, me he convertido en el ser que os proporciona la felicidad.

La fantasía constituye el recurso interno más valioso de la resiliencia. Basta disponer en torno al pequeño herido papeles, lápices, una tarima, y orejas y manos para aplaudir para que actúe la alquimia de la fantasía. Anny Duperey da fe de la resiliencia de una muchacha cuyo apego era seguro antes de la muerte de sus padres: «[...] la herida que me han dejado en el lugar donde estaba su amor».[19] Un apego de evitación habría originado obras frías, técnicas, cuya forma habría sido adecuada para otros espectadores. He conocido a niños obsesivos sorprendentemente liberados por la obligación de seguir las consignas con que el director teatral había codificado cada gesto, cada palabra y cada postura. Esos niños no se atrevían a hacer una elección en su vida diaria pero, extrañamente, en un escenario de teatro parecían espontáneos porque todo estaba dirigido, y esto les hacía felices, ¡les proporcionaba un sentimiento de libertad!

Incluso los apegos confusos, al expresar el desorden doloroso de su mundo interior, conseguirán conmover a ciertos adultos.

Lo más sorprendente de esos pequeños artistas es que el hecho de haber estado tan cerca de la muerte modifica su representación del tiempo y les infunde un sentimiento de urgencia creadora. «Dios mío, permíteme vivir hasta los diez años, tengo tantas cosas que ver», rezaba todas las noches ese pequeño agnóstico de ocho años, que no conocía la religión de sus padres, porque había vivido, sin familia, en campos de refugiados desde que tenía cuatro años.

«Es hoy cuando hay que crear», dicen esos niños que, en unas condiciones materiales incalificables, escriben sus «memorias» en la parte no impresa de un periódico sucio, o escalan montañas

19. Duperey, A., *Le voile noir*, Seuil, París, 1992, p. 8.

de basura a las cinco de la mañana, solo por el placer de contemplar los colores del sol naciente. En *Los cuatrocientos golpes* de François Truffaut, Antoine Doinel, el pequeño héroe, se escapa de una institución y corre durante varios días simplemente para ver el mar. Esta urgencia creadora explica el coraje extraordinario de esos niños y su intensa necesidad de belleza. Es ahora cuando hay que vivir, es ahora cuando hay que maravillarse, rápido, antes de que llegue la muerte, tan cercana.

En nuestros días, los grupos que menos ayudan a sus niños a construir esas defensas creadoras son los grupos de refugiados. Los adolescentes camboyanos expulsados por Pol Pot a los campos de Tailandia proporcionaron muy pocos resilientes (50 %). En otros campos, en cambio, el 90 % de los niños lograron superar sus trastornos. Solo un 10 % de los afganos,[20] un 20 % de los kurdos y un 27 % de los libaneses sufrieron alteraciones. La tasa de síndromes patológicos varía entre un 10 y un 50 %. Esas grandes diferencias en las respuestas se explican por la gran variabilidad de las historias y de los medios que acogen a esos niños. Los armenios, tanto si se refugiaron en un mundo cristiano como si lo hicieron en un mundo musulmán, no presentaron trastornos. Los padres que habían sobrevivido a la matanza se callaban como todos los heridos, cosa que turbaba a los niños, pero supieron organizar un medio significativo. La religión y sus rituales proporcionaron sin duda el cemento del grupo, pero los padres que deseaban integrarse y no regresar al país de los asesinos transmitieron a sus hijos el interés por la escuela y por la creatividad. Durante mucho tiempo, esas dos palabras han constituido los principales factores de integración, y cuando un niño puede expansionarse en su medio, los procesos de resiliencia se desarrollan sin dificultad. En cambio, los grupos

20. Mghir, R., R. Freed, W. Raskin y W. Katon, «Depression and Post Traumatic Stress Disorder among a Community Sample of Adolescent and Young Adult Afghan Refugees», *The Journal of Nervous and Mental Disease*, 183 (1), 1995, pp. 24-30.

de refugiados camboyanos en Tailandia, privados de sus raíces y de sus medios, no tenían ni siquiera la posibilidad de inventar una neocultura. Aunque disponían de ayuda internacional, solo contaban para sobrevivir con unos procesos arcaicos de socialización: el jefe de la banda reforzado por sus lugartenientes depredadores.[21]

La adaptación que protege no siempre es un factor de resiliencia

La evolución futura de los síndromes traumáticos también es variable: hemos visto cuadros agudos que desaparecen en seis meses, cuadros crónicos que organizan la personalidad, o una ocultación que reaparece cincuenta años más tarde. Hemos asistido a menudo a la constitución de una personalidad amoral, de una psicología de superviviente, de identificación con el agresor, de desconfianza constante, de dificultades escolares, que a veces se transmiten de generación en generación. Esos cuadros son incontestables, pero hay que destacar que varían asombrosamente según cuál sea la acogida al niño herido por parte de su grupo y de su cultura. Ninguno de esos sufrimientos es irreparable, todos son susceptibles de transformarse cuando se proponen guías de resiliencia. Eso no significa que el dolor sea despreciable, pero ya que está ahí, algo habrá que hacer con él, ¡en cualquier caso no podemos abandonarnos a la desgracia!

De modo que frente a la prueba caben varias estrategias. Contrariamente a lo que se piensa, una adaptación excesivamente buena no es una prueba de resiliencia, y ocurre incluso que una culpabilidad torturadora organiza estrategias de existencia resilientes.

21. Hiegel, J., Coloquio *Les Évolutions*, Chateauvallon-Ollioules, 1989, y J.P. Hiegel y C. Hiegel-Landrac, *Vivre et revivre au camp de Khao I Pang*, Fayard, París, 1996.

Ante el trauma, los niños no pueden no adaptarse. Pero la adaptación no siempre es beneficiosa: la amputación, la sumisión, la renuncia a ser uno mismo, la búsqueda de la indiferencia intelectual, la extrema frialdad afectiva, la desconfianza y la capacidad de seducción del agresor constituyen sin duda valores adaptativos, defensas no resilientes. Adaptarse es establecer una unión, pero ¿puede uno unirse a un agresor? Puesto que los niños no pueden desarrollarse más que en el medio que les causa la agresión, ¿cuáles serán sus estrategias adaptativas, y cuáles serán sus defensas resilientes?

Se producen amnesias postraumáticas cuando el choque ha sido violento o cuando se ha producido en un niño que antes se había vuelto vulnerable debido a su temperamento confuso. Ahora bien, dichas amnesias son poco frecuentes. Lo que suele darse, en la mayoría de los casos, es la necesidad apremiante del relato. Sin embargo, ese relato no siempre es posible. Cuando el niño ha sido herido antes de los siete u ocho años, no posee todavía el control de la representación del tiempo y del uso de las palabras que le permitirían construir una historia. Además, el simple hecho de haber rozado la muerte, la suya o la de sus allegados, le da al tiempo un carácter de inminencia («Haced que viva hasta los diez años») y crea una psicología de superviviente por la que, paradójicamente, cada año transcurrido es un año ganado que aleja de la muerte.

Este hecho absoluto, el trauma, se graba en la memoria con una precisión asombrosa. Es el contexto del trauma lo que está envuelto en una nebulosa y es, por tanto, susceptible de interpretaciones proyectivas. El trauma se adueña de nuestra conciencia y no nos deja ver la precisión de los detalles. Esta huella impresa en la memoria aparece de nuevo en los sueños y en las ensoñaciones. Eso explica que los niños heridos entre los tres y los ocho años, entre la aparición de la palabra y el dominio del tiempo, conviertan el hecho traumatizante en el punto de partida de su identidad narrativa. El relato de mi vida empieza con una catástrofe, una especie de escena originaria, una representación tan intensa, tan luminosa, que oscurece los otros recuerdos. Mi historia empieza con un hecho extraordinario: estuve a punto de ser expulsado del mundo y sin embargo estoy aquí, como un superviviente, mi cuerpo está aquí, aunque cómo puedo deciros sin provocar una sonrisa que una parte importante de mi alma fue expulsada de vuestro planeta social. Mi relato es tan inimaginable que os hará sonreír, os dejará atónitos, os pondrá furiosos, os impulsará a sermonearme o, lo que es peor, os exponéis a que el relato de mi desolación os cause placer.

Pues bien, como siento la necesidad de relatarme mi propia historia para descubrir quién soy, y como no sois capaces de entenderla, voy a relatarme en mi fuero interno con todo detalle y sin pausa la inmensa prueba que gobierna en secreto mi proyecto de vida, como un mito de los orígenes representado ante un único espectador: yo mismo. Me convertiré en autor-actor de mi destino y único testigo autorizado de mis combates. Vuestra opinión carece de interés, porque no tenéis la clave del espectáculo que represento ante vuestros ojos.

El pequeño tiene diez años. Nunca ha ido a la escuela. Ya no hay escuelas en los suburbios de Zagreb. Su familia desapareció. Desde hace tres años, ha sobrevivido refugiado en barracas donde de vez en cuando le daban de comer. Para no sufrir demasiado ante la ruina humana que le rodeaba, se esforzaba por adoptar una actitud de indiferencia. Un día, una maestra reunió a unos cuantos niños y, cuando los puso a estudiar, le sorprendieron las cualidades intelectuales de Pero. Lo confió a una familia de acogida, que lo llevó a la escuela. La escisión se convirtió para el niño en una necesidad de adaptación. Le bastaba silenciar su pasado para parecer igual a los demás. Le llamaban «el bello tenebroso», porque guardaba silencio cuando se hablaba de familia o de vida íntima. Sin embargo, era un muchacho alegre, y jugaba bien al fútbol. Rápidamente pasó a ser el primero de la clase. Un compañero le invitó a su casa, donde Pero descubrió el lujo con divertido placer. Los padres del pequeño Bozidar eran gente amable. Le explicaron a Pero las dificultades que tenía su hijo para seguir los estudios. Sin embargo, tenía una bonita habitación, un bonito escritorio y unos buenos padres. El lujo de la casa de Bozidar realzaba la miseria de la barraca de tablones donde vivía Pero; no obstante, era Pero el que experimentaba un sentimiento de superioridad.

El efecto que provoca una causa depende de su significado. Y la barraca y la soledad afectiva habían adquirido para Pero el sentido de una victoria. «A pesar de las terribles experiencias que han acompañado mis orígenes, soy mejor en la escuela y en el fútbol que mi compañero, el rico Bozidar.» Esa escisión adaptativa le proporcionaba al pequeño Pero un estilo relacional que tenía cierto encanto. Cuando le llamaban «el bello tenebroso», se sentía reforzado por sus tinieblas: «Basta que me calle para estar protegido». Por otra parte, admiraba mucho a los adultos que actuaban sin hablar, sin tener que justificarse. Los parlanchines le parecían débiles. Los hombres con los que se identificaba trabajaban sin decir palabra, sin mendigar la aprobación de los demás.

Cuando un combate heroico se convierte en un mito fundador

Esta representación de sí mismo, había ya metamorfoseado en su interior el horror del trauma de los orígenes. «Sé muy bien que mi silencio me protege y me hace fuerte.» La fractura de la realidad impone a esos niños un mito de los orígenes. El trauma los coloca en posición de héroes, de niños que se salen de las normas, de valientes desgraciados que ya son vencedores. La imposición del relato secreto, del mundo íntimo donde la vergüenza de haber sido humillado se mezcla con el orgullo de haber triunfado, proporciona una coherencia aparente a la escisión: «Me callo para ser fuerte, y no porque sienta vergüenza». La exigencia del relato íntimo les hace dueños de su pasado: «La narración permite reintroducir la temporalidad en la representación, y de este modo transformar la huella en pensamiento, la escena en escenario, la reviviscencia en rememoración»,[22] explica Michèle Bertrand.

El relato heroico asume un carácter defensivo. Si no construyeran un mito, esos niños quedarían despersonalizados por el trauma. Y como el hecho traumatizante permanece constantemente presente en su memoria, lo convierten en un relato que metamorfosea el horror, una rememoración cuya puesta en escena les hace dueños de su pasado. Se trata de una legítima defensa, por supuesto, pero también existe el riesgo del delirio. Si el teatro del mundo íntimo nunca se socializa, puede hincharse, reforzarse, ocupar toda la vida psíquica y aislar del mundo al pequeño herido. De modo que el niño, tras haberse visto obligado al relato silencioso para personalizarse, se ve obligado a socializarlo para no caer en el delirio. Sin embargo, el otro no siempre es capaz de entender ese mito de los orígenes. Entonces el niño aprende el lenguaje de los adultos y utiliza los circuitos que le propone su cultura para socializar su tragedia. Si la cultura no dispone en torno al niño ninguna posibilidad de expresión, el delirio lógico y el paso a la acción proporcionarán alivios momentáneos: el extremismo intelectual, la delincuencia política o los impulsos psicopáticos se manifiestan regularmente cuando se obliga a esos niños a permanecer prisioneros de su pasado. Pero en cuanto se les ofrece una posibilidad de expresión, se convierten en creadores marginales. Aunque, en realidad, todo creador es forzosamente marginal, puesto que introduce en la cultura algo que antes no estaba en ella. No obstante, esos niños destrozados, las víctimas de incesto o de malos tratos, ya han realizado ese trabajo de marginalización. Los pequeños heridos pueden elegir entre el paso a la acción o la innovación cultural. Es la cultura ambiente la que los orientará.

22. Bertrand, M., «Les traumatismes psychiques, pensée, mémoire, trace», en B. Doray y C. Louzun, *Les traumatismes dans le psychisme et la culture*, Érès, Toulouse, 1997, p. 45.

Por eso observamos regularmente en los traumatizados dos cuadros opuestos y sin embargo asociados. El de la hiperadaptación hecha de indiferencia, de amoralidad, de desconfianza y de delincuencia que, gracias a un solo encuentro, puede orientarse hacia la generosidad, la intelectualización, el compromiso social y la creatividad.[23]

Jean Genet vivió esta situación, y desde la primera frase se presenta a sí mismo desde esta perspectiva: «El traje de los presidiarios es de rayas, rosa y blanco... No pretendo disimular las razones que me llevaron a convertirme en ladrón... El crimen me excitaba». Un único encuentro con un editor orienta su destino hacia la actividad creadora: «A través de la escritura obtuve lo que buscaba... Lo que me guiará no es lo que he vivido sino el tono con que lo relato. No las anécdotas, sino las obras de arte... Llegar a ser una leyenda. Sé lo que quiero».[24]

Ese trabajo de la memoria es inevitable para que los heridos y los delincuentes se transformen en héroes. «Su genialidad no es un don, es la salida que inventan en las situaciones desesperadas, es la historia de su liberación, su victoria verbal.»[25] Una herida, por terrible que sea, puede constituir un momento sagrado, puesto que se convierte en el instante de la metamorfosis, de la varita mágica, del escobazo de la bruja que siempre da lugar a un antes y un después de ese momento. Lo banal desaparece cuando se ha conocido lo extremo. Ya no hay «historia profana, solo existe una historia santa; o, si se prefiere, como las sociedades llamadas "arcaicas", [se] transforma continuamente la historia en categorías míticas».[26] Esos relatos fabulosos hablan de la condición humana. Convierten en imágenes nuestra manera de sentirla. La culpa está en el núcleo de los mitos, y la transgre-

23. Bauer, C., *Fractures d'une vie*, Seuil, París, 1990.
24. Genet, J., *Journal du voleur*, Gallimard, París, 1949, p. 13 y pp. 232-233. [Hay trad. cast.: *El diario del ladrón*, Seix Barral, Barcelona, 1994.]
25. Sartre, J. P., *Saint Genet, comédien et martyr, op. cit.*
26. *Ibid.*, p. 13.

sión, la iniciación y la muerte, también. Todos los niños que han vivido situaciones extremas se ven forzados a convertirse en autores de mitos. Puesto que han cometido el crimen fabuloso de haber asesinado a sus padres o de haber transgredido las normas de la sexualidad, han de enfrentarse muy pronto a la tortura de la culpabilidad y de la expiación que apacigua.

Sin culpabilidad no hay moralidad

Desde el momento en que la victoria verbal invita a la remodelación emocional del pasado, la culpabilidad real asume un efecto extraño, ¡se convierte en un elemento vinculante! La historización salva al niño de lo impensable porque le proporciona un pasado pensado. Pero también le inculca la convicción de que él es el responsable de lo que le ha ocurrido, que es lo que permite a todo ser humano convertirse en sujeto de su destino,[27] autor de sus actos y no mero objeto zarandeado, golpeado por las circunstancias, sumiso.

¡Esto es nuevo! El estereotipo de nuestros discursos actuales tiende a hacer creer que hay que desembarazarse de la ponzoñosa culpabilidad judeocristiana, sin la que seríamos felices y libres de ponzoña. Los perversos, los que carecen de sentido de culpabilidad porque su empatía, su capacidad para ponerse en el lugar del otro, no se ha desarrollado, destruyen a cualquiera con sumo placer. En cambio, la empatía, único fundamento biológico y psicológico del sentido ético, conduce a la vez a la moral y a la culpabilidad.

Sentirse responsable de la desgracia que nos ha ocurrido es un sufrimiento añadido, por supuesto, es un tormento que surge en la representación. Se añade al horror de la agresión real, y esta combinación es la que provoca el trauma. Si la sorprenden-

27. Gannagé, M., *L'enfant, les parents et la guerre. Une étude clinique au Liban*, ESF éditeur, París, 1999, p. 18.

te culpabilidad de las víctimas no existiera, nos encontraríamos ante dos escenarios opuestos: aquel en que se dice «Mi desgracia es culpa de los demás. Detesto a mis padres por haber sido asesinados, me han abandonado. Eran responsables de mi felicidad y, al morir, se han convertido en la causa de mi desgracia. Sobrevivo gracias al odio que siento hacia ellos». Se oyen cosas así. Pero también he podido oír discursos como el de esa mujer policía que, antes de ser violada, adoraba el «espionaje», la pelea y hasta la bronca: «Soy débil, soy pasiva, soy el juguete sexual de los hombres que se aprovechan de mí, no soy más que una mujer».

El hecho de padecer un sentimiento de culpabilidad permite a los niños heridos atribuirse un significado: «No soy pasivo, porque mis padres fueron detenidos por la milicia en Beirut por culpa mía. Esta culpabilidad, que me tortura, también me da la posibilidad de sentirme mejor estableciendo relaciones de redención y de expiación. Por lo menos tengo algo que hacer, una conducta que seguir. Cargo con la desgracia ajena y no me lamento dando el amor que yo no he recibido». Esta defensa resiliente es muy costosa, pero teje un vínculo. Además, experimentar sentimiento de culpabilidad es probarse a sí mismo que uno no es un monstruo. Es incluso imbuirse de la íntima convicción de ser profundamente moral. Una vez logrado, las categorías aparecen claras: «Estoy del bando de los ángeles, porque me siento culpable, solo los monstruos pueden reírse de la muerte de sus padres».

Dando amor y ayudando a los demás, reparo mi dignidad herida por la agresión. Melanie Klein ya subrayó la tendencia reparadora de los niños muy pequeños y «la gratitud que los demás sienten por ello enseña al niño un estilo relacional esencialmente ético».[28] Ese sentimiento de responsabilidad, exacerbado por el trauma, explica la madurez precoz de los niños heridos,

28. Klein, M., *Envy and Gratitude*, Hogarth Press, Londres, 1975. [Hay trad. cast.: *Envidia y gratitud y otros trabajos*, Paidós, Barcelona, 1988.]

y nos enseña que los niños demasiado protegidos, que carecen de responsabilidades, difícilmente desarrollan un sentimiento ético. «Así, después de un período anómico marcado por la ausencia de leyes morales, la ignorancia de toda regla y de todo deber especial, se desarrolla, entre los dos y los siete años aproximadamente, el estadio de la heteronomía definida por una moralidad...»[29] Los niños heridos, cuando se tornan resilientes, se ven obligados a desarrollar un sentido moral precoz.

El sentimiento de culpabilidad vinculante explica una estrategia afectiva especial. Cualquier regalo avergüenza y angustia a esos niños, porque lo consideran inmerecido. No se hacen regalos a un culpable, no es moral recompensarlos. Esos niños no se sienten reparados hasta que no son ellos los que dan. «Precisamente porque está solo y es desgraciado, porque se muere de ganas de que le ayuden, de que le consuelen, porque siente una fabulosa necesidad de recibir amor, decide darlo.»[30] Es lo contrario de lo que sostiene nuestro estereotipo cultural cuando afirma: «Solo se puede dar lo que se ha recibido». Esta metáfora hidráulica no se corresponde en absoluto con lo que suele entenderse. La amabilidad patológica que llega hasta la entrega de uno mismo posee una gran eficacia resiliente: enmascarar la aversión o convertirla en su contrario, en un amor autosacrificial.

El odio tiene un efecto protector, que permite oponerse al agresor, pero esta protección, que posibilita el enfrentamiento con el perseguidor, se transforma y envenena la existencia cuando dura demasiado. En este caso caben dos estrategias resilientes: utilizar el odio para convertirlo en una fuerza de venganza, o evitarlo volcándose en un amor delirante. Los que eligen el odio y la venganza crean una pequeña protección, que también teje un vínculo entre quienes comparten el mismo odio. Esto re-

29. Mazet, P., «Naissance et développement du sens éthique chez l'enfant. Du sentiment de respect à l'égard de soi au respect d'autrui», *Neuropsychiatrie de l'enfance et de l'adolescence*, 47 (12), 1999, pp. 525-534.

30. Sartre, J.P., *Saint Genet, comédien et martyr, op. cit.*, p. 93.

fuerza la autoestima mediante categorías claras («el malo es él»), pero también impide la empatía al tratar sobre todo de no comprender los motivos del agresor. El odio y la venganza permiten que uno se convierta a su vez en agresor gracias al sentimiento ético de estar reparando una injusticia. Todas las venganzas se justifican mediante esta forma de defensa. Todos los Estados legitiman sus guerras con el pretexto de humillaciones pasadas, ruinas económicas o territorios robados. Se trata de una resiliencia parcial, puesto que el odio es un afecto que llena la conciencia del que lo siente. Por eso mismo, piensa constantemente en el agresor y lo frecuenta para poder agredirlo mejor. Es un avance, es mejor que un síndrome postraumático en el que el traumatizado prisionero de sus recuerdos sufre sin cesar por culpa de ese pasado sin conseguir asimilarlo, convertirlo en un momento doloroso, superado, un recuerdo sombrío en una historia clara. Pero la venganza no es un consuelo eficaz en la medida en que el herido siente constantemente la amargura de haber sido herido, mitigada apenas por el vil placer de la revancha. También es una manera de seguir siendo prisionero de su pasado mientras se está preparando una guerra de liberación.

Robar o dar para sentirse fuerte

La otra estrategia resiliente consiste en dar, para evitar recibir. «Puesto que no pertenezco a una familia, no estoy incluido en una red afectiva», piensa el niño abandonado. «Puesto que no pertenezco, no poseo nada», dicen los niños aislados cuando expresan ese curioso sentimiento genealógico que les induce a creer que se posee lo que pertenece a los que nos aman: «Puesto que mis padres me aman, yo poseo lo que ellos tienen: nuestra casa, nuestros coches y nuestras bicicletas». El niño que carece de afecto no posee nada. Entonces cualquier regalo suscita la emoción angustiosa de un hecho extraordinario, al que es imposible corresponder porque no es debido ni merecido. Lo que culpabiliza es el regalo. La ausencia de regalo crea un vacío desolador, pero cuando el niño herido pasa a ser el que da, entonces experimenta una dulce sensación de felicidad. Ya no es la víctima, el culpable. Con un simple gesto se convierte en el niño fuerte, el que ayuda.

Hace unas semanas, Igor, un niño corpulento de tres años, tuvo la varicela. Cuando su madre le llevó a la escuela, un poco antes de tiempo, el niño aún con costras fue recibido con gritos de horror. La directora se puso a gritar gesticulando exageradamente: «¡Es contagioso! ¡Cuidado! ¡Apartaos! ¡Apartaos!», gritaba a los otros niños. Igor estuvo llorando y pasó tres horas triste, lo que a esa edad es un signo de traumatismo de la vida cotidiana. Al día siguiente, entró en el cuarto de baño donde se estaba lavando su padre, estuvo explorando con atención su piel hasta que finalmente encontró un granito: «Tienes un grano —le dijo—, pero igualmente te voy a dar un beso». Con un simple guión comportamental, el niño se había indicado a sí mismo: «Se puede amar a alguien que tiene granos, y yo, además, formo parte del grupo de las personas generosas que no hieren a los que tienen granos. De modo que merece la pena vivir la vida». Inmediatamente después de haber representado esta breve actuación, el niño se sintió mejor y recuperó el interés por la vida. Estoy exagerando un poco, por supuesto, pero lo hago para ilustrar la idea de que un apego puede volver a ser seguro en cuanto el niño recupera el control de sus decisiones y de sus emociones. Hay que darle seguridad, evidentemente, y ofrecerle después la posibilidad de que él adquiera seguridad. Pero si el niño no dispone a su alrededor de un entorno capaz de lograr que realice ese trabajo, lo hará él solo, con los medios de que dispone, que son el robo y la modificación de su historia.

Resulta extraño hablar de robo efectuado por niños cuyo sentido moral está muy desarrollado. Sin embargo, los niños de las calles de Colombia, los «gamines», se adaptan a un medio enloquecido a través de la delincuencia. Ponen a prueba, gracias a los robos, su capacidad para decidir, revalorizan su autoestima gracias a su energía física y luego, orgullosos de sus éxitos, comparten el botín con los más pequeños y les reconfortan afectuosamente. En ese contexto, la delincuencia se convierte en un valor de adaptación. Un niño de la calle que no fuera delincuente tendría una esperanza de vida de apenas unos días. Esta adaptación social, prueba de su fuerza naciente, va unida a un verdadero sentido ético que les permite, gracias a la ayuda mutua, preservar su autoestima.[31]

Sus hurtos constituyen a menudo auténticos relatos de comportamiento, ya que es frecuente el robo de objetos significativos. «Un día, me llevaron ante el juez por haber robado papel de regalo.»[32] ¿Qué puede «significar» un papel de regalo para un niño que vive de ocupa en un sótano, roba para comer y de vez en cuando se prostituye? No es raro que los niños que carecen de afectos roben objetos que simbolizan el afecto. El pequeño Roger se levantó por la noche, pese al intenso frío reinante en la institución donde vivía, para ir a robar, en el armario de su vecino, las frutas escarchadas que le había enviado una imprecisa madrina. Le sorprendieron, y a la mañana siguiente los educadores le reprendieron y le trataron de «ladrón». A Roger le extrañaba haber cogido las frutas escarchadas, puesto que las detestaba. Entonces se acordó de que había visto a esa «madrina», una asistenta social para niños con dificultades, hablando cariñosamente con su compañero de dormitorio. Era ella quien había enviado las frutas, y Roger, al comerlas, evocaba la tierna imagen de ese momento de afecto. Los dulces no le gustaban, pero la evocación de una relación afectuosa le llenaba de una felicidad más intensa que la repugnancia que sentía por las frutas escarchadas.

31. Colmenares, M. E. y L. Balegno, «Les enfants de la rue à Cali (Los desplazados)», en S. Vannier y B. Cyrulnik, *Réparer le lien déchiré*, Salos-de-Provence, 26 de mayo de 2000.

32. Guénard, T., testimonio en *La résilience: le réalisme de l'espérance*, *op. cit.*

Es evidente que el niño se había expresado a través de comportamientos, puesto que todavía no sabía expresarse con palabras. Y los adultos educadores estaban absolutamente encantados de expresar su sadismo moralizante insultando al niño que robaba sin dar muestras de gratitud por todo lo que la sociedad le daba.

«… le daba», este era el problema. Ya que dar a un niño no amado y, por tanto, desprovisto de todo, es abrumarle aún más. «Por supuesto, no pasa hambre ni frío. Se le da techo y comida. Precisamente: se le da. Este niño tiene demasiados regalos: todo es un regalo, hasta el aire que respira, hay que dar las gracias por todo…»[33] Cualquier gesto de bondad le obliga, mientras que el robo le libera. Si no queremos que robe, hay que pedirle que dé. «Una señora le decía: "Mi criada debe estar contenta, le doy mis vestidos" "Muy bien —respondió él—. ¿Y ella le da a usted los suyos"?»[34] El regalo que se da a cambio libera más que el robo, porque restablece relaciones de igualdad y, sobre todo, socializa permitiendo al niño significarse: «Soy fuerte y generoso porque soy yo el que da».

A veces ocurre que el pequeño delincuente da a escondidas. Roger, el niño de las frutas escarchadas, había robado una figurita, porque sí, simplemente por robar, para apropiársela. Luego se la vendió a un chico del dormitorio de los mayores. Inmediatamente corrió a la casa vecina, donde vivía una anciana sola, que un día le había hecho un verdadero regalo: charlar con él. La anciana le había explicado que a veces tenía dificultades para poder comprar comida. El niño trepó por el muro hasta el primer piso, empujó la ventana, encontró el monedero que recordaba haber visto sobre la mesa de la cocina, olvidado en un cuenco junto a las medicinas. Depositó en él las moneditas exponiéndose a ser descubierto, y luego huyó como un ladrón… ¿Como un donante?

33. Sartre, J. P., *Saint Genet, comédien et martyr, op. cit.*, p. 17.
34. *Ibid.*

No obstante, la escena secreta del robo y del regalo asociados le producía inquietud. El hurto que había transformado en regalo le otorgaba el papel de bueno, pero no le había permitido representar un personaje social. Había hecho el regalo a escondidas para no obligar a la anciana a decirle «gracias». Le había concedido un poco de libertad, ya que sabía muy bien hasta qué punto un regalo puede aprisionar. Roger era el único que lo sabía. Decirlo habría alterado la belleza de la escena íntima, había que callar. Entonces encontró una solución: cada vez que su difícil existencia de niño sin vínculos, y por tanto sin bienes, le hería de nuevo, se explicaba la historia del robo transformado en regalo. Al apropiarse del objeto y metamorfosearlo gracias a la magia de la puesta en escena, el niño tomaba de nuevo posesión de su mundo íntimo. Por medio de ese robo transformado en don, era él quien se transfiguraba. Dejaba de ser el andrajoso para convertirse en príncipe invisible: «Vosotros que creéis que soy pequeño y miserable no os podéis ni imaginar hasta qué punto puedo ser soberano».

Las quimeras del pasado son verdaderas, en la medida en que son verdaderas las quimeras

Este es exactamente el proceso de resiliencia que pueden seguir los niños gravemente traumatizados. Cuando dan cosas reales, consiguen socializarse. Pero antes han de transformar su mundo de representaciones íntimas y reapropiarse de su pasado herido para no sufrir más por culpa de su pasividad. Actuando sobre la realidad y sobre su representación, consiguen modificar los dos choques que producen el traumatismo.

Nuestros niños aprenden muy pronto que el simple hecho de hablar les invita a elegir las palabras para describir el trance. Pues bien, en cuanto son capaces de construir un relato, buscan en su memoria las imágenes y las emociones que convertirán en una representación verbal. Un relato es forzosamente quimérico porque no se puede recordar todo y porque nuestro desarrollo temperamental nos ha hecho más sensibles a unos objetos que a otros. ¡Cuidado! «quimérico» no significa «falso», puesto que cada elemento es verdadero en un animal que sin embargo no existe. Es la recomposición de elementos existentes lo que explica que la quimera no exista en la realidad, pero alce el vuelo en la representación de la realidad. Y los sentimientos que experimentamos realmente en nuestro cuerpo están provocados en esta ocasión por nuestras representaciones quiméricas.

Estamos todos obligados a fabricarnos una quimera con nuestro pasado, en la que creemos con un sentimiento de evidencia. Y los niños heridos están obligados, más que los otros, a construirse una quimera, verdadera en la medida en que son verdaderas las quimeras, a fin de soportar la representación de la herida, pues la única realidad soportable es la que inventan.

A partir del momento en que un niño puede elaborar el relato de su desgracia, sus interacciones cambian de estilo[35] y el sentimiento que experimenta resulta por ello metamorfoseado. Pero para obtener este resultado tienen que pasar años. En los dieciocho primeros meses, se produce esta intersubjetividad que modela el temperamento del niño. Luego el niño comprende que con gestos y mímicas puede modificar el mundo mental de los otros. Pero en cuanto consigue elaborar el relato de un acontecimiento destacado, cambia la naturaleza de la intersubjetividad, puesto que deja de ser sensorial e imitada por los comportamientos para convertirse en verbal y dirigida a una persona que no estaba allí en el momento de la tragedia. Al recomponer el hecho con palabras que modifican el mundo mental de la persona a quien se confía, el niño no solo cambia la representación del hecho y el sentido que se le atribuye sino que además establece un vínculo con sus compañeros de confidencia.

35. Favez, N., «Le développement des narrations autobiographiques chez le jeune enfant. Perspectives et revue de littérature», *Devenir*, vol. 12, n.° 1, 2000, pp. 63-76.

A partir de los tres o cuatro años, el niño sabe construir un relato compuesto de elementos destacados, poco coordinados, puestos de relieve por emociones relacionales. «Papá cogió la escoba. Tiró el pájaro al mar. Voló» significa en un relato adulto: «Había un pájaro en la terraza. Papá lo sacó de un escobazo. El pájaro se echó a volar sumergiéndose en el mar antes de elevarse de nuevo por los aires».

A los cinco años, el niño tiene un dominio suficiente de la gramática y de la representación del tiempo para elaborar un relato bien construido, con secuencias articuladas que, al exponer los puntos destacados del hecho, desarrollarán en la mente del oyente una representación coherente y conmovedora... como en el cine.

Pero cuando el hecho es una fractura, resulta difícil representarla, porque no es posible hacer de ella un relato anodino ni tampoco atreverse a convertirla en un relato sagrado, un mito fundador. La intensidad de la herida realza ciertos detalles que captaron la conciencia del niño y le aislaron del contexto que habría podido dar sentido a sus percepciones. Por esto los niños solo son testimonios fiables cuando los adultos les hacen las preguntas pertinentes. No hay que tratar de influir en ellos ni tampoco repetirles la pregunta, porque entonces el niño cree que se ha equivocado y da una respuesta distinta a la segunda pregunta. La falta de fiabilidad del testimonio de un niño a menudo es una demostración de la falta de pertinencia de las preguntas del adulto.[36]

Muchas veces, la evocación de los recuerdos suscita emociones que abruman al niño y le impiden hablar. Pero casi siempre es el adulto el que, con su excesivo dirigismo, provoca las respuestas que quiere oír y ahoga la expresión de lo que no le conviene. Cuando el testimonio de un niño no se corresponde con la representación que el adulto espera, este tiene tendencia a

36. Peter, S., G. Wyatt y D. Finkelhor, «Prevalence», en D. Finkelhor (ed.), *A Source Book on Child Sexual Abuse*, CH Sage, Beverly Hills, 1986, pp. 15-59.

descalificar al pequeño diciendo que su testimonio no es fiable. En este caso, es el adulto el que provoca los trastornos que describe. Al impedir que el niño exprese lo que constituye una inmensa parte de su mundo íntimo, provoca una escisión de la personalidad, una división del yo en dos personalidades que se ignoran. En un primer momento, ese mecanismo evita la confusión[37] porque enseña al niño que hay cosas que se pueden decir y otras que no serán aceptadas. Se adapta a la patología del adulto gracias a la escisión, que supone un beneficio inmediato y pone en marcha una bomba de efecto retardado. Cuando el niño se convierta en adulto, sus allegados tendrán que tratar con una persona ambivalente, a veces parlanchín, de trato amable, y repentinamente sombrío o explosivo, según lo que la situación evoque. El niño traumatizado se adapta gracias a la escisión a la imposibilidad de los adultos de entender un testimonio excepcional. Su personalidad aprende a desarrollarse en dos direcciones distintas. La primera se teje en torno a las guías de desarrollo afectivo y social propuestas por los adultos. Y la segunda se elabora en secreto, en la intimidad de un mundo mental rechazado por los adultos.

En ese mundo, el niño herido ha de inventarse él mismo sus propias guías de resiliencia. Por lo general, encuentra dos. La primera actúa en sus relatos íntimos, cuando el niño herido se pregunta por qué le ha sucedido esto, qué significa y qué ha de comprender para superarlo. Puesto que los adultos no quieren oír su discurso, le corresponde exclusivamente a él hacer ese trabajo y retomar el control de la representación de su pasado, la creación de un nuevo mundo. Semejante defensa puede conducir al delirio porque, aislado de la sociedad, su trabajo interior escapa del efecto corrector de los demás.

La segunda guía de resiliencia a menudo está constituida por las escenas representadas. En realidad, las comedias son discur-

---

37. Ionescu, S., M.M. Jacquet y C. Lothe, *Les mécanismes de défense. Théorie et clinique*, Nathan Université, París, 1997, pp. 148-149.

sos conductuales gracias a los cuales los pequeños heridos intentan controlar la situación y crecer felices, pese a todo.

Cuando un recuerdo preciso está envuelto en brumas
hace el pasado soportable y hermoso

Cuando Bernard fue detenido, a la edad de seis años, enseguida comprendió que su vida había acabado. La policía irrumpió de noche en su habitación, con el arma en la mano, los pasillos estaban bloqueados por soldados alemanes en máxima tensión. Fuera, en la oscuridad, los camiones cubiertos con una lona y la calle interceptada por los militares no infundían miedo. Curiosamente, todo este dispositivo militar para detener a un chiquillo producía una sensación de tranquilidad, puesto que era inevitable resignarse. Bernard entendía que estaba condenado a muerte, pero no sabía por qué. Tras haber sido encerrado en lo que parecía ser un gran teatro, se mantuvo especialmente atento a las ventanas y a la frecuencia de apertura de las puertas. Dos ingenuos intentos de fuga se saldaron con unas patadas en las nalgas y unos culatazos en la espalda. Pero esos intentos no fueron inútiles, ya que permitieron al niño descubrir que en la parte interior de la puerta de los lavabos había unas gruesas planchas clavadas dibujando una gran «z», que prácticamente llegaban hasta el techo.

Cuando comenzó la evacuación de los prisioneros, el niño se alejó discretamente en dirección a los lavabos, escaló la «z» hasta lo más alto y, una vez allí arriba, apoyando la espalda contra una pared y los pies contra la otra, descubrió extrañado que podía mantenerse en esta postura sin sentir una fatiga excesiva. El jaleo de la evacuación fue mitigándose, cesaron los gritos de las órdenes y el silencio se hizo casi angustioso, puesto que significaba que ahora le correspondía actuar al niño.

Entró un policía a orinar. No levantó la cabeza. Unos minutos más tarde, Bernard oyó el ruido de las puertas cercanas que se cerraban violentamente. La de los lavabos donde estaba escondido se abrió bruscamente. Un soldado alemán echó un vistazo y, en el momento en que iba a cerrar de nuevo levantó los ojos y gritó. Desalojado a culatazos, el niño se dejó caer y salió corriendo. El «teatro» tenía un aspecto extraño. Mucho humo. Algunos grupos reducidos de hombres de paisano hablaban en un tono de voz que parecía bajo después del tumulto de la evacuación. Por el gran portón abierto se filtraba el sol. Fuera, las hileras de soldados que habían dirigido a los prisioneros hasta los furgones empezaban a dispersarse. En vez de dirigirse hacia el lugar que conducía a los furgones, el niño corrió hacia la izquierda, por detrás de los soldados que iban a guardar las armas. Había una ambulancia algo apartada. Una enfermera vio al niño y le llamó. Bernard corrió hasta la camioneta cuyas puertas traseras estaban aún abiertas y saltó a su interior. Fue a parar bajo un colchón sobre el que agonizaba una mujer extremadamente pálida. Durante un buen rato nadie se movió: ni la mujer moribunda, ni la enfermera ni el niño debajo del colchón. Se presentó un médico militar alemán, examinó a la mujer y autorizó la salida hacia el hospital.

Esta es la historia que el pequeño Bernard tenía grabada en la memoria. Durante más de veinte años, cuando rememoraba su pasado, Bernard comenzaba el relato de su vida con esta historia sin palabras. Sabía muy bien que este hecho no era el comienzo de su vida, pero él lo convertía en el punto de partida de su identidad narrativa, como un mito fundador, un acontecimiento que caracterizaba, y tal vez incluso explicaba, los esfuerzos que tendría que hacer para llegar a ser humano, a pesar de todo. ¿Por qué no explicó nunca esta historia, que se contaba a sí mismo continuamente? Porque este hecho memorable le permitía componer en su memoria un objeto significativo: «A pesar de las adversidades y de la crueldad de los hombres, siempre es posible tener esperanza».

Puesto que se veía forzado a la escisión, era absolutamente necesario que sus representaciones íntimas no provocaran un sentimiento de horror que habría envenenado su existencia. Un recuerdo demasiado real y no interpretado habría impedido el proceso de resiliencia. Unas horas después de su evasión, al pequeño Bernard lo escondieron en la cocina de una asociación de estudiantes cuyo presidente pertenecía a la resistencia. Un cocinero descubrió al niño y exclamó enfadado: «No quiero a este niño aquí. Nos jugamos la vida escondiéndolo». Bernard no solamente se sentía culpable de la muerte de sus padres, no solamente sabía que él también estaba condenado a muerte, sino que además se hacía responsable de la muerte de quienes se ocupaban de él.

Cuando la realidad es monstruosa, hay que transformarla para hacerla soportable. Mientras se iba repitiendo esos relatos íntimos, Bernard recordó que, antes de su evasión, acudía regularmente a visitarle un soldado alemán. Se sentaba junto al pequeño prisionero y le enseñaba fotografías de sus propios hijos. Curiosamente ese recuerdo le resultaba agradable. Más tarde, al recordar la escena de la ambulancia, el niño se preguntaba si el médico militar no había cruzado la mirada con la suya cuando estaba escondido debajo del colchón. No estaba muy seguro de esta imagen, pero cuando la asociaba al recuerdo real del soldado que iba a charlar con él todos los días y a enseñarle las fotografías, la imagen dudosa le parecía cada vez más clara, y hasta coherente. Cuando uno solo ha visto tres patas de una silla, está convencido de haber visto la cuarta, ya que lógicamente debía estar allí. Un recuerdo dudoso se iba deslizando entre los detalles sorprendentemente claros, grabados para siempre en la memoria de Bernard.

De relato en relato, la historia sin palabras resultaba demasiado coherente para ser cierta. Bernard recordaba ahora que el médico militar había examinado a la moribunda, luego había levantado el colchón y, tras haber cruzado la mirada con la del niño, había dado la señal de partida, indicando con aquel gesto de la mano la gracia que concedía al niño: el permiso para vivir.

Resulta que casi sesenta años más tarde, ¡Bernard volvió a encontrarse con la enfermera y la moribunda! Fueron confirmados todos los detalles, que eran sorprendentemente precisos, excepto uno: el médico alemán en ningún momento levantó el colchón. Simplemente había mirado a la moribunda y había dicho en francés: «¡Que reviente! ¡Aquí o en otra parte! ¡Lo importante es que reviente!». Su deseo jamás llegó a hacerse realidad porque el culatazo, que había reventado el bazo de aquella mujer y le había provocado una hemorragia interna, también había hecho posible la intervención quirúrgica. Sin ese culatazo, aquella señora seguramente hubiera muerto en Auschwitz. La enfermera confirma los detalles, pero se pregunta si no hubo en último término un intercambio de miradas.

¿A qué corresponde ese estilo de memoria que encontramos tan a menudo en los traumatizados: ¿una estructura asombrosamente precisa, rodeada de un halo de recuerdos recompuestos? La acumulación de recuerdos de hechos reales habría hecho al niño confuso, sin una visión clara del mundo, incapaz de juzgar: «¿Puede un alemán ser amable y decidir luego matarme?». Si el niño hubiera conservado recuerdos precisos sin modificarlos, sin darles coherencia, habría vivido en un terror constante, como ocurre en el caso de las reviviscencias postraumáticas. El herido ha de remodelar su pasado para hacerlo soportable y darle una coherencia que la realidad no tiene. Al añadir un toque de humanidad al médico militar, semejante al que había atribuido al alemán de las fotografías, Bernard podía vivir en un mundo donde los perseguidores no eran inexorables. De este modo lograba convencerse de que la bondad existe y de que incluso los verdugos tienen fallos humanos gracias a los que siempre es posible conmoverlos y ganarse el derecho a vivir.

Esta representación deformada que mezcla recuerdos precisos con reconstrucciones fantasiosas posee un efecto de resiliencia importante: no solo los agresores ya no son todopoderosos, sino que la pequeña víctima se transforma en héroe secreto, el que consigue huir ante todo un ejército y el que, después de la herida, sabe cómo restablecer vínculos y reconstruir un apego seguro.

El hecho traumático, una vez admitido por la conciencia, puede ser contemplado, trabajado e integrado en la historia del niño gracias a esta «falsificación creadora».[38] Sin esa remodelación del pasado, interpretada por el niño para introducir en ella generosidad y algo de heroísmo, la realidad habría resultado insostenible. Grabada en la memoria por la emoción del estrés, habría estado presente todos los días, en todos los momentos en que la vigilancia se debilita y fallan las defensas, como en los síndromes postraumáticos.

A veces el niño se deja apresar en la trampa de la negación de su pasado, cuando rechaza en el inconsciente una representación de una imagen, un recuerdo vinculado a una pulsión inaceptable, como matar, matarse o ceder por cobardía. La negación no tiene un precio tan elevado ya que no expone al riesgo del retorno de lo negado y permite dejar de sentir una agresión pasada como un peligro o como un dolor. Pero para esto hay que trabajar la historia personal, hay que remodelar la representación de la tragedia a fin de que el sujeto consiga soportar sus relatos íntimos. A veces incluso la historia traumatizante se vuelve socialmente aceptable cuando el herido tiene talento suficiente para convertirla en un diario, una obra de teatro o una relación que contribuirá a hacer que su sufrimiento sea útil a los demás.

Ordalía secreta y reinserción social

Pero antes de llegar a la entrega de sí mismo, es necesario que el pequeño herido recupere el control de sus emociones y de sus actos. Ciertas actuaciones conductuales extrañas para un adulto poseen esta función que permite al niño tomar de nuevo posesión de su zarandeado destino.

38. Ferenczi, S., «Réflexions sur le traumatisme», 1934, en S. Ferenczi, *Psychanalyse*, tomo 4, Payot, París, 1984, p. 144. [Hay trad. cast.: *Obras completas*, Espasa-Calpe, Madrid, 1981-1984.]

Cuando Tinho Banda, a la edad de siete años, vio que los rebeldes de Renamo regresaban a su aldea, no tuvo un miedo excesivo. Sin embargo, la víspera habían matado a golpes de machete a su madre y al bebé que llevaba a la espalda.[39] Tinho se escondió con tranquilidad debajo de un mueble, se cubrió con un cojín y procuró pacientemente no moverse ni respirar apenas. Cuando los asesinos se marcharon, el niño se dirigió a pie hasta las cercanías de Petauke, a un campamento situado al este de Zambia. Al llegar allí, se limitó a explicar que había escapado de la masacre y por dos veces tuvo que oír cómo un adulto decía: «Menos mal que no estornudó, le habrían matado». Esta frase, pronunciada por adultos que estaban por encima de él, significaba para el chiquillo que su vida o su muerte dependía de un comportamiento que podría haber escapado a su control.

Esta pasividad le disgustaba sin saber por qué. Cuando rememoraba la escena en que estaba escondido y la asociaba a la frase pronunciada por los adultos, experimentaba una especie de irritación. Lo que le angustiaba era la frase que indicaba un destino de sumisión: «¡Una fuerza se me puede imponer y obligarme a expresar algo que me condenará!». El mero hecho de contemplar su futuro con esta amenaza agazapada en su interior le atormentaba mucho. Un día en que se aburría en el campo, cosa que le ocurría con frecuencia, cogió una hierba seca y se la introdujo en la nariz para provocarse un estornudo. Los adultos tenían razón: el hecho de no tener el control de su cuerpo podía poner en peligro su vida. Entonces comenzó a entrenarse. Tras algunos intentos, consiguió meterse hierbas en la nariz, sangrar un poco, llorar mucho pero no estornudar nunca. Los adultos pensaban que el chiquillo estaba trastornado, pero se lo perdonaban teniendo en cuenta lo que había vivido. En cuanto a Tinho, esta actuación cien veces repetida le permitía decirse: «Soy más fuerte que las agresiones que me inflijo en la nariz. Soy due-

39. Fozzard, S., *Surviving Violence. A Recovering Programme for Children and Families*, International Catholic Child Bureau, Ginebra, 1995.

ño de mi cuerpo. Solo tengo que entrenarme para resistir al dolor y las ganas de estornudar. Sé lo que hay que hacer para no tener miedo. Puedo pensar en mi futuro. Yo decido que la felicidad es posible».

Existen todavía hoy, en ciertas culturas de África o de Oceanía, rituales ordálicos realizados con hierros candentes o por inmersión. El individuo considerado culpable por su grupo o por él mismo se somete a la prueba de esas agresiones naturales. Si es capaz de controlar el sufrimiento causado por el fuego o el agua, se prueba a sí mismo que no es culpable y que la sociedad le autoriza a vivir. La ordalía íntima de la hierba en la nariz permitía a Tinho decirse que, gracias a esta acción, había conquistado el derecho a vivir, aunque los asesinos decidieran otra cosa. Esta actuación aparentemente absurda se convertía para Tinho en la base de un proceso de resiliencia que más tarde adquirió un aspecto adulto: «Aunque me agredan y yo sufra, nada me impedirá realizar mis sueños».

Estar a la expectativa de una desgracia ya es una desgracia, en cambio Tinho, gracias a su actuación ordálica, estaba a la expectativa de la felicidad: «Ahora estoy solo, soy pequeño y desgraciado, pero acabo de superar la prueba de que un día la felicidad llegará a mi vida, si lo deseo».

La percepción, en el momento mismo del hecho, no es simbolizable. Pero después, cuando el acto se integra en una actuación significativa, la percepción «quiere decir» algo. La representación de la hierba en la nariz simbolizaba el medio de triunfar, de dejar de estar sometido, zarandeado por las agresiones de la vida. Tinho sabía ya cómo resistir.

Cabe pensar que a los quince meses Tinho ya sabía jugar a fingir, y que esa pequeña representación le había dado confianza en sí mismo, puesto que le permitía convertirse en un pequeño comediante capaz de modificar el mundo mental de los adultos que le amaban. Después de su terrible experiencia, Tinho se convirtió de nuevo en actor de su desarrollo. La hazaña de recuperar el control de sí mismo le otorgaba de nuevo la confianza que había adquirido cuando era muy pequeño. Incluso cuando un niño piensa: «Jamás podré olvidar», es en la representación del trauma donde puede remodelarse. «No puedo no haber vivido esta situación. Está en mi memoria, en mi pasado, en mi historia, en mí.» Pero se necesitan dos sufrimientos para provocar un traumatismo y el segundo se produce en la representación que uno se hace del hecho. Por lo tanto, esta representación depende tanto de la mirada de los otros («Este niño está perdido») como de la capacidad de creación: «Es absolutamente necesario que convierta el trauma en una representación soportable, una obra de arte, una obra útil». Esta promoción de la subjetividad es una poderosa invitación a la aventura intelectual.

Este proceso no es raro si el niño tiene la posibilidad de aprender que puede lograr que le amen. Para ello es preciso que, después del trauma, el entorno le proponga ámbitos de expresión. Se producirá entonces una «brusca eclosión de unas capacidades intelectuales insospechadas que permiten al individuo realizar actos extraordinarios, evaluar la situación con una gran clarividencia totalmente inconsciente, y hacer exactamente lo necesario para asegurar la supervivencia».[40] De modo que un trauma puede marcar de por vida el desarrollo de un ser humano sin llevarle directamente a la neurosis. Eso no quita que la agresión siga siendo la referencia íntima del herido y guíe en secreto la mayoría de sus elecciones.

Declaración de guerra contra los niños

Los mayores agresores de niños que existen hoy sobre el planeta son los Estados, cuando hacen la guerra o provocan la ruina económica o social. A continuación vienen las agresiones fami-

40. Bertrand, M., «Les traumatismes psychiques, pensée, mémoire, trace», en B. Doray y C. Louzun, *Les traumatismes dans le psychisme et la culture*, *op. cit.*, p. 42.

liares físicas, morales o sexuales, a gran distancia de las agresiones debidas a la adversidad.

Las cifras de la agresión son obscenas. Decir que en India hay treinta millones de huérfanos, de los que doce millones viven en situación de extrema pobreza, cinco millones de niños discapacitados y doce millones sin techo provoca un cierto embotamiento intelectual, como si la enormidad de las cifras hiciera imposible su representación, como si la distancia del crimen inhibiera la empatía: «Está demasiado lejos de nosotros, no podemos cargar con todas las desgracias del mundo». De hecho, «estos grandes acontecimientos mundiales hipotecan actualmente de por vida el desarrollo de cientos de millones de niños, y el peso de esta plaga es lo suficientemente pesado como para ralentizar el desarrollo social y económico de muchas naciones».[41]

Gracias a la tecnología de las armas y de los transportes, el siglo XX descubrió una barbarie que ni la Antigüedad ni la Edad Media habían conocido: ¡la guerra contra los niños! La Turquía de principios del siglo XX masacró a sabiendas a niños por el mero hecho de ser armenios. Veinte años más tarde, la muy culta Alemania utilizó sus progresos técnicos y su impecable administración para organizar mejor la aniquilación de centenares de miles de niños, cuyo único crimen había sido nacer en hogares apenas diferentes. Y hasta los generosos estadounidenses, que proporcionaron la victoria a las democracias, tal vez habrían podido evitar el lanzamiento de la bomba sobre Nagasaki.[42]

Si Auschwitz sucediera hoy, saldría en los telediarios. Una cadena mostraría la limpieza de los campos y la amabilidad de los guardianes. Un periodista sin escrúpulos se extrañaría de la

---

41. Ehrensaft, E., M. Kapur y M. Tousignant, «Les enfants de la guerre et de la pauvreté dans le tiers-monde», 1999, en E. Habimana, L.S. Ethier, D. Petot y M. Tousignant, *Psychopathologie de l'enfant et de l'adolescent*, *op. cit.*, p. 641.

42. Tomkiewitcz, S., «L'enfant et la guerre», en M. Bertrand, *Les enfants de la guerre et les violences civiles*, *op. cit.*, p. 12, y T. Todorov, *Mémoire du Mal, passion du Bien*, Seuil, París, 2000.

existencia de unas chimeneas poco acordes con un lugar destinado a la reinserción al trabajo. Por la noche, en la ciudad, en las veladas con nuestros amigos, discutiríamos un poco mientras saborearíamos un buen vino. Aquello que forma parte del discurso público de las personas civilizadas es muy diferente de lo que ocurre en el mundo de los que se debaten en el fango de la realidad. Es ahí adonde hay que ir.

La construcción del proceso de resiliencia externa en torno al niño herido ha de ser continua. Su acogida después de la agresión constituye la primera malla necesaria, y no forzosamente verbal, para restablecer el vínculo después del desgarro. La segunda malla, más tardía, exige que las familias y las instituciones ofrezcan al niño lugares donde pueda crear sus representaciones del traumatismo. La tercera malla, social y cultural, se construye cuando la sociedad propone a esos niños la posibilidad de socializarse. Ya solo queda tejer la resiliencia durante el resto de su vida.

En Kosovo, inmediatamente después de la guerra, había muchos niños heridos. En Pocklek, una niña de cinco años fue encerrada en un local con una cincuentena de adultos de su familia y de su aldea. Fueron ametrallados por los soldados que luego prendieron fuego al montón de cuerpos. Como la niña fue la primera en caer contra la pared, en el fondo de la estancia, el peso de los cadáveres no la aplastó y la protegió de las balas y del fuego. Fue su padre el que la descubrió, tras haber apartado uno por uno los cuerpos de sus amigos y de su familia. No obstante, ese hombre, que vivía una pesadilla, no tuvo fuerzas para infundir seguridad a la pequeña. No solamente tuvo que ir levantando los cuerpos de sus allegados, desgarrados y quemados, sino que cada vez que sacaba uno de aquellos despojos, pensaba: «Yo no estaba aquí… estaba en el bosque buscando setas mientras los fusilaban… estaba entretenido mientras los quemaban…». El padre, aturdido por la desgracia y la culpabilidad, no fue capaz de entender a su hijita, que se puso en pie entre los cadáveres chorreando grasa negra y sangre ajena. No la abrazó. Una vecina lavó a la niña, que inmediatamente cogió dos muñecas y se refugió en una carretilla que se negó a abandonar durante dos meses.

Cuando visitamos al padre,[43] rechazó nuestra ayuda. Si por desgracia se sintiera mejor, si por desgracia recuperara las ganas de vivir, tendría la impresión de ser un monstruo y se castigaría a sí mismo. Era necesario expiar el crimen de no haber estado allí para morir con los suyos. Por eso se sacrificaba por sus vecinos y por su hijita, a la que arrastraba en su sufrimiento.

Hubo que negociar mucho para pedirle que llevara a la pequeña a la asociación Niños Refugiados del Mundo, que había instalado un centro en Pristina. Mientras nos mostraba a la niña balanceándose en su carretilla, el padre nos decía que no creía en la resurrección. David, el técnico de sonido, comenzó a hacer el payaso dando saltos como un canguro, cosa que despertó un gran interés en la niña. Tras unos minutos de esta psicoterapia no verbal de elevado nivel intelectual, la niña se acercó al joven y se puso a saltar también como un canguro. El padre se quedó estupefacto al ver el rostro por fin sonriente de su hija. Su inmensa desgracia había creado en torno a la niña una burbuja sensorial de la que la pequeña no podía despegarse. Tras haber tenido la prueba conductual de que su hija todavía deseaba vivir, el padre aceptó llevarla al centro de Niños Refugiados del Mundo, donde no se habló de su tragedia. Acogida con sonrisas, caricias y juegos, la niña recuperó el interés por la vida y arrastró al padre en su renacimiento. Tal vez un intento más ambicioso no hubiera logrado tan buenos resultados como esta reacción humana elemental, y sin embargo tan difícil. No siempre se tiene el talento suficiente para hacer el payaso o sonreír a un niño herido. Es entonces cuando la angustia y el estupor corren el riesgo de transformarse en rasgos estables de su carácter.

Desde los bombardeos de Londres de 1942, sabemos que las reacciones psicológicas de los niños dependen del estado de los

43. Anglade, M., D. Pirot y B. Cyrulnik, en M. Allain-Regnault en *Va-t'en la guerre*, programa emitido en France 2, 11 de noviembre de 1999.

adultos que les rodean. Pero el bombardeo, aun siendo objetivamente peligroso, no es lo que ocasiona más trastornos subjetivos. El trauma es la asunción de la intersubjetividad. Si al producirse los bombardeos, los niños estaban rodeados de adultos ansiosos, o si la inestabilidad del grupo, las evacuaciones, huidas, heridas o muertes impedían la creación de guías de resiliencia, muchos de esos niños presentaban trastornos a veces duraderos. Pero si estaban rodeados por familias serenas —cosa no siempre fácil—, no presentaban ningún trastorno psíquico.[44] Incluso los niños que estaban solos, lejos de sus padres, superaban mejor estas situaciones disfrutando del maravilloso espectáculo de las explosiones, incendios y derrumbamientos de edificios, que contemplaban subidos a los tejados. El poder tóxico del hecho no reside tan solo en las características de las circunstancias. «El hecho provoca una perturbación en el niño en la medida en que destruye el sostén parental.»[45] La manera como las figuras de apego traducen la catástrofe expresando sus emociones es lo que calma o trastorna al niño. Un hecho violento que no altera a los allegados del agredido apenas provoca daños psíquicos. Mientras que un suceso menos violento puede causar graves alteraciones cuando destruye su entorno.

Actuar y comprender para no sufrir

Esto explica que los combatientes libaneses que menos síndromes postraumáticos presentaron, pese a haber sufrido experiencias terribles, fueron aquellos a quienes se festejaba, cuidaba y

44. Carey-Trezfer, C.J., «The Result of a Clinical Study of War-damaged Children Who Attended the Child Guidance Clinic», The Hospital for Sick Children, Greet Ormond Street, Londres, *Journal of Mental Science*, 95, 1949, pp. 335-599.

45. Baddoura, C., «Traverser la guerre», en B. Cyrulnik (ed.), *Ces enfants qui tiennent le coup*, Hommes et perspectives, Marsella, 1998, p. 81.

adulaba al regresar a sus casas. En cambio, los «veteranos» estadounidenses de Vietnam padecieron graves alteraciones porque, desde el momento en que regresaron a su propio país, fueron objeto de críticas. Igualmente, algunos soldados franceses que se preguntaban qué estaban haciendo en Argelia y que fueron cubiertos de insultos y de escupitajos al regresar a Marsella, padecieron auténticos trastornos mentales. Durante mucho tiempo, revivieron a diario los dramas en los que habían participado sin comprenderlos, sin controlar la acción ni su representación. Cuando una prueba carece de sentido, nos volvemos incoherentes porque, al no percibir con claridad el mundo en que vivimos, no podemos adaptar a él nuestras conductas. Es necesario pensar en una experiencia traumática para darle sentido, del mismo modo que es necesario pasar a la acción afrontándola, huyendo de ella o transformándola. Hay que comprender y actuar para desencadenar un proceso de resiliencia. Cuando falla uno de los dos factores, la resiliencia no se teje y se elabora el trastorno. Comprender sin actuar propicia la angustia. Y actuar sin comprender fabrica delincuentes.

En las guerras, los que contemplan el drama sin actuar, los que observan pasivamente, constituyen el grupo que proporciona el mayor contingente de síndromes postraumáticos. «Restricción en el empleo de las armas, ausencia de enemigo declarado, pérdida del sentido de la misión: todos esos elementos tienden a la pasividad, factor de vulnerabilidad eminentemente desestabilizador y doloroso.»[46]

El número de personas con estrés traumático varía enormemente según las guerras.[47] Esta variación en los trastornos depende del contexto, que ofrece a algunos soldados una posibilidad de resiliencia, mientras que a otros los hace vulnerables.

46. Lebigot, R., 7.º Entretien Science et Défense, en S. Riou, «Le stress des soldats de la Paix», *Impact Médecin*, n.º 307, 26 de enero de 1996.
47. Chneiweiss, L., «Les états de stress post-traumatiques», *Abstract Neuro-Psy*, n.º 176, enero de 1998, pp. 12-17.

Actuar sin comprender tampoco permite la resiliencia. Cuando la familia se derrumba y el medio social no tiene nada que proponer, el niño se adapta a ese medio carente de significado mendigando, robando y a veces prostituyéndose. Los factores de adaptación no son factores de resiliencia, puesto que permiten una supervivencia inmediata pero detienen el desarrollo, y a menudo preparan toda una cascada de pruebas.

En un medio sin leyes ni rituales, un niño que no fuera un delincuente, tendría una esperanza de vida muy breve. El hecho de poner su talento, su vitalidad y su astucia al servicio de la delincuencia es una prueba de que está sano en un medio enfermo. Cuando la sociedad está enloquecida, el niño solo desarrolla su autoestima dando buenos golpes y riéndose de las agresiones que inflige a los cerriles adultos. Cuando el mundo se desploma y la familia desaparece, la aprobación parental ya no le sirve al niño como modelo de desarrollo y deja paso a «la aprobación de los compañeros como elemento que anuncia la construcción de la autoestima».[48] Ahora bien, los «primeros pasos de la autoestima siempre se dan bajo la mirada de otro».[49] Cuando, debido a un hundimiento social, las relaciones se reducen a la fuerza, el niño se siente seguro cuando consigue robar o ridiculizar a un adulto. Es su manera de adaptarse a una sociedad enloquecida, pero no es un factor de resiliencia, ya que no le permite comprender ni actuar; no tiene sentido, es solo una miserable victoria momentánea.

Tom explica: «Me acuerdo del tren que, a principios de junio de 1945, me conducía, junto con un centenar de niños, de Buchenwald a París. La travesía de Alemania duró tres o cuatro días. Cada vez que nos deteníamos, una verdadera horda de Atila se abatía sobre la campiña, devastando cultivos, huertas, granjas, y destruyendo todo lo que no podía robarse. Ahora bien, en

48. Harter, S., «Comprendre l'estime de soi de l'enfant et de l'adolescent. Considérations historiques, théoriques et méthodologiques», en M. Bolognini y Y. Prêteur, *Estime de soi*, Delachaux et Niestlé, Lausana, 1998, p. 63.

49. André, C. y F. Lelord, *L'estime de soi*, *op. cit.*, p.78.

cuanto cruzamos la frontera francesa, se impuso una consigna: "Estamos en un país amigo, hay que portarse bien". Y este fue el resultado: de Thionville a París, buenos modales, niños limpios, sonrisas y agradecimientos».[50]

Hoy, cincuenta años más tarde, sabemos que la mayor parte de esos fieros delincuentes, camorristas, ladrones y vándalos han conseguido una buena adaptación social, a veces incluso sorprendente. Algunos se convirtieron en sastres o comerciantes. Muchos se desarrollaron en ambientes intelectuales, como escritores o profesores de universidad. Ha habido una cantidad importante de creadores, gente del teatro o del cine, e incluso un premio Nobel de literatura, ya que «la experiencia traumática puede exacerbar la creatividad».[51] Si esta cohorte de doscientos niños hubiera seguido viviendo en una cultura destruida, o en una institución incapaz de establecer otras relaciones que no fueran de fuerza, muchos probablemente habrían seguido el camino de la delincuencia.

Sin embargo, en este mismo recorrido que les condujo a casi todos a pasar de la ruina familiar, de la tortura en Buchenwald, a la acogida en Francia, las reacciones individuales ya eran diferentes. Casi todos los niños tenían entre ocho y catorce años en el momento de la herida, casi todos habían pasado por las mismas y terribles experiencias, casi todos experimentaron una metamorfosis gracias a la acogida que les dispensó Francia. Pero algunos ya tenían demasiado asimilado el mecanismo de defensa a través de la delincuencia para dejarse llevar por el placer de la integración. Esos niños no eran los que habían padecido mayores agresiones, sino más bien los que antes habían adquirido un tipo de apego inseguro, de evitación o ambivalente. Puesto que habían adquirido una capacidad de reacción por medio de

50. Tomkiewitcz, S., «(Résumé) L'enfant et la guerre», en M. Bertrand, *Les enfants dans la guerre et les violences civiles*, *op. cit.*, pp. 28-29.

51. Gannagé, M., *L'enfant, les parents et la guerre. Une étude clinique au Liban*, *op. cit.*, p. 30.

conductas autocentradas, al producirse la agresión social, se defendieron a base de actuaciones impulsivas en vez de dedicarse a conquistas exploratorias. Por otra parte, esos niños se enorgullecían de oponerse a la institución que, sin embargo, se había mostrado generosa con ellos. Interpretaban los esfuerzos de los monitores siempre pendientes de ellos como un intento de reclutamiento, y lo único que les proporcionaba cierto placer eran sus fugas, pequeños hurtos o alborotos. Los demás niños les miraban con malos ojos, cosa que les marginaba aún más. Con eso no pretendo decir que un apego inseguro conduzca a la delincuencia, sino plantear la idea de que el aprendizaje de un apego seguro hizo más fácil la reanudación del tejido de la resiliencia después del desgarro de la agresión.

Como ocurre a menudo, lo contrario no es cierto. Algunos niños maltratados durante los primeros meses de vida responden a esas inmensas agresiones diarias de gritos, golpes, quemaduras e intensas sacudidas con una actitud pasiva, con un repliegue sobre sí mismos que les protege interrumpiendo su desarrollo. Al hacer que se olviden de ellos, esos niños sufren menos agresiones. Ese tipo de apego pasivo, que les protege un poco, les desocializa mucho, puesto que aprenden a relacionarse mal con los demás. Más tarde, la escuela no tendrá ningún sentido para esos niños, e incluso les parecerá absurda: «El teorema de Pitágoras es ridículo, no tiene sentido. No quiere decir nada, nada, comparado con lo que me espera esta noche en casa». La calle, en cambio, les tranquiliza un poco, les proporciona una sensación de libertad, de distracción, y hasta de alegría… mientras esperan la prueba del frío, del hambre, de los golpes y de la prostitución que les salva, de forma momentánea. Esas defensas adaptativas protegen a esos niños, pero no constituyen un factor de resiliencia, puesto que orientan su trayectoria vital hacia un mundo más brutal aún, que les herirá cada vez más.

Sin embargo, la existencia de un vínculo pasivo, la adaptación a través de la brutalidad a un mundo brutal no impide la posibilidad de resiliencia.

Tim es un ejemplo ilustrativo de esta idea: «Yo, hijo de alcohólico, niño abandonado, logré vencer a la fatalidad... Tengo tres años y mi madre acaba de atarme a un poste eléctrico... Luego se aleja». A la edad de cuatro años, Tim duerme completamente desnudo en la caseta de Semla, su amigo el perro. Su padre le encierra en el sótano, le pega, le desfigura, le rompe las piernas. Tiene cinco años. Es atendido en el hospital donde realiza una larga rehabilitación, apenas sabe hablar. A los siete años, incluido ya en el mercado de los huérfanos, sufre el maltrato institucional, es despreciado y aislado afectivamente y acaba en la «cárcel de los locos». Le llevan al campo, donde un compañero de su edad, jugando con velas en el granero, prende fuego a la granja. Mandan a los gendarmes a buscar al mocoso de la Beneficencia. En el correccional aprende a pelear. La violencia se convierte en su único motivo de orgullo en un mundo en el que domina la humillación. Admira las cabezas rapadas de los niños ladrones y a los mayores que han cometido atracos. La venganza se convierte en su única dignidad y le arrastra a la fuga, el robo, las peleas, la violación y la prostitución. Tiene doce años.

Sin embargo, en medio de esa pesadilla, un hilo muy sutil permitía albergar la esperanza de la resiliencia. Conservaba en su interior un deseo de amor, un rescoldo de imágenes tiernas que era incapaz de expresar porque apenas hablaba y además se le impedía hablar. Por la noche, se acurrucaba contra su perro en la caseta. En el desierto afectivo del hospital, soñaba con ver entrar a su padre, elegante y amable. En la granja, antes del incendio, pudo establecer un apego seguro con «papá Gaby», que le llamaba «hijo» y no le pedía que le llamara «papá». Ese vínculo fue breve en la vida real, pero muy largo en la memoria, que es donde se construye la identidad. Este rescoldo afectivo le permitió aprovechar los encuentros con los personajes significativos que posibilitaron las primeras mallas del tejido de la resiliencia. Por supuesto, fue el azar el que hizo que se cruzaran en su camino, pero es un azar significativo puesto que supo encontrarlo. Sin este rescoldo afectivo, simplemente hubiera pasado de largo. En este caso, no habría conocido a Léon el vagabundo, que todas las noches le comentaba *Le Monde*. No habría apreciado el gesto de la jueza que, en vez de castigarle como de costumbre o de condenarlo a la asistencia social, le exigió que volviera seis meses más tarde con un boletín de buenas notas. No habría escuchado a ese sacerdote que dio un sentido a su terrible existencia. Y, sobre todo, no habría encontrado a Martine, que le cambió de arriba abajo.

Tim es hoy padre de cuatro hijos, con los que desde luego no repite el maltrato recibido. Muy al contrario: sus encuentros con personajes significativos transformaron los rescoldos afectivos en amor constante. Trabaja como apicultor, y le provocan una gran conmoción las personas extravagantes, las destruidas, y las minusválidas, que le dan lecciones de valor. Desde entonces, utiliza su existencia fracturada para explicar a todos los niños, y sobre todo a los heridos, que el amor y el perdón son los ingredientes de su resiliencia. «Doy fe de que no hay heridas que no puedan cicatrizar lentamente gracias al amor.»[52]

Cuando la guerra reaviva los rescoldos de resiliencia

Las guerras, si se logra superarlas, no tienen por qué ser forzosamente un medio más traumatizante que las agresiones diarias. Lo que moldea a un niño es la burbuja afectiva que le envuelve todos los días, y el sentido que su medio atribuye a los acontecimientos. Esto es lo que destruye a un niño o teje su resiliencia.

Es como si cada guerra tuviera su «personalidad» propia, que crea para los niños condiciones de heridas y reparaciones diferentes. Curiosamente, la estructura del hecho bélico permite después a la cultura atribuirle significados más o menos traumatizantes.

52. Guénard, T., *Plus fort que la haine*, Presses de la Renaissance, París, 1999, p. 269. [Hay trad. cast.: *Más fuerte que el odio*, Gedisa, Barcelona, 2009.]

Cuando los aristócratas hacían la guerra para apoderarse de unas tierras colindantes, pagaban de su bolsillo las armas, los uniformes y los hombres. No les gustaba, por tanto, que sus ejércitos fueran destruidos. A partir de la victoria popular de Valmy, en las guerras napoleónicas a veces se superaban los cien mil muertos por batalla, ya que los hombres no eran tan costosos y una gran parte del presupuesto de la nación estaba dedicado a la guerra. La muerte golpeó mayoritariamente a los soldados durante la Gran Guerra. En cambió, la Segunda Guerra Mundial, gracias a los progresos técnicos, posibilitó la matanza de civiles mediante el lanzamiento de bombas por aproximación. Los soldados todavía eran civilizados. Los nazis violaban poco y solo asesinaban, riéndose, a los grupos humanos que su ficción colectiva presentaba como no-hombres que había que suprimir en nombre de su moral. Desde hace algunos decenios, la violación, la tortura de civiles y la matanza de niños forman parte de los planes de guerra. Los soldados de los Balcanes se hicieron famosos por sus violaciones. «Los actos de violencia político-étnica que se vienen cometiendo en Burundi desde octubre de 1993 han trastocado el apoyo a los duelos como manda la tradición», provocando con ello «la destrucción masiva del aparato psíquico y la quiebra de los valores morales».[53] En Oriente Próximo, algunos grupos armados instalaron sus cañones y sus cuarteles generales en los hospitales y en las escuelas, a fin de provocar la indignación internacional en caso de que hubiera respuesta. En cambio, en el Líbano, todavía se respetaban ciertas reglas humanas: treguas religiosas, respeto a los civiles, torturas menos sistemáticas. En ese contexto, donde se mataban los unos a los otros de manera todavía civilizada, la matanza de Sabra y Chatila perpetrada por las milicias cristianas, ante un ejército israelí que cerraba los ojos, adquirió una

53. Barancira, S., «Aspects psychiatriques en situation de catastrophe au Burundi. La crise d'octobre 1993», 1997, pp. 45 y 53, en M. Bertrand, *Les enfants dans la guerre et les violences civiles*, *op. cit.*

relevancia de escándalo. ¿Se habría hablado siquiera del asunto en otro contexto?

Fue a partir de la Segunda Guerra Mundial cuando se empezaron a describir los trastornos derivados de las persecuciones y de las carencias afectivas, sobre todo en relación con los niños supervivientes del Holocausto. El concepto de «carencia afectiva» fue combatido enérgicamente por las feministas de los años cuarenta. La gran antropóloga Margaret Mead, sobre todo, sostenía que los niños no tenían necesidad de afecto para desarrollarse, y que las descripciones clínicas de René Spitz y John Bowlby respondían en realidad al deseo de los hombres de impedir que las mujeres trabajasen.[54] Para sostener esa opinión en 1948, era imprescindible ignorar los trabajos de Anna Freud y Dorothy Burlingham, a los que siguieron los de Myriam David, Geneviève Appel, Mary Ainsworth y muchas otras mujeres que realizaron exactamente las mismas descripciones conductuales y las mismas tareas de atención psicológica. Hoy en día, esta crítica carece totalmente de sentido.

La evolución de los niños que fueron agredidos por la guerra del Líbano (1975-1991) permite comprender mejor por qué algunos han logrado recuperarse mientras que otros tal vez sufrirán las consecuencias toda la vida.[55] Myrna Gannagé ha realizado un estudio comparativo entre un grupo de niños que vivieron la guerra del Líbano y otros niños que emigraron a París y vivieron la guerra a través de las palabras de sus padres. Se utilizó como control un tercer grupo de niños parisinos. Este método comparativo permite identificar los trastornos, seguir su evolución y descubrir a veces la causa.

Lo que salta a la vista es que una tercera parte de los niños «funciona bien», pese a haber vivido dieciséis años de guerra. No obstante —hecho digno de destacar—, todos ellos pertene-

---

54. Lebovici, S. y M. Lamour, «L'attachement chez l'enfant. Quelques notions à mettre en évidence», *Le Carnet psy, op. cit.*, p. 21.

55. Gannagé, M., *L'enfant, les parents et la guerre, op. cit.*

cen a ambientes socioculturales favorecidos. Desde luego no es la nómina de los padres lo que ha salvado a esos niños, sino la forma de vivir y de hablar que ha creado a su alrededor una burbuja protectora. Desde muy pequeños, esos niños se han expresado bien y han pasado con facilidad de la descripción de la realidad a la expresión de sus fantasías. Temían que se agrediera a sus seres queridos o que se les separase de ellos. Cuando el contexto social es agresivo, se constata por lo general la función apaciguadora del apego. Las parejas se consolidan, las familias se ayudan mutuamente y se convierten en refugios cuando el mundo es hostil.

A pesar de ello, encontramos niños trastornados en todos los niveles socioculturales. Su actitud abatida, sus gestos lentos y sus rostros demacrados revelan la tristeza mucho mejor que las palabras, que apenas dominan todavía. La poca afición a los juegos y el escaso interés por la escuela demuestran su pérdida de vitalidad, su dificultad para disfrutar de las cosas de la vida y el aislamiento emocional que todo esto corre el riesgo de provocar. Cuando esos niños hacen un dibujo o una figura con plastilina, a menudo destruyen rápidamente lo que han creado y se desesperan. Tenemos la impresión de que esa conducta significa: «Todo lo que procede de mí carece de valor. No merece la pena ser contemplado, ya que es la prueba de mi mediocridad».

Sin embargo, también en esos casos se perciben algunos rescoldos de resiliencia. Esos niños maduran prematuramente porque, al haber conocido la desgracia, la comprenden mucho mejor. Les conmueven las personas heridas y desean ayudarlas. Comprenden esa forma de relación que les revaloriza. Esa actitud de entrega, que consiste en dar a expensas propias, les permite obtener un poco de afecto, aun a riesgo de encontrarse a alguien que se aproveche de ellos, ya que son fácilmente explotables. Esa entrega de sí mismos no tiene la grandeza del sacrificio, porque lo hacen de manera discreta, a veces incluso a escondidas. La actitud de entrega tiene más bien una función redentora para quienes han cometido el crimen de sobrevivir, cuando sus allegados han muerto.

A esos niños, adultos prematuros, les gusta convertirse en padres de sus padres.[56] Se sienten algo mejor viviendo de esta manera, que les priva de una etapa de su desarrollo pero les revaloriza y les socializa. No les felicitéis por esta conducta, porque aborrecen todo lo que hacen. Os expondríais a sabotear este frágil vínculo. Os parecen graciosos y conmovedores porque son niños. Pero su aparente aplomo oculta su malestar. Cuando se es desgraciado, el placer inspira temor. No solo no se desea el placer, sino que incluso da vergüenza la idea de obtenerlo. Por consiguiente, el niño demasiado adulto descubre una forma de compromiso: se ocupará de los demás.

Esos niños que desean huir de su infancia odian el pasado, aún reciente, que se impone en su memoria. Luchan contra esa memoria preparándose para practicar una conducta de negación, una jovialidad excesiva, una búsqueda exasperada de lo que puede hacer reír, un deseo de lograr compromisos superficiales, una hiperactividad incesante, que les empuja hacia el presente huyendo del pasado.

Otro rescoldo importante son las fantasías de omnipotencia, que la realidad justifica, puesto que ellos no han muerto. En sus fantasías, piden a las hadas que les concedan fuerza, dinero, sabiduría y, sobre todo, amor. Muy a menudo inventan un compañero o compañera, con el que conviven día y noche. Esas deliciosas ensoñaciones les protegen de la realidad sórdida. Todas las noches se dan cita, en un soñar despiertos, con un compañero o compañera, un caballo o un perro que sabrá amarles sin discutir. Una sonrisa, un gesto, una presencia imaginaria son suficientes cuando uno está completamente solo. Se inventan películas íntimas, que se proyectan en el espacio interior cuando la realidad es demasiado cruel. Los animales desempeñan un papel esencial en estas heridas afectivas. Están siempre presen-

56. Le Goff, J. F., *L'enfant parent de ses parents*, L'Harmattan, París, 2000.

tes, disponibles, dispuestos a amar y a dejarse cuidar, lo que para un niño-padre es una buena cuestión.[57]

A veces los padres apagan esos rescoldos de resiliencia cuando dedican una atención excesiva al niño. Algunas madres solas, viudas o muy desgraciadas se apaciguan a sí mismas a través de este proceso de maternidad desquiciada. «Solo estoy bien cuando me ocupo de mi hijo. Me gusta renunciar a mí misma hasta el agotamiento.» La dedicación abrumadora acostumbra al niño a una pasividad que más tarde le reprochará a su madre, cuando llegue el momento de que el adolescente disponga de la necesaria autonomía. La madre superprotectora, que satisface de inmediato todas las necesidades de su hijo, se expone a provocar en el psiquismo del niño una dificultad para la representación, puesto que ya lo tiene todo delante.

En los primeros años de vida, la resiliencia es fácil pero frágil. Según las reacciones del medio, los rescoldos de la resiliencia se apagarán, se desviarán o se reforzarán hasta convertirse en una sólida manera de ser.

El medio más seguro para apagar los rescoldos de resiliencia es colocar al niño en un medio deteriorado, donde establecerá un apego con adultos depresivos. El proceso de desarrollo más alterado es el anaclitismo, cuando el niño no encuentra nada a su alrededor que le sirva de sostén para su desarrollo.[58] Cuando el medio vital, antes de los dos años, se ha visto destruido varias veces por una fractura social, el niño no encuentra ningún punto seguro, físico o afectivo, en el que apoyarse. En este grupo es donde encontramos el porcentaje más elevado de bebés anaclíticos o de niños con depresiones graves.[59] Es imposible desarrollarse en un medio donde no hay ninguna referencia física

57. Matignon, K.L., *Sans les animaux le monde ne serait pas humain*, Albin Michel, París, 2000.

58. Laplanche, J. y J.B. Pontalis, *Vocabulaire de la psychanalyse, op. cit.*, p. 23.

59. Gannagé, M., *op. cit.*, p. 74.

estable y donde las figuras de apego del triángulo parental se encuentran también apagadas por la desgracia.

Esos rescoldos pueden desviarse si no están socializados y no se benefician del efecto corrector de la intersubjetividad. Un niño herido proyecta constantemente en su interior la película de los acontecimientos cuando no tiene a nadie con quien compartir sus emociones, pedirle explicaciones o callarse cuando el dolor es demasiado fuerte. Acaba incluso por dudar de lo que le ha ocurrido. «Es tan enorme, excepcional e inverosímil que ya no sé si es cierto o si lo he soñado. En cualquier caso, nadie me cree.» Cuando no hay diferencia entre la realidad y la fantasía, ese razonamiento impuesto por la soledad en la que se encierra a los heridos, corre el riesgo de desembocar más tarde en la mitomanía, en el paso a la acción o en la fantasía omnipotente que domina en secreto. Esta patología narcisista que se construye en los primeros años podría estallar en el momento de la adolescencia.

No podemos limitarnos a decir que la guerra tiene efectos sobre los niños. Es preferible tratar de pensar que cada tipo de guerra actúa de forma diferente sobre la burbuja afectiva que rodea al niño, y que esta modificación es la que altera al niño o lo refuerza. Cuando una guerra destruye la sociedad y apaga las figuras de apego, cuando las instituciones que sustituyen a esas figuras creen que no vale la pena ocuparse de esos niños carentes de valor, la resiliencia tendrá pocas oportunidades de desarrollarse. Pero a veces la guerra refuerza la burbuja afectiva, cuando el enemigo está perfectamente identificado en el exterior, cuando el discurso social hace que los padres resplandezcan al atribuirles el papel de héroes, o cuando las personas que rodean al niño le conceden el sitio que le corresponde y escuchan sus palabras. Entonces, es posible la resiliencia.

La guerra, en este caso, produce los mismos beneficios psicoafectivos que el odio: une contra el agresor, distingue en el mundo dos categorías claras y protege a los que comparten las mismas creencias. Cada niño, inspirado por los relatos y comportamientos de sus figuras de apego, identifica sin duda alguna al amigo, al enemigo, el bien, el mal y a aquel que es la causa de toda su desgracia. Ese mecanismo de chivo expiatorio ayuda a la construcción de cualquier sociedad ya que,[60] al proporcionar una visión clara, propicia una serie de conductas y un sentimiento de certeza que es parte esencial del bienestar. Eso explica por qué a tanta gente le gusta la guerra.

El efecto destructor de una agresión sexual depende mucho de la distancia afectiva

Resulta mucho más difícil establecer una categorización de este tipo en el caso de las agresiones sexuales cometidas por una persona de la que se esperaba un apego y una forma de identificación.

Cuando el agresor sexual es un enemigo, el odio asume un efecto protector. Pero cuando la mujer agredida se queda embarazada, sus sentimientos se confunden y ya no ve las cosas con claridad. La víctima se siente confusa, aturdida, sin defensa posible. Hay que destacar que los soldados que más violan hoy son los que defienden un ideal de pureza: engendrar un hijo «híbrido» en el vientre de una mujer enemiga es mancillarla más allá de todos los límites, ya que se le impone la tortura de criar, abandonar, odiar o tal vez amar al producto del peor enemigo.

En la mayoría de los casos, las violaciones no son ideológicas. El que comete este tipo de acciones es a menudo un allegado con una asombrosa incapacidad de representarse lo que puede sentir la persona violada. El violador utiliza a la víctima y luego se marcha, sin tener un sentimiento claro de haber cometido un crimen. Ahora bien, el sentimiento siempre es una emoción provocada por una representación. Cabe preguntarse por qué mis-

60. Girard, R., *Des choses cachées depuis la fondation du monde*, Grasset, París, 1980. [Hay trad. cast.: *Acerca de las cosas ocultas desde la fundación del mundo*, H. Garetto Editor, Buenos Aires, 2010.]

terio el violador o el padre incestuoso escapan a este movimiento cultural, a esta imagen de culpabilidad que no ha interiorizado. ¿Acaso es incapaz de hacerlo? ¿Es que su desarrollo psicoafectivo no le permite interiorizar la imagen de lo prohibido? ¿O es que la sociedad no ha sabido explicarlo con suficiente claridad?

Es probable que coexistan·las tres hipótesis, pero la del fallo en el enunciado cultural es la que puede observarse con más facilidad.

En 1912, André Gide fue designado jurado en cinco casos de delitos sexuales (en aquella época, la ley no prohibía la divulgación de las notas).[61] El primero era un caso de abuso sexual a una niña entre seis y ocho años «sin circunstancias agravantes». André Gide anota que «la madre tenía aspecto de madama», que la víctima había avanzado «muy decidida hacia el tribunal» y hasta se había reído mucho cuando el presidente le pidió que se subiera a una silla porque no la oía bien. La prueba de que la víctima no se había opuesto al acto sexual la constituía el hecho de que no había gritado. En definitiva, todo iba a favor del acusado quien, tras haber confesado, representaba el papel del hombre culpable y abatido. De modo que fue absuelto. Algunos miembros del jurado mostraron su indignación por tener que ocuparse de «nimiedades que ocurren todos los días en todas partes».

En este caso, los jueces se dejaron engañar por el teatro de las apariencias. Para ellos era mucho más cómodo, les permitía dejarse llevar con más facilidad por la negación cultural que les protegía impidiendo una representación insostenible. Hace poco, en Italia, se decidió que una mujer vestida con pantalones vaqueros no podía ser violada. Un maestro que denunció a un padre por incesto tuvo que abandonar el pueblo, que defendía a este hombre «tan simpático», y los niños violados por mujeres no pueden testificar sin provocar incredulidad o hasta burlas.[62]

61. Gruel, L., *Pardons et châtiments*, Nathan, París, 1991, pp. 64-66.
62. Benedeck, E., «Children and Psychic Trauma», en S. Eth y R. Pynoos, *PTSD in Children*, American Psychiatric Press, Washington D.C., 1985.

Cabe suponer que después de este juicio la niña tendría dificultades para elaborar un proceso de resiliencia, mientras que el padre debió sentirse protegido por la cultura, puesto que bastaba representar el papel de hombre honrado, confesar y luego arrepentirse para ser absuelto.

Cuando la cultura no explica claramente qué es lo que prohíbe, incita a pasar a la acción a personalidades cuya empatía está mal desarrollada. En cuanto a las víctimas, agredidas primero por el violador y luego por los jueces, tendrán dificultades para recuperarse. A menos que los rescoldos de reanudación del desarrollo, sofocados por la cultura, orienten a las víctimas hacia una resiliencia desviada: desdoblamiento de personalidad, chicos tímidos que sorprenden a todo el mundo cometiendo un atraco, adultos que utilizan sus heridas pasadas para cometer un acto de venganza, repetir la violencia, adoptar una conducta antisocial o defender un extremismo político o religioso.

En la agresión sexual contra un niño nunca hay testigos. Dar publicidad a ese tipo de actos equivale a enfrentar la palabra de uno a la palabra del otro. Los testigos se limitan a decir lo que piensan de la agresión y no lo que han visto, porque no han visto nada. Por esta razón los datos son variables y difíciles de reunir.[63]

Las cifras difieren según cuál sea el método utilizado para la obtención de las informaciones, pero los estudios retrospectivos hechos en adultos coinciden en estimar que la proporción de individuos agredidos sexualmente antes de los dieciocho años es del 20 % en las mujeres y del 10 % en los hombres.[64] No todos los niños corren los mismos riesgos: las niñas sufren dos veces más agresiones sexuales, y los niños más expuestos se encuentran en las familias «tradicionales».

63. Wright, J., Y. Lussier, S. Sabourin y A. Perron, «L'abus sexuel à l'endroit des enfants», en E. Habimana, L.S. Ethier, D. Petot y M. Tousignant, *Psychopathologie de l'enfant et de l'adolescent*, *op. cit.*, p. 616.

64. Finkelhor, D., «Current Information on the Scope and Nature of Child Sexual Abuse», *The Future of Children*, 4 (2), 1994, p. 31.

Las heridas infligidas por la agresión sexual también son muy variables. Las agresiones violentas, prolongadas y humillantes son las que causan las secuelas más importantes, pero las disfunciones familiares también tienen su importancia. En las familias clásicas, donde la comunicación es ineficaz y el papel de los padres resulta confuso, los procesos de resiliencia son más débiles. El traumatismo sexual probablemente está constituido por una sucesión de agresiones, y el vínculo con el agresor, y con los adultos protectores, otorga un significado especial a ese tipo de violencia.

Casi siempre las niñas conocen al agresor, que es un pariente cercano en un 70 % de los casos. En el caso de los niños, por lo general se trata de un desconocido. Esta diferencia es importante, porque el niño puede luchar, huir, odiar o menospreciar al agresor, lo que para él es un factor de protección semejante a la situación de guerra, donde las categorías están claras. Sin embargo, las niñas agredidas por un hombre con el que mantienen lazos afectivos o por un amigo de los padres difícilmente pueden beneficiarse de esta defensa: «Si le digo a mi madre lo que me ha hecho su hermano, se muere».

En cambio, cuando las niñas consideran que no tienen que proteger al agresor, no les resulta tan difícil decidirse a hablar. Oficialmente, el 90 % de las denuncias por agresión sexual se presenta contra hombres y el 10 % contra mujeres. Se estima que una de cada tres niñas denuncia al agresor, y menos de uno de cada diez niños lo hace, si la iniciativa procede de una mujer. Sabiendo que «el porcentaje de abusos cometidos por mujeres está actualmente subestimado»[65] y que los niños apenas hablan de ello, cabe pensar que existe un tabú de la representación, que impide la resiliencia de los niños víctimas de mujeres.

65. Wright, J., Y. Lussier, S. Sabourin y A. Perron, «L'abus sexuel à l'endroit des enfants», en E. Habimana, L.S. Ethier, D. Petot y M. Tousignant, *Psychopathologie de l'enfant et de l'adolescent, op. cit.*, p. 620.

La posibilidad de resiliencia después de una agresión sexual
depende mucho de las reacciones emocionales del entorno

El desconocimiento de las representaciones sexuales del niño explica a veces las torpes reacciones de los padres. Pienso en ese niño de doce años que en 1940 trabajaba en una fábrica y que, casi a diario, era arrastrado por mujeres a los vestuarios o a los lavabos. Un día en que se espantó ante la brutalidad sexual de una obrera, se lo explicó a sus padres, que se echaron a reír: «Vaya, así que no pierdes el tiempo». Esta frase le encerró en un muro de silencio total. Si una niña de doce años hubiera sufrido el mismo trato, la reacción de los padres habría sido totalmente diferente.

Lo que protege a un niño y le ayuda a recuperarse en caso de agresión es la estabilidad familiar y la claridad en los roles paternos que organizan la burbuja afectiva. La pobreza, el paro y la depresión social, que desempeñan un papel bastante claro en el maltrato físico, son factores poco consistentes en el caso de las agresiones sexuales. Por otra parte, en algunas minorías étnicas pobres, violentas y mal socializadas, como la de los afroamericanos, hay muy pocas agresiones sexuales contra niños.[66]

Los factores de resiliencia dependen, por tanto, del tipo de agresión, del significado que el niño le atribuye y, sobre todo, de la manera como la familia le atiende. Ahora bien, hay que tener en cuenta que el 67 % de las madres de niños agredidos padece un síndrome traumático, que en un 60 % de los casos desembocará en una depresión prolongada. En ese grupo es donde los niños heridos se recuperan peor.[67] La respuesta emocional de la familia constituye el indicador más fiable de la resiliencia

66. Finkelhor, D., «Current Information on the Scope and Nature of Child Sexual Abuse», *The Future of Children*, *op. cit.*, p. 31.

67. Wright. J., S. Sabourin, Y. Lussier, M. Cyr, C. Thérrault, A. Perron y T. Lebeau, «Recent Developments in the Evaluation and Treatment of Child Sexual Abuse in Quebec», *Symposium of Child Sexual Abuse*, XXVI Congreso internacional de psicología, Montreal, Quebec, 1996.

del niño y de la duración de su sufrimiento. Las familias trastornadas por la agresión al niño no le ayudan a recuperarse. Las familias rígidas impiden cualquier posibilidad de resiliencia si sermonean al niño. En cambio, los niños agredidos que se han recuperado sin secuelas han contado todos ellos con el apoyo afectivo y verbal que hace posible la resiliencia.[68]

Podemos preguntarnos por qué el relato de la agresión es tan eficaz. De hecho, el herido se siente rehabilitado mirando a quien le escucha. Cuando el interlocutor da muestras de disgusto, de abatimiento o de incredulidad, transforma la herida en traumatismo. En cambio, cuando comparte la emoción, socializa de nuevo al agredido dándole a entender mediante un lenguaje no verbal: «Sigo sintiendo por ti respeto y cariño, e intento comprender lo que ocurre en tu interior».

De niña, Marina tuvo una encefalopatía que le dejó secuelas. Como nunca estuvo escolarizada, fue confiada a una institución donde se volvió silenciosa y pasiva. Siempre a la cola durante los paseos por la colina, seguía a distancia al grupo de los minusválidos. Por ese motivo pudo ser sorprendida por un joven impulsivo que intentó violarla. Marina luchó, rodó por las rocas con el agresor, se cortó con las piedras y las espinas, y finalmente pudo ahuyentar al agresor. Salió corriendo hasta reunirse con el grupo y, por primera vez, habló sin parar explicando sus heridas, los golpes que había dado y los que había recibido. Tuvo incluso la impresión de que los maestros la admiraban y de que sus compañeros la consideraban una estrella. Así que se dedicó a contar su aventura a todo aquel que quisiera escucharla. Si su comportamiento cambió de forma duradera después de la agresión es porque los otros la escucharon con una actitud de asombro y entusiasmo. Habrían podido hacerla callar o humillarla diciéndole, como los jueces del

68. Valentine, L. N. y L. L. Feinauer, «Resilience Factors Associated with Female Survivors of Childhood Sexual Abuse», *The American Journal of Family Therapy*, vol. 21, n.º 3, 1993, pp. 216-224.

testimonio de André Gide: «Como no gritaste, quiere decir que consentiste».

Paradójicamente, ese factor de resiliencia es más fácil de encontrar fuera de la familia, ya que los más cercanos, heridos a su vez por la agresión de su hijo, no pueden ayudarle con tanta facilidad como una tercera persona.

Cuando las niñas violadas se vuelven adultas, explican que lo que más les ayudó no fue la compasión. Se sintieron reconfortadas al comprender, en la mirada de los otros, que se podía seguir creyendo en ellas. El hecho de pedirles ayuda es lo que reconstruyó con mayor eficacia su estima de mujer herida.

Contrariamente a lo que se dice, el matrimonio también las revalorizó, ya que sentían que a partir de entonces había un hombre que las esperaba y contaba con ellas. La religión ofreció a algunas de esas mujeres un camino dotado de sentido, encuentros amistosos y la posibilidad de compartir una trascendencia. Eso no quiere decir que hubieran olvidado la agresión, pero la experiencia religiosa les permitía comprender que su personalidad no podía reducirse al traumatismo: «Su padre la violó durante cuatro años». Si una tragedia define a un niño, no será posible la resiliencia. Pero si el entorno permite que la parte sana de su personalidad se exprese y reanude su desarrollo, la herida se reducirá, para convertirse más tarde, tomando altura, en una mancha oscura en la memoria, una motivación íntima para aceptar muchos compromisos, una filosofía de la existencia.

El relato de la tragedia se convierte así en un factor de agravamiento o de resiliencia según cuáles sean las reacciones del entorno. Cuando los jueces condenan a la víctima, cuando los oyentes son burlones o incrédulos, cuando los parientes más próximos están hundidos o se dedican a sermonear, la resiliencia es imposible. Pero si el herido puede compartir su mundo e incluso transformarlo en militancia, en intelectualización o en obra de arte, entonces el niño traumatizado se convertirá en un adulto rehabilitado.

Los otros niños también participan en la resiliencia o en el agravamiento, ya que transmiten los valores de los adultos. Muchas niñas violadas por su padre no pusieron un nombre al acto hasta el día en que en la escuela oyeron pronunciar la palabra «incesto». Antes se sentían confusas y no sabían ni siquiera dar un nombre a lo que les sucedía, puesto que las estructuras familiares y los papeles parentales, a su alrededor, eran confusos. ¿Quién es quién? ¿Quién hace qué? No hay respuesta posible cuando el contexto resulta desorientador.

Incluso cuando existen algunos rescoldos de la resiliencia —cosa que ocurre casi siempre—, hay que saber identificarlos y actuar de tal modo que el discurso social no los extinga o los oriente hacia formas desviadas.

Cuando una niña está traumatizada sexualmente y su familia lo vive peor incluso que ella misma, a veces encuentra un refugio que le ofrece una adaptación costosa. Condenada a estar callada, no puede olvidar ni elaborar una resiliencia. Lo que hace, por tanto, es acomodarse a esta doble imposición adoptando un modo de vida que apacigua a sus padres y calma su propia angustia: ¡se convierte en una alumna aplicada! No obstante, esta resiliencia que es adecuada para todo el mundo puede convertirse en un medio de adaptación costoso cuando construye una vida desprovista de placer. La niña se aísla, ya no puede levantar los ojos de los cuadernos y se aparta del mundo. Se mantendrá así durante algunos años, protegiéndose del sufrimiento y apaciguando a sus padres, hasta el día en que su desmoronamiento escolar y psíquico sorprenda a todo el mundo.[69] Esta defensa solo habría podido transformarse en un proceso de resiliencia si hubiera permitido a la niña revalorizarse y socializarse de nuevo compartiendo el placer. En este

69. Rutter, M., «Psychosocial Resilience and Protective Mechanisms», en I. Rolf, A. S. Masten, D. Cicchetti, K. H. Nuechterlein y S. Weintraub, *Risk and Protective Factors in the Development of Psychopathology*, Cambridge University Press, 1990, p. 185.

caso, no ocurrió así, puesto que su excelente trabajo escolar la había aislado.

Los niños descubren a veces ese mecanismo que, tras el aturdimiento del trauma, estructura su sufrimiento y ayuda a curar a la familia. Casi siempre descubren también otro, más gratificante de entrada: ¡hacen el payaso! Sus mímicas exageradas, sus payasadas sin alegría crispan con frecuencia a quienes las presencian; no obstante, en alguna ocasión esta defensa provoca en un chico con más talento un efecto de resiliencia. De nuevo es el contexto el que orientará hacia una de las dos direcciones opuestas. Algunos adultos interpretan esas actuaciones exageradas con respuestas que alientan al niño, mientras que otros, crispados, les hacen callar o los ridiculizan. Y más teniendo en cuenta que el exhibicionismo a veces sexual de esos niños da pie a interpretaciones violentas que les desesperan: «Este niño ya es perverso. Hay que castigarle, enderezarle».

El deseo de venganza no conduce a la resiliencia. ¿Es posible que conduzca a repetir la agresión? El 10 % de los niños agredidos y el 3 % de las niñas se convierten a su vez en agresores.[70] Casi todos fueron víctimas de actos de violencia grave y prolongada. Procedían de los ambientes familiares más perturbados y, mal acompañados en el momento de la revelación, no hallaron nuevos vínculos afectivos. El único medio de defensa que encontraron fue la cólera constante y un deseo de venganza en torno al cual se desarrolló su personalidad.

Otro posible efecto de resiliencia desviada se observa cuando el traumatizado se identifica con su propia tragedia. Es el propio herido el que se reduce a su traumatismo y le atribuye un valor explicativo excesivo. Todo lo que le suceda después quedará «explicado» por su trauma. La ventaja de semejante actitud es que da una visión clara de su vida. El inconveniente es

70. Gil, E. y T. Johnson, *Sexualized Children: Assessment and Treatment of Sexualized Children and Children Who Molest*, Launch Press, Rockville Md, 1994.

que oculta otros recuerdos que tal vez son la verdadera causa de sus dificultades. Ese recuerdo-pantalla «adopta un efecto protector al impedir que resurjan experiencias de pérdida, de heridas narcisistas precoces no resueltas».[71] No obstante, la fijación en el trauma ciega al herido al explicar demasiadas cosas.

Michel tenía seis años cuando su tío le frotó el sexo para hacerle rabiar. Dijo: «Desde ese día, me volví ansioso». Todas sus dificultades escolares, sociales, afectivas y sexuales se atribuían a ese trauma hasta el día en que, hablando con sus padres, Michel descubrió que entre los cuatro y los ocho meses había estado hospitalizado por trastornos alimentarios graves, que le habían provocado una deshidratación. El padre estaba de viaje, su madre también estaba hospitalizada tras haber sufrido un accidente, y el bebé padeció una auténtica depresión anaclítica que, al dejar una huella en su memoria biológica, le había hecho sensible a todos los accidentes de la vida.[72] El hecho de que el «traumatismo» sexual fuera una explicación demasiado clara de todo le había impedido descubrir que su vulnerabilidad había sido adquirida durante sus primeros meses de vida. El traumatismo real no era representable porque se había producido en un estadio en que la amnesia infantil precoz impide los recuerdos, pero la huella permanecía grabada en su memoria biológica. Más tarde, al adquirir el juego sexual un valor explicativo excesivo, produjo el efecto de un traumatismo auténtico.

Lo mismo que le ocurrió a ese señor de setenta años muy amable y culto, que durante toda su vida había recibido los cuidados de su mujer y de sus dos hijos: «No puede trabajar —decía su familia—, porque es huérfano. De modo que se ocupa de la casa y lee mucho». En realidad, había perdido a su madre a los veintidós años y a su padre a los veinticuatro, pero como se sentía huérfano ya desde antes de perder a sus padres, había

71. Dayan, M. (ed.), *Trauma et devenir psychique*, PUF, París, 1995, p. 108.
72. Freden, L., *Aspects psycho-sociaux de la dépression*, Pierre Mardaga, Bruselas, 1982.

construido, con la complicidad inconsciente de su mujer y de sus dos hijos, una biografía de huérfano o más bien del sentimiento de orfandad que experimentaba.

Podemos pensar que en ambos casos un accidente real pero no representado, probablemente anterior a la palabra, había dejado en el sistema nervioso una huella de vulnerabilidad. El hecho incorporado a la memoria biológica del sujeto, pero no a sus recuerdos relatados, había imprimido en su psiquismo una especie de interés por el mundo, una capacidad para sentir «como si» hubiese sido agredido sexualmente, o «como si» hubiese sido huérfano. Esos hombres, al haberse vuelto hipersensibles a tales objetos, tenían muchas posibilidades de encontrarlos puesto que los distinguían con más claridad que ninguna otra cosa.

Cuando el trabajo del soñar dormido se incorpora a nuestra memoria y nos domina, el trabajo del soñar despierto nos permite recuperar el control

Ahora bien, el trabajo del sueño biológico y verbal es el que nos permite incorporar un traumatismo y en cierto modo digerirlo. Cuando este trabajo no se hace o no lo hacemos, el trauma permanece sin digerir, como un cuerpo extraño que se impone a nuestra memoria.

Hace mucho tiempo que ese problema se expuso con claridad. En 1934, Sándor Ferenczi utilizaba la expresión «conmoción psíquica» para destacar el primer momento del traumatismo: el golpe, el vacío o la alteración que sacude a un organismo.[73] Pero para transformar el golpe en traumatismo, se requiere una segunda agresión que se produce en la representación del golpe. Ahora bien, para elaborar la resiliencia ante un traumatismo, hay que disolverlo en la relación e incorporarlo a la memoria or-

73. Ferenczi, S., «Réflexions sur le traumatisme», en S. Ferenczi, *Psychanalyse*, *op. cit*, p. 139.

gánica. El trabajo del sueño biológico y verbal hace posible esta resiliencia, al constituir un signo de unión entre la relación verbal y la incorporación neurológica. Cuando un adulto impide hablar a un niño herido castigándole en lugar de reconfortarle, dando muestras de incredulidad o burlándose de él, lo que hace es provocar un «silencio de muerte»,[74] que escinde la personalidad del niño en una parte socialmente aceptada y en otra, secreta, que se le escapa. Esta zona de sombra de su personalidad se impone en él del mismo modo que se imponen los sueños. La parte no controlada de su personalidad vuelve a él de noche y despierta los problemas enterrados, que resurgen en el transcurso de los sueños.

Cuando Mireille, por aquel entonces estudiante de medicina, vio que su relación con Paul empezaba a ir en serio, pensó que debería decirle lo que había ocurrido con su padre. «Todo esto son fantasías», le respondió el joven al que tanto amaba. ¿Qué podía hacer? Si se enfadaba e intentaba convencer a Paul, evocaría de nuevo detalles terribles que volverían a torturarla. Y además, ¿valía la pena esforzarse por convencer al hombre del que precisamente esperaba un apoyo total? ¿Por qué tenía que justificarse, como si hubiera cometido la falta de equivocarse o de mentir? Una parte de ella se quedó helada, como un carámbano: «Así que jamás podré hablar de esto con él, jamás podré compartir esta penosa experiencia y superarla». Mireille no podía dejar a Paul porque era el hombre más importante de su vida. Pero si se quedaba con él, nunca podría estar completa. Siempre existiría una zona de sombra, de sufrimiento secreto. Si hubiera podido expresarse abiertamente, su estado emocional se habría modificado, se habría sentido aceptada. Pero ahora su emoción escindida solo le permitía ser normal y alegre durante el día. Al llegar la noche, se encontraba de nuevo con su parte de sombra no expresada, el problema poco consciente que induce los sueños. Sin embargo, el sueño despierto o dor-

74. *Ibid.*, p. 141.

mido desempeña un papel importante en el aprendizaje, la familiarización y la metabolización de los acontecimientos. Paul había hecho callar a Mireille porque no soportaba una revelación de tal magnitud. Pero al protegerse él, había impuesto el silencio a su compañera que, obligada a guardar en lo más profundo de sí misma la huella traumática, soñaba con ella todas las noches desde que salía con Paul. Si simplemente hubiera podido explicarlo, se habría sentido aliviada y no habría sufrido los sueños de angustia que incorporaron la pesadilla a su memoria.

El trabajo biológico del sueño tiene un efecto paradójico. La consolidación de las huellas en «el almacén de la memoria» se produce aumentando el sueño rápido, cuya alerta eléctrica abre un número mayor de sinapsis. Ese tipo de sueño, que corresponde al momento de los sueños más fantasmagóricos, aumenta precisamente la noche que sigue al día en que nos hemos enfrentado con un problema.[75] En las situaciones de embotamiento emocional, el organismo segrega una cantidad mínima de sueños. Pero cuando hemos pasado un día agitado, el aumento del sueño rápido por la noche permite incorporar el acontecimiento a las huellas mnésicas. Una alerta emocional durante el día provoca una alerta onírica por la noche.

Si los heridos han adquirido a lo largo de los años anteriores una personalidad suficientemente estable como para resistir el golpe y, sobre todo, si después de la agresión, encuentran a su alrededor algunos apoyos afectivos y lugares donde expresarse, el análisis de sus sueños demuestra una gran serenidad.[76] Los resilientes están heridos, pero no están traumatizados.

Si, por el contrario, durante su infancia no se estabilizaron ni hallaron a su alrededor una envoltura afectiva ni lugares de expresión, el cerebro tenderá a absorber por sí solo la alerta emo-

75. Lavie, P., *Le monde du sommeil*, Odile Jacob, París, 1998, p. 164. [Hay trad. cast.: *El fascinante mundo del sueño*, Crítica, Barcelona, 1997.]

76. *Ibid.*, p. 104.

cional aumentando las alertas oníricas.[77] Por este motivo, los heridos resilientes sueñan poco con su agresión, mientras que los traumatizados la reviven todas las noches. Esas pesadillas tardarán años en desaparecer.[78] A veces incluso regresan en la vejez, cuando las defensas disminuyen.

Cuando esos procesos de resiliencia verbal, emocional y cerebral no pueden desarrollarse, el herido permanece prisionero del hecho pasado: «[...] la vida onírica de las neurosis traumáticas se caracteriza por remitir constantemente al enfermo a la situación de su accidente, situación de la que se despierta con un renovado espanto... En la insistencia en aparecer de nuevo incluso en el sueño del enfermo vemos una prueba de la fuerza de la impresión que ha producido».[79] Pero el herido solo está sometido a la impresión traumática si no tiene posibilidad de elaborar factores de resiliencia.

El pequeño Stephan tenía seis años cuando, en 1942, los soldados alemanes entraron en su casa de Amsterdam para arrestar a su familia.[80] El grupo iba encabezado por un maestro que acudía con frecuencia a su casa a jugar a cartas y charlar con sus padres. «El amigo» maestro se mantenía a distancia de los soldados que procedían al arresto. Al salir al rellano ante la mirada aterrada de los vecinos, un hombre en bata llamó a Stephan y explicó a los soldados que era un primo suyo que se encontraba a su cargo. Al día siguiente, la pareja, que acababa de recuperar así al niño, decidió marcharse al campo a fin de encontrarle un escondite más seguro. Stephan se aburría en aquel pueblo excesivamente tranquilo. Vagaba por las calles con la oprimente sen-

77. Hartmann, E., *Dreams and Nightmares*, Plenum Press, Nueva York, 1998, p. 7.

78. Metraux, J.C., «Au temps du silence la nosographie reste muette», en F. Maqueda, *Traumatismes de guerre*, Hommes et perspectives, Marsella, 1999.

79. Freud, S., «Au-delà du principe de plaisir», en Essais de psychanalyse, Payot, París, 1951. [Hay trad. cast.: «Más allá del principio del placer», en *Obras completas*, vol. I, Biblioteca nueva, Madrid, 1968.]

80. Lavie, P., *op. cit.*

sación de un peligro invisible, una alarma sin rostro. Sabía perfectamente que la situación era grave, pero no quería pensar en ello para no caer en la desesperación. Esta aparente indiferencia corresponde de hecho a la percepción de una zona anestesiada. En lenguaje ordinario diríamos que nos mostramos indiferentes, aunque en realidad percibimos una zona que habría debido ser dolorosa y que, extrañamente, no lo es. Stephan paseaba su aburrimiento por ese mundo en el que sentía la desaparición de sus padres como se siente una anestesia, cuando de repente se dio de bruces con el «amigo» maestro. Ambos se quedaron estupefactos, se miraron un buen rato y se cruzaron sin intercambiar palabra. Aquella misma noche, comenzaba para Stephan un largo período de pesadillas traumáticas. La impresión había sido demasiado fuerte y ya no podía controlarla. La noche en que arrestaron a sus padres, Stephan, con su pequeña personalidad ya sólida, había tenido a su lado a esa pareja de vecinos que le hablaban con cariño, le explicaban lo sucedido dándole un sentido trágico, pero un sentido al fin y al cabo. Cabía por tanto preparar un programa de actuaciones: marcharse, esconderse y callar para evitar a los agresores. Esta conducta tenía un efecto tranquilizador si se lograba mantenerse en ella, como si fuera una pasarela donde se colocan los pies. Pero tras este encuentro, Stephan ya no controlaba la situación: ahora sí el maestro los denunciaría. El niño tenía en ese simple cruce de miradas la prueba de su culpabilidad. Ya había tenido esa vaga sensación tras el arresto de sus padres, pero ahora era cierto, la amable pareja de vecinos también sería arrestada, por su culpa. Ya le habían advertido que se callara, que no se exhibiera.

El maestro no habló. Los vecinos no fueron arrestados. Pero durante meses apareció en las pesadillas de Stephan una fantasmagoría que representaba una única sensación: encerrado en una cárcel de cristal, veía con toda claridad cómo pegaban a sus padres y maltrataban a sus vecinos. Habría querido gritar, avisarles, ayudarles, huir, salir corriendo a socorrerles, pero encerrado en su pecera era incapaz de emitir un grito y la opresión era tan fuerte que sus movimientos ralentizados resultaban dolorosos.

«No reveles tu nombre, de lo contrario morirás y arrastrarás a la muerte a las personas que te cuidan», le habían aconsejado los amables vecinos. El secreto se convertía en una tumba. Al protegerle de la agresión social encerraban a Stephan en una jaula de cristal desde donde podía verlo todo y comprenderlo todo, pero sin decir nada ni hacer nada. El sueño de la jaula de cristal se convertía en una metáfora de su realidad social. Stephan, que había sido resiliente tras el arresto de sus padres, dejó de serlo tras un simple cruce de miradas con el denunciante. Ya no podía hablar ni actuar, y hasta tenía la impresión de que sus amables vecinos le reprochaban ahora que los pusiera en peligro. Así que dormía mal, se despertaba cansado y, como estaba siempre crispado, agredía a sus protectores a la menor ocasión.

Stephan fue enviado a una institución anónima a la que se adaptó trabajando excepcionalmente bien. Esta adaptación demasiado buena, de muchacho demasiado amable, demasiado buen alumno, demasiado buen camarada, demasiado serio, le permitía ocultar mejor la cripta dolorosa que le angustiaba todas las noches. Sin embargo, ese mecanismo de defensa, esta adaptación costosa que deformaba el desarrollo de su personalidad, le permitió ir borrando lentamente la impresión traumática. Los sueños se fueron espaciando. Tranquilizado por su capacidad de adaptación, iba recuperando poco a poco el dominio de sus actos y restableciendo su autoestima. Estudió, se casó y fue feliz durante cincuenta años, viviendo sobre la parte compensada de su personalidad, la que se había vuelto anormalmente normal. Hasta el día que le concedieron un ascenso que le obligaba a trasladarse a París, mientras que su mujer era promocionada en Amberes. Incapaz de elegir entre sus necesidades de compensación social y de seguridad afectiva, cayó en un estado de depresión ansiosa en la que regresaron todas las noches los sueños de la pecera, con la misma intensidad que en la época de su infancia. La negación que le había protegido durante cincuenta años no le había permitido afrontar el problema y acabar con él. «Más que una simple negación, la denegación es una actitud de rechazo categórico de una percepción desagradable de la realidad exterior.»[81] Da lugar a una adaptación demasiado buena y a una sorprendente ausencia de conflictividad, puesto que niega el peligro y el dolor de su penosa experiencia: «Trabajo mucho, mantengo excelentes relaciones con mi mujer, mis hijos y mis compañeros. Con ello me pruebo a mí mismo que soy fuerte y equilibrado. Al fin y al cabo, lo que me ocurrió no es tan grave». Esta defensa unida a la escisión se diferencia del rechazo en que el sujeto no olvida lo que le ocurrió. Funciona de forma eficaz (como un avión que vuela con un solo motor), hasta el día en que la realidad hace emerger un hecho que afecta al herido en la parte críptica de su personalidad. Entonces, nos sorprendemos ante el desmoronamiento doloroso de una persona que antes era resiliente.

Cuando la negación consciente protege el sueño y cuando la impresión traumática provoca la reviviscencia onírica

La negación, al evitar durante el día las cavilaciones dolorosas, disminuye al mismo tiempo la impresión traumática. Las personas resilientes tienen, pues, menos sueños que las traumatizadas e incluso menos que la población de referencia, inevitablemente preocupada por los conflictos cotidianos.[82] La negación no borra la huella del traumatismo en la memoria biológica, pero al evitar las cavilaciones disminuye los sueños. La evitación del enfrentamiento con la realidad dolorosa proporciona un beneficio

81. Ionescu, S., M.M. Jacquet y C. Lothe, *Les mécanismes de défense. Théorie et clinique*, op. cit., p. 167.

82. Dagan, Y., P. Lavie y A. Bleich, «Elevated Awakening Thresholds in Sleep Stage 3-4 in War-related Post Traumatic Stress Disorder», *Biological Psychiatry*, n.º 30, 1991, pp. 618-622.

inmediato, puesto que impide la reiteración del recuerdo. Supone también una ventaja relacional, ya que otorga una personalidad a las relaciones agradables. Pero quien paga el precio de esta facilidad es el herido. «No quería que mis allegados revivieran el enfrentamiento con la muerte. Deseaba que me amasen… No quería de ningún modo imponerles este sufrimiento suplementario… Quería que se sintieran felices y orgullosos.»[83] Esta joven enfermera del maquis de Vercors, deportada a Ravensbrück, superó el golpe con una fuerza y una gracia sorprendentes. Incluso añadió: «No quería molestar a mi psicoanalista con esto».[84] No está mal como negación por parte de una mujer que se ha convertido hoy en una brillante psicoanalista. No obstante, esta protección que tantos beneficios inmediatos aporta pone en marcha una bomba de efecto retardado. «Puede instalarse entre padres e hijos un no-dicho impregnado de culpabilidad…»[85] El artefacto infernal explota el día en que un acontecimiento, aparentemente anodino pero muy significativo para el herido, alcanza la parte dolorosa de su personalidad. Es lo que le ocurrió a Stephan, que se hundió el día que pensó: «Mi ascenso de París compromete el triunfo de mi mujer, a la que tanto deseo ayudar. Mi ascenso impide mi conducta de redención. Por mi culpa mi mujer fracasará». Este desgraciado éxito destruía su proceso de resiliencia.

Cabe preguntarse por qué misterio el proceso cerebral del sueño consigue poner en imágenes oníricas el acontecimiento que tematiza la vida secreta de la cripta. De hecho, no es el acontecimiento traumatizante el que se convierte en sueño, sino la impresión que produce. Si nuestro entorno permite que nuestras defensas sigan controlando esta impresión, soñaremos me-

83. Crémieux, R. y P. Sulivan, *La traîne-sauvage*, Flammarion, París, 1999, pp. 99-100.

84. Crémieux, R., testimonio en el programa *Le cercle de minuit*, 8 de junio de 1999.

85. Crémieux, R., *op. cit.*, p. 107.

nos. Pero si el contexto relacional impide que actúen nuestras defensas, nos convertiremos en prisioneros de nuestros sueños. Su sorprendente capacidad de hacer revivir en el presente de la noche una representación intensa despierta la huella de las emociones provocadas en la realidad pasada. Y el sueño, representación de imágenes, despierta esas fuertes emociones.

Podemos hallar una similitud, una estructura semejante entre una idea y una imagen. En el lenguaje ordinario practicamos a menudo el pensamiento analógico a través de las metáforas. Cuando decimos que «tiene negros pensamientos», se entiende bien lo que significa la expresión, no obstante sus pensamientos no son negros. Cuando decimos «el parto de los montes», esta imagen crea una sensación parecida a la emoción que sentimos al pensar «¡Se ha esforzado tanto, y el resultado es tan insignificante!». El sueño actúa como una metáfora de lo que ocurre en la cripta que no nos atrevemos a abrir.[86] Pero como el sueño también es un proceso de aprendizaje que abre nuevas vías a las neuronas, incorpora a la memoria lo que hemos pensado de los acontecimientos excepcionales. Si nuestro entorno nos presenta esta prueba como una victoria, sentiremos orgullo, pero si nos cuenta que esta misma experiencia es una humillación, soñaremos la metáfora del que se pasea completamente desnudo entre los invitados elegantes de la recepción del gobernador.

Cuando el herido ha podido remodelar la representación de su trauma a través de la palabra, el arte, la acción o el compromiso social, como ya no tiene un sentimiento de vergüenza, no convertirá en imágenes oníricas la misma impresión. La memoria del traumatismo que se ha imprimido mejor, con la que se ha familiarizado más, se borrará y ya no podrá provocar las reviviscencias del sueño. Pero cuando al herido se le impone el silencio, el sueño se convierte en la alternativa de lo que no ha podi-

86. Lakoff, G., «How Metaphor Structures Dreams», en A. Ortony (ed.), *Metaphor and Thought*, Cambridge University Press, 1993.

do decirse. Su efecto de incorporación del acontecimiento hace al organismo sensible a cualquier sufrimiento, que conoce demasiado bien porque lo repasa todas las noches.

Para ser resiliente, hace falta primero haber sido traumatizado. Cuando el paso de un proceso al otro todavía no ha comenzado, se producen movimientos de oscilación, de modo que el herido sufre por su trauma una noche y al día siguiente adopta una postura de defensa resiliente. Muchas veces convierte incluso en imágenes esas dos sensaciones opuestas en el transcurso de un mismo sueño.

En el análisis de los sueños de las personas que han escapado por los pelos de un incendio aparecen con mucha frecuencia imágenes de inundaciones o de una fosa donde uno está encerrado. Mientras que el análisis de los sueños de mujeres violadas describe sensaciones de asfixia bajo un montón de trapos sucios y húmedos o de parálisis debajo de un camión que pierde aceite.[87] Ya no es la imagen del hecho traumatizante la que regresa en el sueño, sino el sentimiento que se experimenta en el momento de la representación del trauma. En el momento de la agresión, las ideas son curiosas: el niño que se hunde y que sabe que se va a ahogar piensa, justo antes de perder el conocimiento: «Lástima, esta noche había un postre muy bueno». El adolescente que pierde el control del ala delta se dice: «Menuda bronca me van a pegar mis padres». Pero en el momento de la representación del sueño, lo que se evoca es el momento emocional.[88] Lo que el hecho evoca es el significado que adquiere en la historia del sujeto. El instante del sueño ya es una remodelación, una interpretación del hecho que depende de la historia del sujeto y de su contexto. Más tarde, el relato del sueño ampliará ese proceso de remodelación de la

87. Saredi, R., G. Baylor, B. Meier y I. Strauch, «Current Concerns and REM-dreams: A Laboratory Study of Dreams Incubation», *Dreaming*, 7, 1997, p. 3.

88. Hartmann, E., *Dreams and Nightmares*, *op. cit.*, p. 18.

visión de su pasado. Eso significa que las huellas precoces, al modelar el temperamento, constituyen poderosos organizadores del yo. Instauran las referencias iniciales que iluminan el presente a la luz del pasado. Cuando la experiencia no se puede integrar porque el trauma no es representable, porque el herido, aislado, no puede darle una forma susceptible de ser comunicada o porque su pasado le ha hecho ser demasiado sensible a ese tipo de acontecimiento, entonces la agresión se convierte en traumatismo.

Mientras la evolución duda entre el traumatismo y la resiliencia y todavía no está estabilizada en la memoria y en la conducta del herido, se advierte la aparición de sueños oscilatorios en los que el sujeto, que se ha vuelto muy, muy pequeño, es aplastado por los objetos y los personajes de sus sueños, hasta el momento en que lucha con furia, da un golpe al fondo del agua, y crece y crece hasta el vértigo.

El personaje que materializó esta sensación de oscilación y la convirtió en un relato mítico fue Gulliver.

Jonathan Swift se quedó huérfano a edad muy temprana, ya que perdió a su padre cuando su madre estaba embarazada de apenas unas semanas. Bebé frágil nacido en el ambiente de extrema pobreza del Dublín del siglo XVIII, fue secuestrado por su nodriza, que huyó con él a Inglaterra. Aunque su madre lo recuperó durante un tiempo, acabó abandonándolo a la edad de cuatro años. Cabe pensar que las huellas precoces no estabilizaron en Jonathan un apego seguro y que esta dificultad afectiva se vio agravada por las condiciones extremadamente duras de los internados de Kilkeny y del Trinity College. De modo que es un adolescente escindido el que se lanza a la vida sentimental y a la aventura social. Aterrorizado por el matrimonio y la responsabilidad de ser padre, propone en *Una modesta proposición para prevenir que los hijos de los pobres de Irlanda sean una carga para sus padres o el país, y para hacerlos útiles al público* (1729) asar a los niños y servirlos a la mesa de los ricos. Presa de pánico por el apego al que atribuía una importancia desmesurada, sufrió toda la vida por la «visión excrementicia» que tenía de sí mismo.[89]

La parte resiliente de su identidad estuvo compuesta por la atracción que sentía por la compañía de las mujeres y por la literatura, donde hallaba una aventura intelectual, política y religiosa que le fortaleció. Sensible al sufrimiento de los demás, luchó toda su vida en defensa de los derechos de los niños. Fue de los primeros en pedir que las mujeres recibieran la misma educación que los hombres, en luchar a favor de la tolerancia religiosa, y en defender al pueblo irlandés y la belleza de la lengua inglesa.

Cabe pensar que la parte resiliente de su personalidad, socialmente desarrollada, que cubrieron de honores y de responsabilidades, contrastaba con su vida íntima, secreta y dolorosa.

Esta personalidad escindida probablemente era el resultado de las constantes amenazas afectivas entre las que había tenido que desarrollarse. Swift adoraba a los irlandeses, la literatura, a Dios y a las mujeres, pero le aterrorizaba la idea de tener que amar a un niño. ¿Le asustaba tal vez la idea de no ser capaz de amarlo lo suficiente y de hacerlo un desgraciado, como él mismo había sido?

Ese sentimiento, que impregna la vida psíquica de quienes se adaptan a una amenaza angustiosa escindiéndose, se manifiesta en sus sueños con una representación típica. Esas personas se ven a sí mismas dentro de una caja o de una habitación con las paredes desnudas. Una bola empieza a rodar en la caja y crece al mismo tiempo que ellos se vuelven muy pequeños. La bola que se hincha se vuelve imprevisible, y al soñador cada vez le cuesta más evitarla e impedir que lo aplaste. El soñador está estupefacto y, de repente, es él quien comienza a crecer y la bola comienza a encogerse. En el momento en que se invierte la situación, le

89. Hersou, L., «Stress et développement de l'identité et de la parentalité: problèmes soulevés par la clinique et la recherche», en E.J. Anthony y C. Chiland, *L'enfant dans sa famille. Le développement en péril*, PUF, París, 1992, p. 35.

invade una sensación primero de alivio y después de euforia, que acaba provocando un vértigo de ansiedad ya que el soñador se ha vuelto muy grande y la bola minúscula.

La civilización de la fantasía suscita la creatividad reparadora

Esta manera de ver el mundo, ese interés por los demás tiene su representación literaria en *Los viajes de Gulliver* (1726). En realidad, la obra es una metáfora psicológica y social de un sentimiento de oscilación que tan angustioso resulta dominar como ser dominado por él. Se constituye así una cadena de representaciones de imágenes que, situadas durante el desarrollo de los sueños, constituyen arquetipos que construyen nuestros símbolos. Jonathan, escindido por la desdicha afectiva de su infancia, siente un interés por el mundo que, por la noche, adopta la forma de un sueño de alternancia. Pero, al despertar, el futuro escritor demuestra su resiliencia recuperando el dominio de su sueño para convertirlo en un relato de forma oscilatoria. Gracias a esta resistencia activa, el herido se convierte en un creador útil a sus allegados. El poder intelectual y social que ganará de este modo se lo dedicará a ellos. El pequeño Jonathan acaba de transformar su herida en obra de arte. Su mundo interior, destruido por la desdicha afectiva, se metamorfosea en un mundo interior hermoso, divertido y socialmente útil. Así es como opera la simbolización: «[...] civilizando la fantasía a través de la palabra y de las actividades creadoras, artísticas, científicas o de cualquier otra clase».[90]

Por otra parte, la sabiduría de las palabras nos enseña que «crear» significa en el lenguaje de la iglesia «hacer nacer de la nada»,[91] poner en el mundo un objeto o una representación que

---

90. Legendre, P., *La 901ᵉ Conclusion. Étude sur le théâtre de la Raison*, Fayard, París, 1998, p. 251.

91. Picoche, J., *Dictionnaire étymologique du français*, Le Robert, «Les usuels», París, 1995.

no existían antes de que el creador obrara en él. ¿Cuáles son nuestras posibilidades de elegir ante la nada? O bien dejarnos fascinar, arrollar por el vértigo del vacío hasta sentir la angustia de la muerte, o bien luchar y trabajar para llenar ese vacío. Al principio, experimentamos la energía de la desesperación, porque el vacío está vacío, pero en cuanto aparecen las primeras construcciones, la energía de la esperanza es lo que nos estimula y nos impone la creación perpetua, hasta el momento en que, al final de la vida, «morimos plenamente felices de nuestras desdichas pasadas».[92] Karen Blixen analiza el mismo procedimiento de resiliencia que Cioran: la obligación de la metáfora que, gracias a la alquimia de las palabras, de los actos y de los objetos, consigue transformar el fango del sufrimiento en el oro de la «creación, que es una preservación temporal de las garras de la muerte».[93]

Para que se despierte la creatividad, incluso en los niños que tienen un buen desarrollo, se requiere una carencia. Mientras la figura materna está presente, es ella la que capta el espíritu y organiza su mundo íntimo. Pero en cuanto la madre se ausenta, el mundo del niño se vacía y, para no sufrir demasiado por esta privación, ha de llenar el espacio real y psíquico con un objeto que la represente. Un trapo, un pañuelo, un osito de peluche sustituirán a la madre y producirán una familiaridad parecida. Ese proceso mental es una creación, porque es el niño el que elige un objeto y lo pone en un lugar determinado para sustituir a la que ya no está en ese lugar.[94] El símbolo requiere una percepción real antes de cargarse de un significado compartido. Todos los niños saben simbolizar de esta manera, pero para incitarles a que lo hagan, para despertar su creatividad, hay que

92. Blixen, K., citada por E. de Saint-Angel, «Un songe en hiver», *Télé Obs.*, noviembre de 1999, p. 3.

93. Cioran, E. M., *Cioran*, «Quarto» Gallimard, París, 1995, p. 22.

94. Winnicott, D. W., «Objets transitionnels et phénomènes transitionnels. Une étude de la première possession du "non-moi"», 1951, en *De la pédiatrie à la psychanalyse*, Payot, París, 1969, pp. 109-125.

ofrecerles una carencia y no colmarles de afecto. «La creación del símbolo deriva de la pérdida del objeto que antes aportaba toda la satisfacción.»[95]

Ese proceso, que en el caso de los niños bien atendidos es armonioso, se torna violento en los niños heridos. Reconocer la pérdida hasta la muerte y afrontarla para resucitar el amor perdido es algo que está en la «cuna de la civilización humana».[96]

Cuando la conciencia dolorosa de la pérdida suscita la rabia de la reparación, la creatividad se convierte en una feliz imposición. Durante el minuto de silencio colectivo es cuando la imagen del desaparecido acude a nuestra memoria íntima. Esto nos demuestra que la imagen y la magia están asociadas, porque basta con establecer un ritual social y adoptar una postura para hacer brotar en nosotros el recuerdo de alguien que ya no existe en la realidad. Se entiende que el mito del doble o la magia del espejo posean un efecto euforizante, cuando uno está al borde de la angustia,[97] porque solo cargando con la muerte somos capaces de hacer nacer una imagen. De modo que es necesaria la deshabituación para representarse la ausencia ya que, si el objeto está demasiado presente, forzosamente será percibido. Ahora bien, el placer de la percepción es inmediato, fugaz, mientras que la felicidad de la representación es duradera. Al grabarse en la memoria, estructura nuestras representaciones y gobierna nuestro futuro. La deshabituación solo es dolorosa si se siente como una pérdida. Cuando el desarrollo es armonioso, la separación de la figura de apego proporciona más bien una sensación de progreso. Y para que esta impresión pase de la pérdida al progreso,

95. Haynal, A., *Dépression et créativité. Le sens du désespoir*, Cesura, Lyon, 1987, p. 154.

96. *Ibid.*, p. 154.

97. Lacan, J., «Le stade du miroir comme formation de la fonction de "Je", telle qu'elle nous est révélée par l'expérience psychanalytique», en *Écrits*, Seuil, París, 1966, pp. 93-100. [Hay trad. cast.: *Escritos*, Siglo XXI, México, 1989.]

basta con un pequeño gesto o una simple palabra que oriente al niño hacia la creatividad y haga nacer en él la maravilla de la magia. «Mi melancolía [...] dio paso a un entusiasmo creador», dice Segantini recordando su infancia cuando, huérfano de ambos padres, decide pintarlos para conservarlos en la memoria.[98] Georges Perec, a los ocho años, decide escribir para que sus padres desaparecidos estén ahí, en sus libros, que les servirán de tumba: «[...] había un agujero, [...] había un olvido, un espacio en blanco [...] en primer lugar la omisión: un no, un nombre, una ausencia...».[99] Entonces Perec escribe *El secuestro*,[100] obra en la que se tarda mucho en descubrir que lo que ha desaparecido es la vocal *E*, que sustituye a la palabra «ellos» y designa a sus padres desaparecidos. Más tarde les dedicará *W o el recuerdo de la infancia*.[101] «Ahora ya están ahí, en esa tumba que les he construido, donde los he escrito y depositado. Asombrado por esta creación mágica al borde del dolor, puedo pasar mi duelo, seguir amándolos y dejar de esperarlos.»

El acto de creación en este caso es tanto una obligación como un placer. El esfuerzo por lograr que surja una imagen, dibujada con el dolor de la pérdida, sitúa al autor sobre el filo de la navaja. Una simple palabra, o un gesto, le conducirán a la euforia o a la desesperación. Sin contar con que el objeto de sustitución jamás será tan hermoso como el objeto desaparecido, que es perfecto porque es ideal. Reparar la brecha para repararse, llenar el vacío que ha dejado en uno mismo el objeto arrancado, obliga al niño herido a inventar constantemente sustitutos euforizantes y decepcionantes. El dolor y la belleza nacen al mismo tiempo, en el

98. Citado en A. Haynal, *op. cit.*, p. 157.

99. Burgelin, C., *Les parties de dominos chez M. Lefèvre. Perec avec Freud. Perec contre Freud*, Circé, París, 1996, p. 192.

100. Perec, G., *La disparition*, Denoël/Gallimard, París, 1969. [Hay trad. cast.: *El secuestro*, Anagrama, Barcelona, 1997.]

101. Perec, G., *W ou le souvenir d'enfance*, Denoël/Gallimard, París, 1975. [Hay trad. cast.: *W o el recuerdo de la infancia*, El Aleph, Barcelona, 2003.]

mismo movimiento, en el «fuego de la creación».[102] Freud, Joyce, Pascal, Proust y Víctor Hugo no se atrevieron a ser creativos hasta después de la muerte del padre, el aduanero Rousseau después de la de su mujer, y Montaigne después de la de su amigo La Boétie.[103] La orfandad y las separaciones precoces han proporcionado una enorme cantidad de creadores: Balzac, Gérard de Nerval, Rimbaud, Zola, Baudelaire, Dumas, Sthendal, Maupassant, Loti, George Sand, Dante, Tolstoi, Voltaire, Dostoievski, Kipling... la lista sería interminable si quisiéramos completarla. Y hasta la enfermedad física obliga a la creatividad cuando el sentimiento de ser disminuido provoca la rabia de vencer. Alfred Adler lo entendió muy bien en su infancia cuando, débil y raquítico, decidió ser médico para luchar contra la muerte. Siendo ya adulto, elaboró sobre esto una teoría general: toda debilidad puede ser compensada, y un niño difícil, mal socializado, puede transformar esta negatividad cuando su medio le propone un objetivo social.[104] Esta idea la verificó Catherine Hume, que pidió a adolescentes difíciles que acompañaran a niños con síndrome de Down y les ayudaran a escalar el Himalaya.[105] El hecho de ponerse a prueba y convertirse en el que ayuda, en vez de ser la persona de carácter difícil a la que hay que ayudar, cambió la imagen que tenían de ellos mismos y tejió vínculos con esos niños diferentes, con los que antes no se habrían relacionado jamás.

La acción también es una forma de creatividad, una lucha contra la angustia del vacío, la representación de la nada. Cuan-

102. Jamison, K. R., «Le feu de la création», *Nervure*, tomo VII, enero de 1994, pp. 13-16.

103. Anzieu, D., M. Mathieu y M. Besdine, *Psychanalyse du génie créateur*, Dunod, París, 1974. [Hay trad. cast.: *Psicoanálisis del genio creador*, Vancu, Buenos Aires, 1978.]

104. Adler, A., *Le tempérament nerveux. Éléments d'une psychologie individuelle et applications à la psychothérapie*, Payot, París, 1970. [Hay trad. cast.: *El carácter neurótico*, Paidós, Barcelona, 1993.]

105. Hume, C., *Pas si nuls que ça!*, programa emitido por France 2, 2 de octubre de 1997.

do un niño pierde a su madre porque le abandona, porque muere o porque desaparece, se encuentra en una situación que le obliga a crear. Pero todavía no ha adquirido el dominio de las representaciones verbales o pictóricas, o de las artes que le propone su cultura. En cambio, a partir de los diez meses, el niño ya sabe jugar a fingir e inventar representaciones conductuales. Le basta añadir, unos años más tarde, una ligera salsa verbal para escenificar la parte dolorosa de su personalidad y colmar su carencia jugando a «Supongamos que tú eres mi mamá». Cuando un adulto se presta a representar un papel en esta obra, la representación teatral de los actos, palabras y decorados «restaura la seguridad en un mundo interior apaciguado [...] y permite superar la separación...».[106] Pero la madre de sustitución también ha de tener talento para evocar a la madre real sin anularla, ya que el niño le reprocharía: «Tú no eres mi verdadera mamá, no lo eres de verdad». Es el niño el que, en este juego, se crea una madre, gracias a la complicidad de un adulto que no olvida el condicional que aparece en «Si fueras mi mamá».

A veces los padres no han desaparecido, pero están tan trastornados que su presencia no es positiva. Los niños apegados a adultos con dificultades se desarrollarán mal junto a esas guías frágiles. Las pruebas cotidianas les imponen también a ellos la estrategia de la oscilación de los niños agredidos que, como Gulliver, tienen que «elegir» entre convertirse en muy pequeños y dejarse aplastar o convertirse en enormes y hacerse cargo de sus padres frágiles. Para soportar esas responsabilidades precoces que no se corresponden a su estadio de desarrollo, muchos «eligen» desarrollar un mundo íntimo de creatividad en el que se refugian cuando la realidad se torna demasiado pesada. Encontramos con frecuencia este tipo de pruebas en el origen de las vocaciones artísticas. Lord Byron sufría mucho con el delirio de su padre, al que amaba. Virginia Woolf, la melancólica, estaba

106. Miolan, C., «Quand l'enfant abandonnique crée», *Le Journal des psychologues*, n.º 95, marzo de 1992, p. 50.

rodeada de una familia melancólica. Se necesitaron cuatro familias de psicóticos para que apareciera Géricault. Ernest Hemingway creció en una familia doliente en la que todas las relaciones eran febriles. Robert Schuman y Van Gogh tejieron estrechos vínculos con padres, hermanos y hermanas con alteraciones psíquicas.[107] Con semejantes vínculos, surge fácilmente el impulso de la creatividad puesto que de todos modos el equilibrio está alterado, y la creación de un nuevo orden constituye justamente un trabajo creador. El padre delirante desvaría, la madre melancólica cede su lugar al hijo, la hermana desequilibrada le pide a su hermano pequeño que la proteja y la calme. El día a día familiar invita a una constante transgresión, no criminal, puesto que el orden ya está trastornado y el niño, para adaptarse y ayudar a los adultos frágiles que ama, ha de inventar nuevos roles familiares. Tal vez por esto hallamos en las familias de escritores el triple de trastornos mentales que en el resto de la población.[108]

El hecho de que estos niños se vean impulsados a la creatividad para adaptarse a un medio que los trastorna no significa que todos se conviertan en creadores. Su futuro dependerá de la orientación que reciban de alguien externo a la familia, puesto que la familia falla. Cuando la familia alterada aprisiona al niño o cuando el medio extrafamiliar no propone ninguna guía de resiliencia para intentar la aventura de la creación, el niño se desmorona con su familia.

Las culturas normativas erradican la imaginación

Las culturas excesivamente normativas impiden la creatividad en nombre de la moral. Se busca en el discurso social del entor-

107. Jamison, K. R., «Le feu de la création», *Nervure*, tomo VII, enero de 1994, pp. 13-16.
108. Andrasen, C., «Créativité, fonction cognitive et troubles de l'humeur», *Nervure*, *op. cit.*, p. 18.

no el argumento que permita excluir a esas familias que están fuera de las normas. En la época en que el contexto científico hablaba de una «degeneración» que impedía a ciertos individuos acceder al sentido moral, ese concepto se utilizaba para referirse a esas «familias degeneradas» que había que arrojar fuera de la sociedad, exterminando así a posibles pequeños Schuman, Van Gogh o Hemingway.

Cuando el rendimiento social se convirtió en un valor cultural prioritario, hubo que «erradicar la imaginación». Leer poesía, dedicarse a la música o colorear dibujos se convertía en «una escandalosa pérdida de tiempo, un signo evidente de inadaptación a los "hechos"».[109]

Yo he conocido a inmigrantes italianos o polacos tan deseosos de integrarse a través del trabajo que incluso se indignaban al ver a sus hijos leyendo. De una patada mandaban a paseo el libro que su hija intentaba descubrir para escapar a la sórdida realidad, o con una frase sarcástica humillaban al hijo que quería estudiar: «El bachillerato es para las chicas o los maricas. Un hombre, un hombre de verdad ha de tener el valor de ir a la fábrica».

El dinero que permite acceder al consumo transforma hoy en día los espectáculos en mercancía: fútbol, baile, teatro y cine. Así que para democratizar el acceso a esta cultura, se pone dinero público para que los pobres también puedan asistir al espectáculo. Esta práctica supone un generoso contrasentido porque la creatividad no es una distracción, sino que ha de inventar un nuevo mundo para cambiar el que hace sufrir. La cultura creativa es un aglutinante social que da esperanza cuando se presentan pruebas en la vida, en cambio la cultura pasiva es una distracción que entretiene, pero no resuelve nada. Para que la cultura ofrezca guías de resiliencia, es mucho más necesario engendrar actores que espectadores. Hay que proporcionar a los pobres la oportunidad de dar, permitiéndoles crear un espec-

109. Thierry, P., «Les temps difficiles. Charles Dickens», en *Le Télémaque, L'amour des enfants*, n.º 17, mayo de 2000, pp. 105-112.

táculo, una velada, un debate, un día de fiesta. Catherine Hume, que se lleva adolescentes al Himalaya, los convierte en actores, mientras que el educador que pasea por Venecia a unos cuantos niños de barrio los convierte en consumidores pasivos.

El arte no es una distracción, es la necesidad de luchar contra la angustia del vacío suscitada por el acceso a la libertad que nos proporciona el placer de crear. «Cada pequeño sufrimiento que aparece se convierte en un punto de referencia, como un jalón en la creación […] de modo que este es el lugar donde es posible que se produzca un cambio.»[110] Mientras que la cultura creativa nos hace evolucionar, la cultura pasiva nos ayuda a digerir. ¿Tal vez son necesarias ambas para sentirse bien? Un exceso de creación provocaría confusión, mientras que un exceso de digestión produciría flatulencias físicas (Bah… Pfff…).

El hecho de que exista una clara correlación entre creatividad y sufrimiento psíquico no significa que exista también una correlación entre creatividad y equilibrio mental.[111] Todos los niños son creadores porque han de incorporar su medio y hacerlo evolucionar. Todos los niños que sufren están obligados a crear, lo cual no quiere decir que todos los creadores estén obligados a sufrir.

El mundo de la fantasía de los niños favorecidos también es muy productivo.[112] A partir de los cuatro años, los niños dibujan escenas en las que su fuerza les permite desbaratar los peligros, mientras que las niñas dibujan motivos más relacionales. Estas representaciones proporcionan una forma de dibujo a las fantasías que antes los niños ponían en práctica: en el caso de los niños, la competición; en el caso de las niñas, la relación. Entre los cinco y los siete años, la imaginería evoluciona hacia formas so-

110. Charpail, N., «La création comme processus de transformation», *Art et Thérapie*, n.º 56-57, junio de 1996, p. 41.

111. Vaillant, G., «La créativité chez les hommes et les femmes ordinaires», en «Génie, créativité et troubles de l'humeur». *Nervure, op. cit.*, p. 25.

112. Gauthier, Y., «Étude de la vie fantasmatique d'enfants vulnérables des milieux favorisés», en E.J. Anthony, C. Chiland y C. Koupernik, *L'enfant vulnérable*, PUF, París, 1982, p. 135.

cialmente valoradas: el deporte, el romanticismo, la belleza, la ciencia. Todos los dibujos se perfeccionan en un clima de serenidad. Las fantasías agresivas que los niños expresaban con dibujos de guerra son refrenadas más tarde gracias a los relatos de hazañas deportivas y de conocimientos científicos. Las niñas idealizan las relaciones armoniosas para vencer la soledad en la que la estética embellece la construcción de su identidad.

Sin embargo, los niños rotos no tienen posibilidad de elección. Lo que han conseguido es transformar en himno a la alegría el estruendo de la desesperación. En estas dos situaciones en que la creatividad participa en el desarrollo, la felicidad no tiene el mismo sabor. En los niños favorecidos, la dulce felicidad de crear llena su mundo íntimo. En el caso de que se produzca una fractura, sufrirán un poco, pero luego descubrirán otra vía de creación. En cambio, en los niños heridos, la felicidad de crear es vital, como lo es la fuerza con que nos asimos desesperadamente a un resto flotante que impide que nos ahoguemos. Hasta que llega el momento en que, a fuerza de producir, los niños desesperados alcanzan a los niños favorecidos, aunque conservan en su memoria la herida pasada en torno a la cual han reconstruido su existencia y su personalidad.

Esa condición prematura de adultos que presentan los niños heridos, esa madurez precoz que conmueve a los mayores, se revela ya en los primeros dibujos. A los cinco o seis años, con el trazo aún inseguro, el niño expresa, como un niño de doce o trece años, la parte que ha asimilado de los valores y de las dificultades de las personas a las que ama.[113] Expresa con sus dibujos lo que ha comprendido de los acontecimientos impresos en su memoria. Como domina mal la representación del tiempo, en ese estadio de su desarrollo, le cuesta mucho convertir esos acontecimientos en un relato. Entonces, con monigotes y fusiles negros, con el rojo para la sangre y el verde para los árboles, recupera el control de las

113. Greig, P., *L'enfant et son dessin. Naissance de l'art et de l'écriture.* Érès, Ramonville Saint-Agne, 2000.

emociones que le han desbordado. Cuando el niño herido no puede jugar ni explicar las pruebas en las que se halla inmerso, permanece sometido a las percepciones que le golpean. A través de la representación toma las riendas de su destino. Lo que implica que el medio le proporciona algunas guías de resiliencia, como una oreja, un escenario, un papel y lápices. El dibujo adopta entonces una forma narrativa con la que el niño expresa y dirige a alguien su mundo íntimo. Más adelante, cuando la escritura permita la autobiografía, el dibujo anterior habrá hecho posible el autobiografismo.[114] Es como si el niño dijera: «Me convierto en autor de mi mundo interno y lo doy para compartirlo. Cuando lloréis, cuando riais, cuando aplaudáis, me aceptáis con mi herida. Dejo de ser un anormal, un niño al margen de la cultura, un monstruo».

El talento consiste en exponer la propia prueba dentro de una intriga divertida

El talento supremo consiste en exponer la propia desgracia con humor. Cuando esta metamorfosis de la representación es posible, el hecho doloroso habrá recorrido el mismo camino que en el teatro o en el dibujo. «Si consigo dar una versión atractiva de mi desgracia, la sonrisa que provocará reducirá la distancia entre nosotros y mi herida perderá su poder de alienación.»

En una nota de su diario, Ana Frank se lamentaba, de pie ante una ventana ciega de su escondite: «Una buena carcajada vale más que diez comprimidos de valeriana...».[115] El humor tiene una función terapéutica que se parece un poco a la función de la negación: hacer creer a los demás para hacerse creer a uno mismo que la cosa no es tan grave. Este engaño es una falsificación creadora que aleja el dolor. Si logro escenificar la tragedia

114. *Ibid.*
115. Eisen, G., *Les enfants pendant l'Holocauste. Jouer parmi les ombres*, Calmann-Lévy, París, 1993.

que me tortura, si os arranco una sonrisa, un sentimiento cordial o un gesto de interés, dejaré de representar el penoso papel del pobre niño y dejaré de ofrecer la imagen un poco repelente de la víctima perdida, violada, abandonada, rebajada. Al contrario, invitándoos a compartir una sonrisa, nos uniremos del mismo modo que nos unen las emociones compartidas, como el placer de la mesa o el intercambio de palabras. No es la fusión que provoca la pasión amorosa o el odio a un enemigo común, sino un pequeño vínculo agradable y ligero.

Freud ya había observado la existencia de esos comportamientos de desafío frente a una realidad demasiado penosa.[116] «Ahorrarse los afectos» o «sonreír entre lágrimas» permite alejar el dolor. El humor no es la burla de la ironía, ni la negación de la agresión, ni siquiera la transformación de un sufrimiento en placer. Es la memoria del trauma, su representación que se vuelve menos dolorosa cuando el teatro, el dibujo, el arte, la novela, el ensayo y el humor trabajan para construir un nuevo sentimiento de uno mismo.

Es un mecanismo de defensa sobre el filo de la navaja. Cercano al aislamiento que atenúa el sentimiento vinculado a un recuerdo o a un pensamiento, el sujeto sabe bien que el traumatismo es grave, pero diciéndolo con cierto aire de ligereza, al menos puede expresarlo y reconciliarse con sus allegados: «No les aburro más con mi trauma, no les dejo petrificados con mi horror; al contrario, les divierto y despierto su interés, cosa que me revaloriza porque me convierto en la persona que alegra y que intriga. Pero en el fondo sé que lo que me ha pasado no es nada. Cuando os hago reír, actúo sobre mi sufrimiento y transformo mi destino en historia. Sí. Me ocurrió. Fui herido. Pero no estoy dispuesto a que mi vida sea esto, no estoy dispuesto a someterme a mi pasado. Al convertirlo en una representación hermosa, interesante y alegre, soy yo quien controla ahora el

116. Freud, S., «L'humour», en *L'inquiétante étrangeté et autres essais*, Gallimard, París, 1985, pp. 321-328.

efecto que os causo. Al modificar la imagen que tenéis de mí, modifico el sentimiento que tengo de mí mismo».

El humor, hiperconsciente, se opone al rechazo. Es un trabajo de representación que exige un espectador, un testigo, alguien más. En ocasiones, la escisión de los traumatizados les permite ser ese otro y convertirse en espectadores de sí mismos. Como esas mujeres con el corazón desgarrado que se echan a reír entre lágrimas cuando se ven en el espejo con la nariz enrojecida por la pena y el rimmel embadurnando las mejillas que deseaban refrescar. Esta defensa se desvía fácilmente cuando se vuelve rígida y adopta la forma de máscara o de estereotipo, cuando los heridos se retuercen de risa explicando sus sufrimientos o cuando el humor se transforma en un procedimiento que impide establecer una relación auténtica.

Por supuesto, hay momentos en que ya no se puede reír, en que el humor resulta imposible, indecente incluso. Mientras la representación del dolor nos tiene prisioneros, no se puede modificar la representación. Los niños que han visto a sus padres torturados o humillados ante sus ojos jamás podrán reírse de esta visión. Hace falta demasiada distancia. Los torturados, y sobre todo los hijos de torturados, modifican la imagen de sí mismos a través de la acción extrema y de la reflexión profunda. No a través del humor. Casi siempre adoptan una postura de militancia activa contra el partido de los verdugos.[117] Se reparan reparando la memoria de sus padres, probando con ello que el medio más seguro de reforzar una idea es perseguirla.

La simple perspectiva del tiempo modifica la representación de la tragedia. En cuanto un niño pregunta «¿Qué me ha ocurrido?» comienza su labor de modificación de su pasado. No puede dejar de preguntarse de dónde viene y adónde va, porque le entusiasma estar en el mundo y siente curiosidad por saber lo que le espera. Pero para responder a esta pregunta o incluso simplemente para plantearla, hace falta que exista una relación

117. Sironi, F., *Bourreaux et victimes*, *op. cit.*

con unas figuras de apego que se supone que saben más, puesto que han llegado al mundo antes que él. Un niño sin relaciones ni siquiera se plantea la cuestión porque vive en una sucesión de presentes. No tiene la posibilidad de pensar: «Acabo de hacer una tontería en mi pasado reciente que será sancionada en mi futuro próximo». Carente de relaciones, no está abierto a la representación del tiempo. Más adelante, el niño solo comprenderá lo que le ha sucedido atribuyendo al hecho un sentido que procede de la mirada de los otros: «Lo que me sucedió es vergonzoso… terrible… extraordinario… heroico…». Del mismo modo que los objetos sobresalientes adquirían relieve gracias al comportamiento significativo de los padres, también los hechos históricos son destacados por el discurso de los demás. La memoria traumática es especial, porque asocia el aprendizaje no consciente del cuerpo con la luz que aporta el discurso social. Un niño que vive con un padre maltratador se impregna sin darse cuenta de ese tipo de interacción que se graba en su memoria biológica. Pero lo que lo convierte en un relato autobiográfico es el significado que adquiere este hecho a la luz del discurso cultural.

Aprender sin darse cuenta

Se puede aprender sin darse cuenta afirmando que nunca se ha aprendido. No se puede tener conciencia de todo, hay que reducir para no caer en la confusión. El objeto que se percibe conscientemente es seleccionado, pero también se imprimen en la memoria algunos objetos percibidos inconscientemente.

En patología neurológica se habla del síndrome de heminegligencia: debido a un accidente queda alterado un punto concreto de la zona parietal-occipital derecha del cerebro, de modo que el paciente percibe lo que ocurre en su espacio izquierdo (no choca con los objetos), pero no sabe que lo percibe. Si se le enseña una fotografía de un plato que contenga un bistec a la izquierda y patatas fritas a la derecha, solo dibujará las patatas fritas y afirmará que lo ha dibujado todo. Si le damos la vuelta al dibujo, el paciente dibujará solamente el bistec afirmando igualmente que lo ha dibujado todo. Dibuja lo que para él es evidente, puesto que le resulta neurológicamente imposible tomar conciencia de lo que ocurre en su espacio izquierdo. Eso no significa que no lo tenga impreso sin saberlo. Si al paciente se le propone un puzle, la primera vez tardará diez minutos en construir tan solo la parte derecha. La semana siguiente tardará seis minutos, y la última semana solamente dos minutos. Nunca completará la parte izquierda, a pesar de que afirma que lo ha hecho todo. Si en ese momento se le da la vuelta al puzzle de manera que la parte izquierda se convierta en la parte derecha, construirá el puzle en cuatro minutos, con lo que demuestra que había percibido perfectamente los elementos del espacio izquierdo e incluso había empezado a resolver el problema. Esta inconsciencia cognitiva es una prueba de que nuestro cuerpo puede aprender sin que nos demos cuenta.[118] Nuestra visión del mundo está hecha de retazos de conciencias parciales. Si una de ellas desaparece, la visión del mundo sigue siendo total y coherente. La evidencia del enfermo permanece inaccesible a cualquier razonamiento, puesto que para él es una imagen tan evidente y coherente como lo es para un daltónico un mundo sin el color rojo, o para todos nosotros un mundo sin ultravioletas.

Lo mismo ocurre con nuestros relatos íntimos y sociales en los que cada elemento del puzle de nuestra identidad puesto de relieve por nuestras relaciones y nuestras intenciones constituye un conjunto coherente, evidente para uno y no necesariamente para otro.

Cabe pensar, por tanto, que un niño maltratado o traumatizado conserve huellas en su memoria, aunque son de naturaleza distinta a la de los recuerdos con los que construye sus relatos. La huella depende de las informaciones que recibe de su medio,

118. Botez, M. I., *Neuropsychologie clinique et neurologie du comportement*, Presses Universitaires de Montréal, 1987.

mientras que el relato depende de las relaciones que establece con su entorno. La huella es una marca biológica, el relato es una conciencia compartida.

Por consiguiente, los recuerdos traumáticos no tienen la misma forma que los recuerdos ordinarios. Los paracaidistas se ponen a prueba para «obtener una victoria sobre sí mismos». En el momento en que piensan: «Tengo que lanzarme al vacío para alcanzar aquel minúsculo punto de allí abajo», experimentan una emoción muy fuerte. Pero lo que les provoca el estrés es la representación de lo que va a ocurrir porque, cuando no tienen que saltar, miran por la ventanilla y contemplan el mismo paisaje con absoluta tranquilidad.

Para precisar esta noción, dos psiquiatras militares realizaron un importante experimento: en el momento en que el paracaidista se dispone a saltar, la persona que realiza el experimento le envía al muslo una descarga eléctrica cuya intensidad y duración están calculadas para que se aproximen al umbral del dolor. Cuando el paracaidista llega al suelo, otro psiquiatra le pregunta si ha notado algo desagradable antes de saltar. Todos los paracaidistas afirman que no han notado nada. El sentimiento provocado por la inminencia del salto ha monopolizado su conciencia y embotado las otras percepciones.[119] Este experimento ilustra la forma que adoptan los recuerdos traumáticos: la representación es tan fuerte que se apodera de la conciencia, y la extraordinaria claridad de algunos detalles significativos eclipsa todas las otras percepciones.

Los paracaidistas se encuentran en una situación análoga a la de los heminegligentes. Pero en este caso no es una alteración cerebral la que provoca la restricción sensorial, sino una representación tan potente que domina su conciencia.

Los recuerdos ordinarios adoptan otra forma. Un niño bien desarrollado también tendrá huellas cerebrales. La cámara de

119. Van der Kolk, B. A. y R. Fischler, «Dissociation and the Fragmentary Nature of Traumatic Memories: Overview and Exploratory Study», *Journal of Traumatic Stress*, 8, 1995, pp. 505-552.

positrones revela que un alumno que aprende a tocar el violín, a hablar varias lenguas o a practicar algún deporte no modela las mismas zonas de su cerebro.[120] Esas huellas constituyen más un adiestramiento que un recuerdo. Lo que hace que un acontecimiento permanezca como recuerdo es la emoción provocada por la relación en un contexto humano y el significado que este episodio adquiere en la historia. Los niños aislados se desarrollan dentro de una enorme laguna de memoria. Para ellos nada constituye un recuerdo ya que, como carecen de relaciones, viven en un mundo pobre en acontecimientos.

De modo que son las relaciones lo que posibilita la formación de nuestra identidad narrativa. Del mismo modo que las figuras de apego ponen de relieve nuestros objetos sobresalientes, los discursos sociales destacan los acontecimientos que constituyen el puzle de nuestra identidad. Sin esto, no habría autobiografía. Pero en mi autobiografía yo relato la saliencia de los objetos y de los acontecimientos que mis relaciones con los otros han imprimido en mi memoria. La manera como nos relatamos dura tanto como nuestra vida, pero cambia constantemente porque depende de nuestras relaciones. Cambia la manera, pero no el tema que permanece en nuestro interior, manifiesto u oculto, y que constituye la columna vertebral de nuestra identidad.

La falsificación creadora transforma la herida en organizadora del yo

Un recuerdo autobiográfico excesivamente generalizado[121] se convierte así en el paradigma de nuestro paso por la vida. Nuestro

120. Bever, T.G. y R.J. Chiarello, «Cerebral Dominance in Musicians and Non-Musicians», *Science*, 1974, pp. 185-537.

121. Williams, J.M.G., «Autobiographical Memory and Emotional Disorders», en S.A. Christianson (ed.), *The Handbook of Emotion and Memory. Research and Theory*, Erlbaum, Hillsdale, New Jersey, 1992, pp. 451-457.

deambular,[122] como una estrella matutina, nos señala la dirección que orienta nuestras decisiones y hace probables nuestras relaciones.

Un niño demasiado estabilizado por un medio rígido tendrá asignado un itinerario y una ruta fija, como ocurría hasta hace poco cuando el padre decidía el oficio y el matrimonio de sus hijos. Por el contrario, un niño abandonado sin sustituto familiar tendrá una vida errante, remará hacia donde le arrastren los acontecimientos. Entre los dos, el niño herido, pero resiliente, sabe moverse de acá para allá, como los itinerantes que se orientan hacia un objetivo, un sueño, una estrella matutina que marca la dirección. Pero como los vientos les son contrarios, tienen que bordear, alejarse del objetivo para regresar a él más tarde. La vía del rodeo es frecuente en los resilientes que acaban, no obstante, encontrando su camino tras largos alejamientos y laboriosos meandros.

El proceso de resiliencia permite a un niño herido transformar su herida en organizadora del yo, siempre que disponga de una relación cercana que le permita realizar una metamorfosis. Cuando el niño está solo y cuando se le hace callar, revive su fractura como una letanía. Entonces es cuando se convierte en prisionero de su memoria, fascinado por la precisión luminosa del recuerdo traumático. Pero en cuanto se le da la palabra, el lápiz o el escenario donde puede expresarse, aprende a descentrarse de sí mismo para controlar la imagen que intenta producir. Trabaja entonces en su modificación adaptando sus recuerdos, haciéndolos interesantes, alegres o hermosos para que sean aceptables. Ese trabajo de recomposición de su pasado resocializa al niño que había sido expulsado de un grupo que no soportaba oír aquellos horrores. Pero la adaptación de los recuerdos, que asocia la precisión del hecho a la imagen borrosa del contexto, le prepara para la falsificación creadora que transformará su sufrimiento en obra de arte.

122. Cyrulnik, B., «Les enfants sans lien», en J. Aïn, *Errances. Entre dérives et ancrage*, Érès, Ramonville St Agne, 1998, p. 31.

Curiosamente, los recuerdos de los resilientes, al asociar la precisión a la modificación creativa, están menos desfigurados que los recuerdos de quienes sufren síndromes postraumáticos. La memoria resiliente se parece a la de los novelistas que van a recoger sobre el terreno hechos concretos para alimentar su ficción. En cambio, la memoria traumatizada es prisionera, no del hecho que la ha herido, sino del despertar fantasioso que el hecho ha provocado. A partir de la guerra de 1914-1918, John Mac Curdy,[123] uno de los primeros observadores de los síndromes postraumáticos, señalaba que la reviviscencia envenenaba la memoria de los combatientes. Sin embargo, lo que los combatientes veían repetidamente no eran las escenas de combate, sino la puesta en escena de los combates que temían. Un veterano de la guerra de Vietnam se veía a sí mismo todas las noches ametrallando a familias de vietnamitas en sus cabañas. Esta tortura a través de la imagen no se correspondía para nada con la realidad, ya que jamás tuvo ocasión de disparar ni un solo tiro durante toda la guerra. No obstante, ese falso recuerdo no era una mentira, puesto que escenificaba la fantasía que aterrorizaba a aquel hombre: tener que masacrar a una familia inocente.

Cuando el pequeño Bernard fue arrestado por las tropas alemanas y la policía francesa, algunos voluntarios ayudaban a los soldados a agrupar a los niños y les repartían botes de leche condensada proporcionados por la Cruz Roja. Tras su evasión, Bernard conservaba recuerdos sorprendentemente precisos, confirmados cincuenta años más tarde por los archivos y los testigos. Pero asociaba estas reminiscencias a una modificación de su memoria por la que el niño atribuía a un oficial alemán un acto de generosidad probablemente inventado. Esta falsificación adquiría un efecto de resiliencia, puesto que le permitía amnistiar al agresor y sobrevivir pese a todo en un mundo donde todavía se

123. Mac Curdy, J., «War Neuroses», Cambridge University Press, 1818, en D. L. Schacter, *À la recherche de la mémoire. Le passé, l'esprit et le cerveau*, De Boeck Université, Bruselas, 1999, p. 254.

podía albergar esperanza. En cambio, durante varios decenios, cada vez que Bernard bebía leche condensada, la simple visión del bote suscitaba una curiosa angustia alegre de muerte. El objeto adquiría un carácter maléfico porque evocaba la muerte, pero al mismo tiempo tenía un carácter benéfico porque le recordaba que había escapado de esa muerte. De modo que la imagen que evoca la memoria no es la huella mnésica del hecho. Era un pedazo de realidad que representa la fractura: un símbolo.

Cuando los traumatizados no consiguen dominar la representación del trauma simbolizándolo por medio del dibujo, la palabra, la novela, el teatro o el compromiso, el recuerdo se impone y se apodera de la conciencia, y hace que regrese sin cesar no la realidad, sino la representación de una realidad que les domina.

En el momento de su historia en que los niños comiencen el desarrollo social, irán a la escuela, harán amistades y tejerán vínculos especiales precisamente con ese temperamento modelado por la historia de sus padres y con los procesos de resiliencia que pusieron en marcha después de la agresión.

CONCLUSIÓN

En la época en que el pensamiento cultural era fijista, bastaba mirar el mundo en derredor para tener la prueba de que reinaba el orden. El señor, situado por encima de los hombres, poseía un castillo, el cura se codeaba con Dios, y la inmensa mayoría de los humanos luchaba contra la muerte. La energía principal que permitía la supervivencia la proporcionaban los cuerpos: el vientre de las mujeres aportaba los niños y los músculos de los hombres y de los animales producían la energía.

No resultaba difícil constatar que los aristócratas eran los más guapos, los más inteligentes y los más cultivados. Poseían la tierra, los castillos y sabían manejar las armas. En cambio, los hombres del pueblo, reducidos a la simple función de productores de energía, iban sucios, estaban fatigados y enfermos, y eran incultos. Por consiguiente, la jerarquía social estaba justificada, como una «ley natural» a la que nadie podía escapar. Cada uno ocupaba el lugar que le atribuía un orden inmutable: las mujeres por mediación de sus vientres, los hombres gracias a sus brazos y los aristócuras por sus palabras.

El enorme avance tecnológico ha proporcionado otra visión del mundo. Hoy en día sabemos que se puede cambiar el orden social y hasta el orden de la naturaleza. Una cabeza y unos dedos son suficientes para manejar unas máquinas que proporcionan una energía muy superior a la de los músculos. Los hijos del pueblo pueden hacerlo. Y el vientre de las mujeres ya no dicta su destino desde que el control de la fecundidad ha liberado su mente.

La extraordinaria explosión de la técnica en el siglo XIX acabó con la evidencia fijista y nos enseñó a contemplar la condición humana con la palabra «devenir». La biología descubrió la evolución, la embriología estudió el desarrollo que Freud introdujo en su descubrimiento del continente interior.[1]

En ese contexto tecnológico y cultural se fue perfilando lentamente la noción de traumatismo. Por supuesto, el trauma ya existía en la realidad, pero no había aún palabras que permitieran adquirir conciencia del hecho. La Antigüedad describía guerreros que se habían quedado ciegos sin haber sido heridos, soldados presa del pánico que corrían alocadamente, Carlos IX revivía sin cesar las imágenes de las matanzas de San Bartolomé, y Dostoievski narraba la mezcla de espanto y de deseo de muerte que experimentó cuando fue conducido ante un supuesto pelotón de fusilamiento.

De hecho, fue el ferrocarril el que, en 1890, preparó el nacimiento del concepto de traumatismo: «La acción mecánica sobre el cerebro atribuible a la velocidad» explicaba los trastornos del sueño, las pesadillas y la irritabilidad.[2] El contexto mecánico era tan evidente que solo se podía explicar el trauma en términos mecánicos. La guerra de los Boers en África del Sur (1899-1902) o el conflicto ruso-japonés (1904) evocaban «la sacudida emocional». Durante la guerra de 1914-1918, se habló por primera vez de una prueba psíquica. Pero fue con ocasión de la Segunda Guerra Mundial —con los campos de deportados del Holocausto, y la posterior guerra de Corea y de Vietnam— cuando, ante la magnitud de los daños causados y el cambio de contexto

1. Ritvo, L., *Darwin, ascendant de Freud*, Gallimard, París, 1992, y B. Cyrulnik, «Freud précurseur de l'éthologie entre Darwin et Mac Lean», *Acta Psychiatrica Belgica*, 94, 1995, pp. 299-311.

2. Vila, G., L. M. Porche y M. C. Mouren-Siméoni, *L'Enfant victime d'agression*, Masson, París, 1999, p. 13.

cultural, los psiquiatras formularon el problema en términos relacionales.

Desde que nació el concepto de traumatismo psíquico, la concatenación de las ideas exige que, tras la descripción clínica y la búsqueda de las causas, nos dediquemos a prevenir los traumatismos y a repararlos mejor. Siendo así, se necesitará el concepto de resiliencia. Pero como ya hemos visto que un concepto no puede nacer fuera de su cultura, es interesante preguntarse por qué esa palabra francesa se ha expandido tan bien en Estados Unidos: «El temperamento estadounidense posee una cualidad que allí se traduce por la palabra *resiliency* […], que une las ideas de elasticidad, entusiasmo, recuperación y buen humor». Paul Claudel, al analizar la gran depresión de 1929, describe «la angustia que oprimía los corazones [y] la confianza que iluminaba los rostros». Esta actitud mental frente a la tragedia es tan característica que «si algunos financieros saltaban por la ventana, no puedo menos de creer que lo hacían con la esperanza engañosa de rebotar».[3]

Hace ya tiempo que apareció el concepto de resiliencia, pero ahora podemos analizarlo. Se trata de un proceso, de un conjunto de fenómenos armonizados por donde el sujeto se cuela en un contexto afectivo, social y cultural. La resiliencia es el arte de navegar por los torrentes. Un trauma ha empujado al herido en una dirección en la que hubiera preferido no ir. Pero como ha caído en una ola que le arrolla y le arrastra hacia una cascada de heridas, el resiliente ha de apelar a los recursos internos impresos en su memoria, ha de luchar para no dejarse arrastrar por la pendiente natural de los traumatismos, que le llevan dando tumbos de golpe en golpe hasta que una mano tendida le ofrezca un recurso externo, una relación afectiva, una institución social o cultural que le permita recuperarse.

En esta metáfora del arte de navegar en los torrentes, la adquisición de los recursos internos le ha dado al resiliente con-

3. Claudel, P., «L'elasticité américaine», en *Œuvres en prose*, Gallimard, La Pléiade, París, 1936, p. 1204 (comunicación personal de M.J. Witaker).

fianza y alegría. Esas aptitudes, adquiridas con facilidad en la primera infancia, le han proporcionado el apego seguro y las conductas de seducción que le permiten estar al acecho de una mano tendida. Pero como hemos aprendido a observar a los hombres con la palabra «devenir», podremos constatar que los que han sido privados de estas adquisiciones precoces podrán desarrollarlas más tarde aunque más lentamente, a condición de que el medio, habiendo comprendido cómo se modela un temperamento, disponga guías de resiliencia en torno a los heridos.

Cuando la herida está abierta, la negación es una tentación. Para volver a vivir, es preciso no pensar demasiado en la herida. Pero con el tiempo, la emoción provocada por el golpe tiende a apagarse lentamente para no dejar en la memoria más que la representación del golpe. Ahora bien, esta representación que se construye laboriosamente depende de la manera como el herido ha conseguido historizar el hecho. A veces la cultura lo convierte en una herida vergonzante, mientras que otras circunstancias le atribuirían el significado de un acto heroico. El tiempo mitiga el recuerdo y los relatos metamorfosean los sentimientos. A fuerza de tratar de comprender, de tratar de encontrar las palabras para convencer y construir imágenes que evoquen la realidad, el herido consigue curar la herida y modificar la representación del trauma. Aceptamos sin dificultad la idea de que la guerra de 1914-1918 fue una inmensa y sucia carnicería, pero ¿quién se acuerda del sufrimiento de la gente durante la guerra de Troya? La estratagema del colosal caballo de madera ha adquirido un valor de fábula, ya no evoca la hambruna de los diez años de sitio, ni las matanzas a golpe de espada, ni las quemaduras del incendio que siguieron a esta hermosa historia. La realidad ha sido transfigurada por los relatos de nuestra cultura enamorada de la Grecia antigua. El sufrimiento se ha extinguido, solo queda la obra de arte. La perspectiva del tiempo nos invita a abandonar el mundo de las percepciones inmediatas para habitar el de las representaciones duraderas. El trabajo de ficción que permite la expresión de la tragedia adquiere entonces un efecto protector.

Esto significa que hablar de resiliencia refiriéndose a un individuo constituye un error fundamental. No se es más o menos resiliente, como si se poseyera un repertorio de cualidades: la inteligencia innata, la resistencia al dolor o la molécula del humor. La resiliencia es un proceso, un devenir del niño que, a fuerza de actos y de palabras, inscribe su desarrollo en un medio y escribe su historia en una cultura. De modo que más que el niño lo que es resiliente es su evolución y su historización.

Por eso todos los que han sabido superar una gran prueba describen los mismos factores de resiliencia.

El primero de estos factores es el encuentro con una persona significativa. A veces una sola persona es suficiente: una maestra que con una frase devuelve la esperanza a un niño, un monitor deportivo que le hace comprender que las relaciones humanas pueden ser fáciles, un cura que transfigura el sufrimiento en trascendencia, un jardinero, un actor, un escritor, cualquier persona que convierta en realidad la simple idea: «Se puede superar». Todo lo que permite establecer de nuevo el vínculo social permite modificar la imagen que el herido se hace de sí mismo. La idea de «sentirse mal y ser malo»[4] se transforma gracias al encuentro con un compañero afectuoso que hace nacer el deseo de superación.

Dibujar, actuar, hacer reír son actividades que permiten despegar la etiqueta que los adultos ponen con tanta facilidad: «[…] vivir en una cultura donde se pueda dar sentido a lo que os ha sucedido: historizar, comprender y dar»[5] son los medios de defensa más simples, más necesarios y más eficaces. Eso significa que una cultura de consumo, aun cuando la distracción sea agradable, no ofrece factores de resiliencia. Consuela durante unos minutos, como les ocurre a los espectadores ansiosos

4. Bourguignon, O., «Facteurs psychologiques contribuant à la capacité d'affronter des traumatismes chez l'infant», *Devenir*, vol. 12, n.º 2, 2000, p. 83.

5. Valentine, L. y L. L. Feinauer, «Resilience Factors Associated with Female Survivors of Chilhood Sexual Abuse», *Am. J. Family Therapy*, 21, 1993, pp. 216-224.

que no toman tranquilizantes las noches que miran la televisión. No obstante, para dejar de sentirse malo, para convertirse en aquel por cuya mediación llega la felicidad, hay que participar en la cultura, comprometerse con ella, convertirse en actor y no solamente en beneficiario.

«Esos testimonios, como el de Barbara, confirman que la resiliencia no es una vacuna contra el sufrimiento, ni un estado adquirido e inmutable, sino que se trata de un proceso, de un camino que hay que recorrer»,[6] dice Paul Bouvier.

¿Cómo abrirse camino en el laberinto de una cultura? ¿Cómo retomar el desarrollo cuando el paso está cerrado? Hoy en día parece que estamos llegando a una bifurcación. A lo largo de estos últimos decenios, el triunfo de los derechos humanos y la cultura tecnológica nos han hecho creer que se podía erradicar el sufrimiento. Ese camino nos permitía esperar que una mejor organización social y unos buenos productos químicos acabarían con nuestros tormentos. El otro camino, más pedregoso, nos enseña que la vida nunca está exenta de pruebas, pero que a pesar de todo la elaboración de los conflictos y el trabajo de resiliencia nos permiten reanudar el camino.

Esas dos vías nos proponen medios diferentes para hacer frente a los inevitables infortunios de la vida.

Habrá que apelar a todos esos medios de defensa, puesto que está previsto que en el siglo XXI las exclusiones se agraven.[7] Cuando un niño sea expulsado de su domicilio por un trastorno familiar, cuando sea internado en una institución totalitaria, cuando la violencia de Estado se extienda por todo el mundo, cuando sea maltratado por quienes están encargados de cuidarle, cuando cada sufrimiento sea consecuencia de otro sufrimiento como una avalancha, habrá que actuar en todos los momen-

6. Bouvier, P., «Abus sexuel et résilience», en *Souffrir mais se construire*, Érès, Toulouse, 1999, pp. 125-161.

7. Ricaldi-Coquelin, A. M., *Poussières de vie*, Tesis de ciencias de la educación, París, 2000.

tos de la catástrofe: el momento político para luchar contra los crímenes de guerra, el momento filosófico para criticar las teorías que los preparan, el momento técnico para reparar las heridas y el momento resiliente para retomar el curso de la vida.

La vida es demasiado rica para reducirse a un único discurso.[8] Hay que escribirla como un libro o cantarla como Brassens que, partiendo de su propia historia, comprendió que basta una mínima señal para transformar un patito feo en un cisne:

> *Elle est à toi cette chanson.*
> *Toi l'Auvergnat qui, sans façon,*
> *M'a donné quatre bouts de pain*
> *Quand dans ma vie il faisait faim.*[9]

---

8. Vanistendael, S. y J. Lecomte, *Le bonheur est toujours possible*, Bayard, París, 2000, p. 219. [Hay trad. cast.: *La felicidad es posible: despertar en niños maltratados la confianza en sí mismos: construir la resiliencia*, Gedisa, Barcelona, 2006.]

9. Esta canción es para ti, / para ti, auvernés, que sin cumplidos / me diste cuatro pedazos de pan / cuando tenía hambre. (*N. de la T.*) G. Brassens, *Chansons pour l'Auvergnat*, 1955.

BIBLIOGRAFÍA

La bibliografía que hace referencia al texto aparece en las notas a pie de página. Esta bibliografía, de carácter más general, le permitirá al lector profundizar más o verificar algunas ideas.

Altounian, Jacqueline, *La survivance: traduire le trauma collectif*, Dunod, París, 2000.

André, Christophe y Françoise Lelord, *L'estime de soi. S'aimer mieux pour mieux vivre avec les autres*, Odile Jacob, París, 1999 [hay trad. cast.: *La autoestima: gustarse a sí mismo para mejor vivir con los demás*, Kairós, Barcelona, 2000.]

Anthony, James y Colette Chiland, *Enfants dans la tourmente*, PUF, París, 1985.

—, *Le développement en péril*, PUF, París, 1992.

Anthony, James, Colette Chiland y Cyrille Koupernik, *L'enfant vulnérable*, PUF, París, 1982.

Auriat, Nadia, *Les défaillances de la mémoire humaine*, PUF, París, 1996.

Bailly, Lionel, *Les catastrophes et leurs conséquences psychotraumatiques chez l'enfant*, ESF, París, 1996.

Barudy, Jorge, *La douleur invisible de l'enfant*, Érès, Toulouse, 1997. [Hay trad. cast.: *El dolor invisible de la infancia: una lectura ecosistemática del maltrato infantil*, Paidós, Barcelona, 1998.]

Baudry, Patrick, *Le corps extrême*, L'Harmattan, París, 1991.

Bertrand, Michèle (ed.), *Les enfants de la guerre et les violences civiles*, L'Harmattan, París, 1997.

Boshi, Roger, *La prévention des troubles psychiques chez l'enfant et l'adolescent. Quand faut-il intervenir?*, L'Harmattan, París, 2000.

Bourguignon, Odile, «Facteurs psychologiques contribuant à la capacité d'affronter des traumatismes chez l'enfant», *Devenir*, 12, n.° 2, 2000, pp. 77-92.

Bowlby, John, *Attachement et perte*, 3 vols., PUF, París, 1978-1984. [Hay trad. cast.: *El apego y la pérdida*, Paidós, Barcelona, 1985-1998.]

Brauner, Alfred y Françoise, *L'accueil des enfants survivants*, Librairie Lipsy, París, 1994.

Briole, Guy, François Lebigot, Bernard Lafont, Jean-Dominique Favre y Dominique Vallet, *Le traumatisme psychique: rencontre et devenir*, Masson, París, 1994.

Bureau International Catholique de L'Enfance, «Famille et résilience de l'enfant», *L'enfance dans le monde*, vol. 21, n.° 1, 1994.

Castillo, Michel del, *De père français*, Fayard, París, 1998. [Hay trad. cast.: *De padre francés*, Andrés Bello, Barcelona, 2000.]

Chiantaretto, Jean François, *Écriture de soi et trauma*, Anthropos, París, 1998.

Chouvier, Bernard, André Green y Julia Kristeva, *Symbolisation et processus de création*, Dunod, París, 1998.

Coppel, Marthe y Annick Camille Dumaret, *Que sont-ils devenus?*, Érès, Toulouse, 1995.

Cramer, Bertrand, «Ceux qui s'en sortent», en *Que deviendront nos bébés?*, Odile Jacob, París, 1999.

Crocq, Louis, *Les Traumatismes psychiques de guerre*, Odile Jacob, París, 1999.

Cyrulnik, Boris (ed.), *Ces enfants qui tiennent le coup*, Hommes et perspectives, Marsella, 1998.

—, *Un merveilleux malheur*, Odile Jacob, París, 1999. [Hay trad.

cast.: *La maravilla del dolor: el sentido de la resiliencia*, Granica, Buenos Aires, 2007.]

David, Myriam, *Le placement familial*, ESF, París, 1989.

Dayan, Maurice, *Trauma et devenir psychique*, PUF, París, 1995.

De Baecque, Antoine y Serge Toubiana, *François Truffaut*, Gallimard, París, 1996. [Hay trad. cast.: *François Truffaut*, Plot ediciones, Madrid, 2005.]

Duperey, Anny, *Le voile noir*, Seuil, París, 1992. [Hay trad. cast.: *El velo negro*, Eudeba, Buenos Aires, 1998.]

Enjolet, Catherine, *Princesse d'ailleurs*, Phébus, París, 1997.

Fabre, Nicole, *Blessures d'enfances. Les dire, les comprendre, les dépasser*, Albin Michel, París, 1999.

Fischer, Gustave-Nicolas, *Le ressort invisible*, Seuil, París, 1994.

Fortin, Laurier y Marc Bigras, «La résilience des enfants: facteurs de risque, de protection et modèles théoriques», *Pratiques psychologiques*, n.° 1, 2000, pp. 49-63.

Frank, Anne, *Journal*, texto íntegro de la edición definitiva establecida por Otto H. Frank y Mirjam Pressler, Calmann-Lévy, [1947], 1992. [Hay trad. cast.: *Diario de Ana Frank*, Plaza & Janes, Barcelona, 1989.]

Gannagé, Myrna, «L'enfant et la guerre: quelle protection?», *Psychologie française*, n.° 42-43, 1997, pp. 237-242.

—, *L'enfant, les parents et la guerre. Une étude clinique au Liban*, ESF, París, 1999.

Gaulejac, Vincent de, *L'histoire en héritage*, Desclée de Brouwer, Brujas, 1999.

Genet, Jean, *Journal du voleur*, Gallimard, 1949. [Hay trad. cast.: *El diario del ladrón*, Seix Barral, Barcelona, 1994.]

Guénard, Tim, *Plus fort que la haine*, Presses de la Renaissance, París, 1999. [Hay trad. cast.: *Más fuerte que el odio*, Gedisa, Barcelona, 2009.]

Gruyer, Frédérique, Martine Fadier-Nisse y Pierre Sabourin, *La violence impensable*, Nathan, París, 1991.

Habimana, Emmanuel, Louise Ethier, Djaouida Petot y Michel

Tousignant, *Psychopathologie de l'enfant et de l'adolescent*, Gaétan Morin, Montreal, 1999.

Hallit-Balabane, Aïda, «L'écriture du trauma dans les *Récits de la Kolyma* de Varlam Chalamov», L'Harmattan, París, 1999.

Halperin, Daniel, Paul Bouvier y Hélène Rey-Wicky, «À contre-coeur, à contre-corps», *Médecine et Hygiène*, 1997.

Haynal, André, *Dépression et créativité*, Césura, Lyon, 1987.

Herbaut, Clotilde y Jean-William Wallet, *Des sociétés, des enfants*, L'Harmattan, París, 1996.

Hiegel, Jean-Pierre y Colette Hiegel-Landrac, *Vivre et revivre au camp de Kholo I Pang*, Fayard, París, 1996.

Houballah, Adman, *Destin du traumatisme*, Hachette, París, 1998.

Houde, Renée, *Les temps de la vie*, Gaétan Morin, Montreal, 1999.

Ionescu, Serban, Marie-Madeleine Jacquet y Claude Lhote, *Les mécanismes de défense*, Nathan, París, 1997.

Juliet, Charles, *L'inattendu*, POL, París, 1992.

Kreisler, Léon, «La résilience mise en spirale», *Spirale*, n.° 1, 1996, pp. 162-165.

Lahaye, Jean-Luc, *Cent familles*, Carrère, París, 1987.

Lani-Bayle, Martine, *L'enfant et son histoire*, Érès, Montreal, 1999.

Levi, Primo, *Si c'est un homme*, Julliard, 1987. [Hay trad. cast.: *Si esto es un hombre*, Barcelona, Muchnik, 1998.]

Lewendel, Isaac, *Un hiver en Provence*, L'aube, París, 1996.

Loutre du Pasquier, Nathalie, *Devenir des enfants abandonnés. Le tissage du lien*, PUF, París, 1981.

Manciaux, Michel y Stanislas Tomkiewicz, «La résilience aujourd'hui», en Jésu François Marceline Gabel y Michel Manciaux, *Bientraitances, mieux traiter familles et professionnels*, Fleurus, París, 2000 pp. 313-340.

Manciaux, Michel, «La Résilience: concept et action», *Médecine et Hygiène*, Ginebra, 2001.

Maqueda, Francis (ed.), *Traumatismes de guerre*, Hommes et perspectives, Marsella, 1999.

Michaud, Pierre-André, «La résilience: un regard neuf sur les soins et la prévention», *Archives pédiatriques*, n.° 6, 1999, pp. 827-831.

Miller, Alice, *C'est pour ton bien*, Aubier, París, 1984. [Hay trad. cast.: *Por tu propio bien: raíces de la violencia en la educación del niño*, Tusquets, Barcelona, 2006.]

—, *Chemins de vie*, Flammarion, París, 1998.

Molénat, Françoise, *Mères vulnérables*, Stock, París, 1992.

Moscovici, Serge, *Chronique des années égarées*, Stock, París, 1997.

Muxel, Anne, *Individu et mémoire familiale*, Nathan, París, 1996.

Perec, Georges, *W ou le souvenir d'enfance*, Denoël, París, 1975. [Hay trad. cast.: *W o el recuerdo de la infancia*, El Aleph, Barcelona, 2003.]

Petit, Michel, Monique Lalou-Moatti y Pierre Clervoy, «Santé mentale. Risque. Vulnérabilité. Ressources», en Serge Lebovici, René Diatkine y Michel Soulé, *Nouveau traité de psychiatrie de l'enfant et de l'adolescent*, PUF «Quadrige», 1999, tomo 4, pp. 3041-3046.

Poilpot, Marie-Paule (ed.), *Souffrir mais se construire*, Fondation pour l'enfance, Érès, Toulouse, 1999.

Pourtois, Jean-Pierre (ed.), *Blessure d'enfant*, De Boeck Université, Bruselas, 1995.

Pourtois, Jean-Pierre y Huguette Desmet, *Relation familiale et résilience*, L'Harmattan, París, 2000.

Remond, Jean-Daniel, *Une mère silencieuse*, Seuil, París, 1999.

Revista *Art et Thérapie*, «La création comme processus de transformation», n.° 56-57, junio de 1996.

Revista *Autrement*, «Travail de mémoire 1914-1998», n.° 54, 1999.

Revista *Confrontations psychiatriques*, «Créativité et psychiatrie», n.° 34, 1993.

Revista *Devenir*, «Résilience: facteurs propres à l'enfant», vol. 12, n.° 2, 2000.

Revista *Le Groupe familial*, «Histoire de vie», n.° 126, enero-marzo de 1990.

Revista *Le Groupe familial*, «Mémoires de vies et identités», n.° 147, abril-junio de 1995.

Revista *Pratiques psychologiques*, «Bien-être subjectif et facteurs de protection», L'esprit du temps, 2000-2001.

Rivolier, Jean, *Facteurs humains et situations extrêmes*, Masson, París, 1992.

Roy, Bruno, *Mémoire d'asile*, Boréal, Montreal, 1994.

Rutter, Michael y Karen Sadlier, «L'enfant et la résilience», *Le Journal des psychologues*, n.° 162, 1998, pp. 46-49.

Saint-André (ed.), «Parents en souffrances - Répercussions sur les liens précoces», *Prisme*, vol. 6, n.° 1, 1996.

Sartre, Jean-Paul, *Saint Genet, comédien et martyr*, Gallimard, París, 1952. [Hay trad. cast.: *San Genet, comediante y mártir*, Losada, Buenos Aires, 2003.]

Sartre, Jean-Paul, *Les Mots*, Gallimard, París, 1964. [Hay trad. cast.: *Las palabras*, Barcelona, Círculo de Lectores, 2000.]

Schaffer, Herbert, *La psychologie d'Adler*, Masson, París, 1976.

Semprún, Jorge, *L'écriture ou la vie*, Gallimard, París, 1994. [Hay trad. cast.: *La escritura o la vida*, Barcelona, Tusquets, 1997.]

Shengold, Léonard, *Meurtre d'âme*, Calmann-Lévy, París, 1998.

Snyders, Jean-Claude, *Paroles perdues*, Buchet-Chastel, París, 1999.

Spitz, René, *La première année de la vie de l'enfant*, prefacio de Anna Freud, PUF, París, 1963. [Hay trad. cast.: *El primer año de la vida del niño*, Aguilar, Madrid, 1990.]

Tellier, Anne, *Expériences traumatiques et écritures*, Anthropos, París, 1998.

Todorov, Tzvetan, *Face à l'extrême*, Seuil, París, 1994. [Hay trad. cast.: *Frente al límite*, Siglo XXI, México D.F., 1993.]

Thomas, R. Murray y Claudine Michel, *Théories du développement de l'enfant*, Universidad De Boeck, Bruselas, 1994.

Tolstói, Lev, *Jeunesse. Souvenirs*, Gallimard, París, 1961. [Hay trad. cast.: *Infancia, adolescencia, juventud*, Alianza, Madrid, 2007.]

Tomkiewicz, Stanislas, «L'enfant et la guerre», *Forum mondial de la santé*, vol. 18, 1997, pp. 309-318.

—, *L'adolescence volée*, Calmann-Lévy, París, 1999. [Hay trad. cast.: *La adolescencia robada*, Lom ediciones, Santiago de Chile, 2001.]

Vanistendael, Stephan, «La résilience ou le réalisme de l'espérance. Blessé mais pas vaincu», *Les cahiers du BICE*, 1996.

Vanistendael, Stephan y Jacques Lecomte, *Le bonheur est toujours possible*, Bayard, París, 2000. [Hay trad. cast.: *La felicidad es posible: despertar en niños maltratados la confianza en sí mismos: construir la resiliencia*, Gedisa, Barcelona, 2006.]

Vila, Gilbert, Luc Michel Porche y Marie-Christine Mouren-Simeoni, *L'enfant victime d'agression*, Masson, París, 1999.

Zaltzman, Nathalie (ed.), *La résistance de l'humain*, PUF, París, 1999.